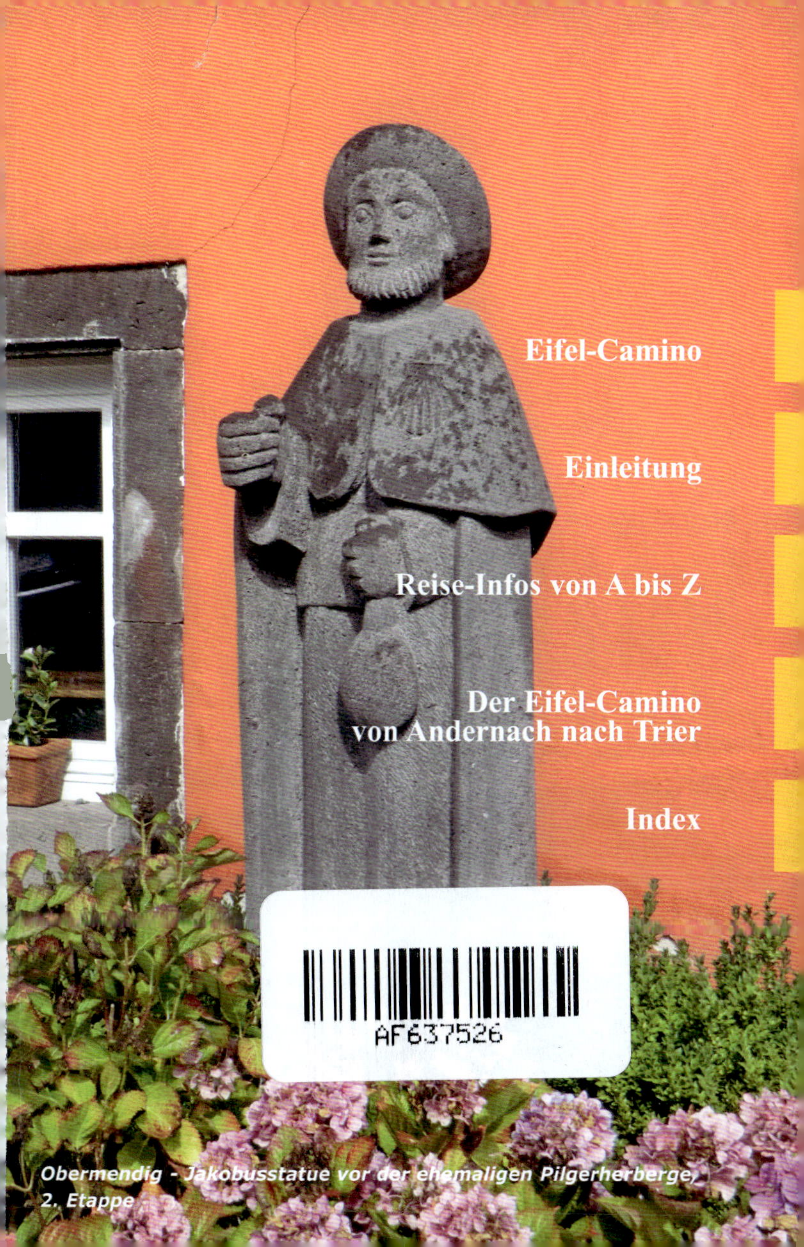

Obermendig - Jakobusstatue vor der ehemaligen Pilgerherberge, 2. Etappe

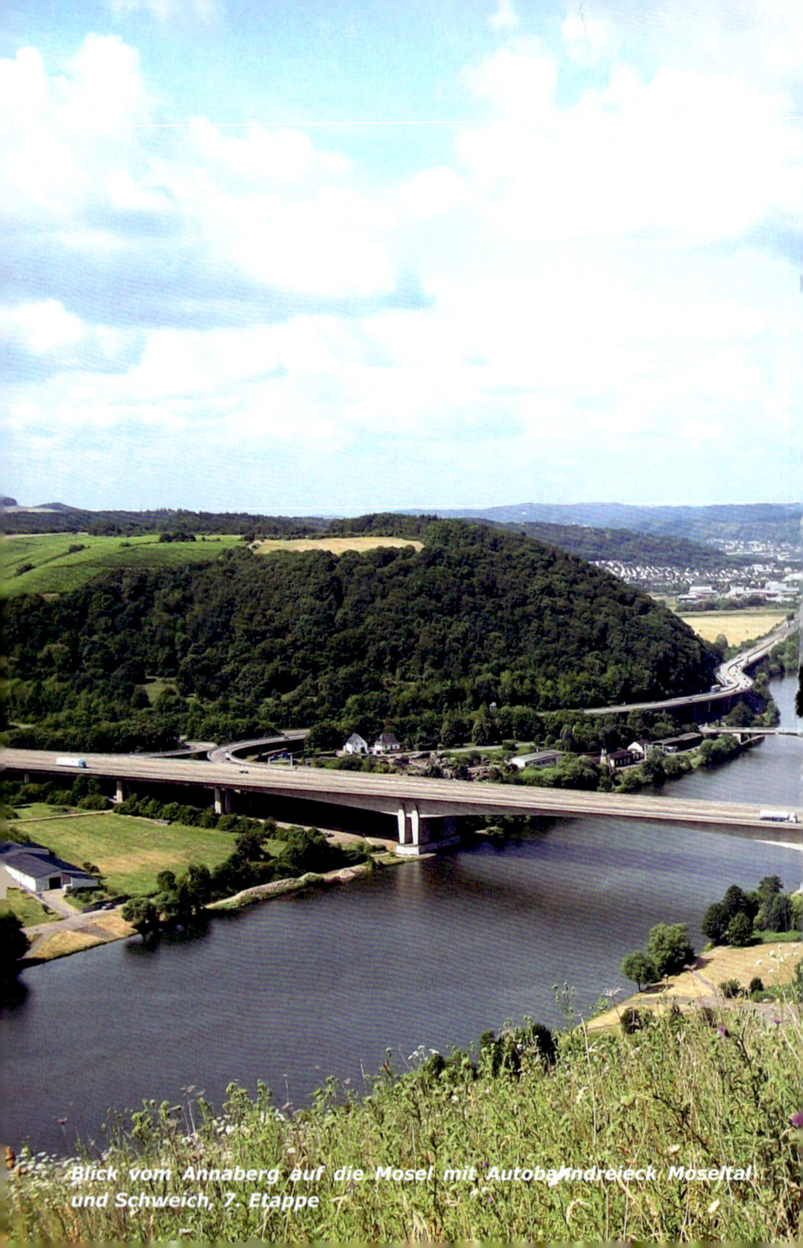

Blick vom Annaberg auf die Mosel mit Autobahndreieck Moseltal und Schweich, 7. Etappe

Band 376

OutdoorHandbuch

Wolfgang Scholz, Franz Blaeser,
Dieter Preß & Heinz Schäfer

Eifel-Camino

von Andernach nach Trier

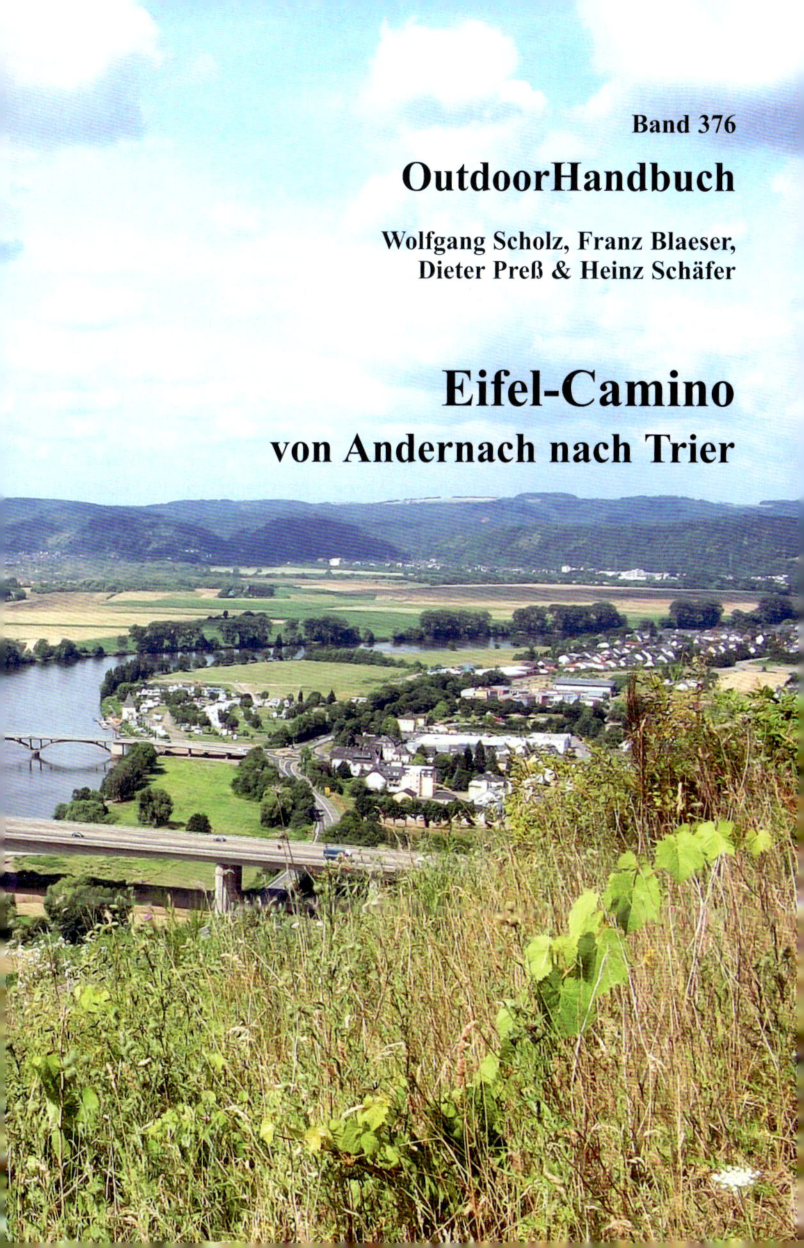

Eifel-Camino

Die Autoren und der Verlag sind für Lesertipps und Verbesserungen (besonders per E-Mail) unter Angabe der Auflagen- und Seitennummer dankbar.

Dieses OutdoorHandbuch hat 160 Seiten mit 48 farbigen Abbildungen sowie 12 farbigen Kartenskizzen im Maßstab 1:100.000, 11 farbigen Höhenprofilen, 6 farbigen Stadtplänen und einer farbigen, ausklappbaren Übersichtskarte. Es wurde auf chlorfrei gebleichtem, FSC®-zertifiziertem Papier gedruckt, in Deutschland klimaneutral hergestellt und transportiert und wegen der größeren Strapazierfähigkeit mit PUR-Kleber gebunden.

FSC
www.fsc.org
MIX
Papier aus verantwortungsvollen Quellen
FSC® C009051

Klimaneutral
Druckprodukt
ClimatePartner.com/10951-2106-1006

Dieses Buch ist im Buchhandel und in Outdoor-Läden erhältlich und kann im Internet oder direkt beim Verlag bestellt werden.

OutdoorHandbuch aus der Reihe „Der Weg ist das Ziel“, Band 376

ISBN 978-3-86686-695-9 2., überarbeitete Auflage 2021

Text und Fotos: Wolfgang Scholz, Franz Blaeser, Dieter Preß & Heinz Schäfer
Karten: Manuela Dastig und Heide Schwinn
Lektorat: Ricarda Kuschma
Layout: Alexandra Sauerland

Gesamtherstellung: gutenberg beuys feindruckerei

Dieses OutdoorHandbuch wurde konzipiert und redaktionell erstellt vom:

Conrad Stein Verlag GmbH, Kiefernstr. 6, 59514 Welver,
☏ 023 84/96 39 12,
info@conrad-stein-verlag.de,
www.conrad-stein-verlag.de

Besuchen Sie uns bei Facebook & Instagram:

www.facebook.com/outdoorverlag

www.instagram.com/outdoorverlag

Titelfoto: Jakobussäule Reudelsterzer Heide, 3. Etappe

Inhalt

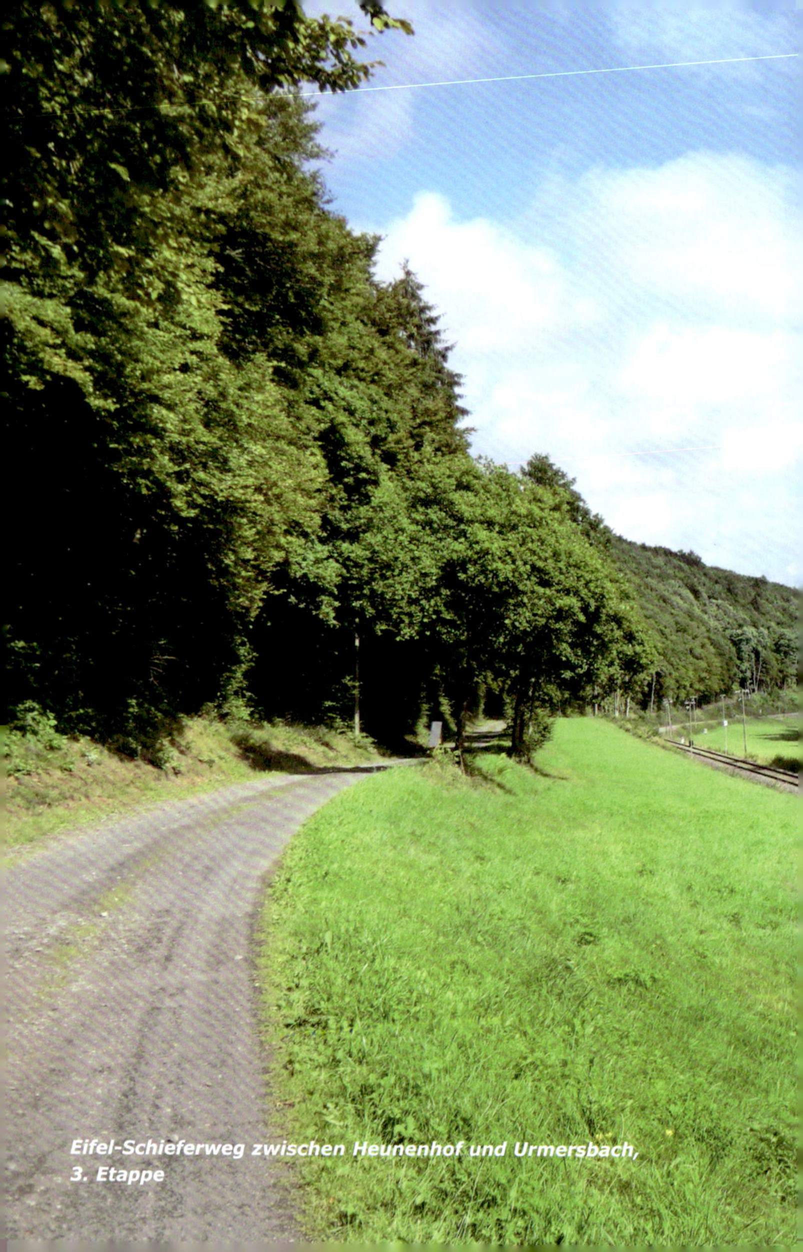

Eifel-Schieferweg zwischen Heunenhof und Urmersbach, 3. Etappe

Der Eifel-Camino

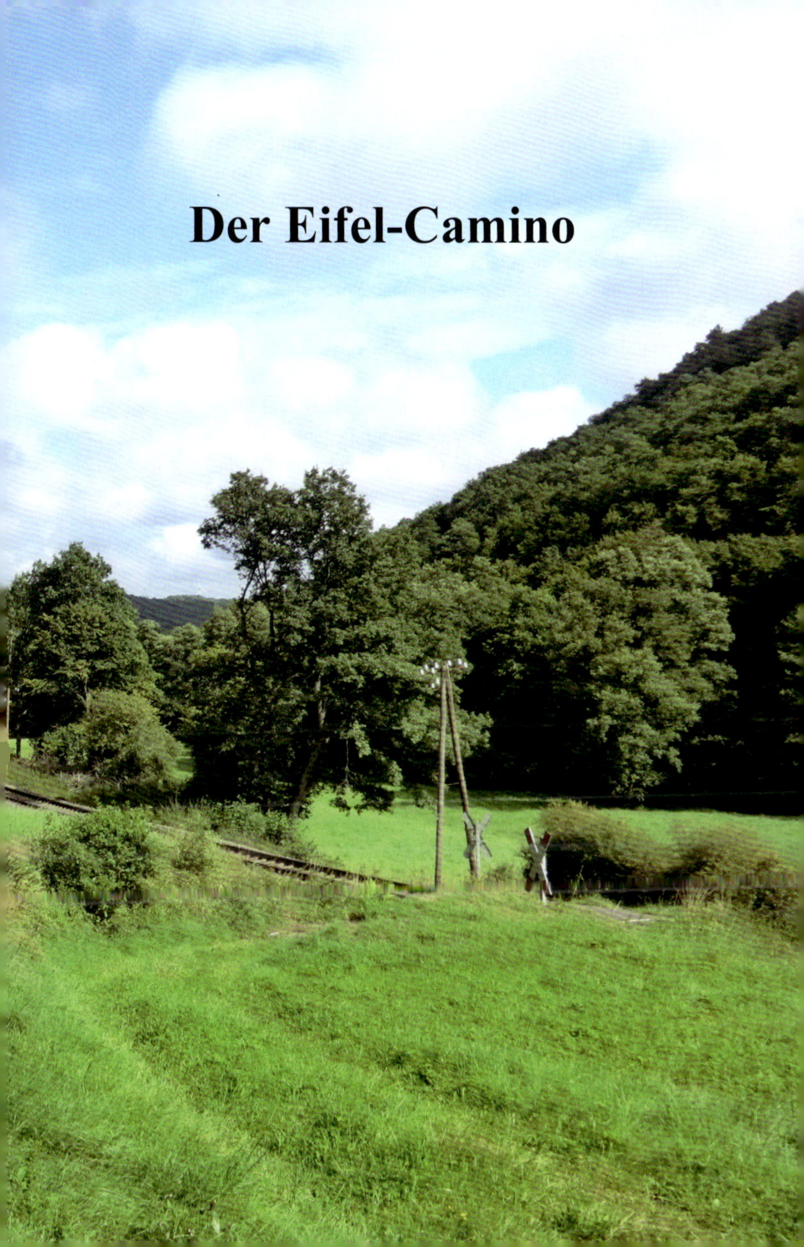

Als Jakobsweg (auch Jakobus- oder Sternenweg) werden verschiedene Pilgerwege zum Grab des Apostels Jakobus des Älteren in Santiago de Compostela in Spanien bezeichnet. Im Mittelalter gehörte Santiago de Compostela neben Rom und Jerusalem zu den drei Hauptzielen der christlichen Pilgerfahrt. Aus ganz Europa strömten Menschen auf zahlreichen Pilgerwegen nach Galicien an das damalige „Ende der Welt". Eine bedeutende Pilgerroute in unserem Gebiet führte von Andernach am Rhein über die ehemalige Römerstraße in Richtung Trier an der Mosel.

Gertraud und Professor Dr. Heinz-Egon Rösch beschreiben in ihrem Buch „Römerstraßen zwischen Mosel und Rhein" die historische Route zwischen Trier und Andernach wie folgt: „Von Trier nach Ehrang und Quint, das fünf römische Meilen von Trier entfernt liegt, stieg die Straße hinauf und führte entlang der Ostkante des Meulenwaldes nach Föhren und Hetzerath. Westlich von Esch und Sehlen liegt im Meulenwald bei Heckenmünster ein Quellenheiligtum, zu dem die Römer gern pilgerten, um Heilung zu suchen. Auf der Höhe von Wittlich gelangen Sie an der Lieser zu den Überresten einer römischen Villa. Über weite Strecken verlief die Römerstraße in nordöstlicher Richtung in das Gebiet von Mayen. Weiter führt der Weg nach Kretz, wo es ein römisches Bergwerk gab. Auf einem Abzweig von dort gelangen Sie nach Nickenich, das ebenfalls Schätze aus der Römerzeit birgt. Nun ist es nicht mehr weit nach Andernach, dem römischen Kastell Autunnacum, das bereits Caesar bekannt war, da er dort eine Brücke über den Rhein schlagen ließ."

Die St.-Matthias-Bruderschaft Mayen hat es sich zur Aufgabe gemacht, Wege der Jakobspilger zunächst im Landkreis Mayen-Koblenz und dann in Kooperation mit weiteren Gemeinden so zu kennzeichnen, dass der vollständige Eifel-Camino bis Trier mit Wegweisern versehen ist. Zahlreichen Firmen, Institutionen und Einzelpersonen sind die Pilgerinformationen und Pilgersteine in Form von Patenschaften zu verdanken. Andere haben ihren wertvollen Beitrag für die Ausgestaltung des Eifel-Caminos geleistet und beispielsweise die Anbringung des Jakobusreliefs an der St.-Clemens-Kirche in Mayen, die Errichtung der Jakobussäule am Alten Monrealer Weg oder die Errichtung von Informationstafeln möglich gemacht. Ergänzend finden Sie die europaweit gültige Kennzeichnung des Weges mit der stilisierten gelben Muschel auf blauem Grund.

Die Gesamtstreckenlänge des Eifel-Caminos beläuft sich auf rund 160 km. Der Weg beginnt an der Grenze des Kreises Mayen-Koblenz zum Kreis Ahrweiler in dem heute nicht mehr existierenden Fischerdörfchen Fornich und verläuft ausgeschildert vom Schützenplatz Namedy über Andernach, Mayen, Kaisersesch,

Bad Bertrich, Wittlich, Klausen, Klüsserath und Schweich bis nach Trier. Die im Pilgerführer beschriebenen acht Etappen sollten als Vorschlag angesehen werden und können und sollen individuell den eigenen Bedürfnissen angepasst werden.

Wir hoffen, dass viele Menschen unsere schöne reizvolle Landschaft mit den vielen Sehenswürdigkeiten genießen werden, sei es nun auf einem Jakobsweg vor der eigenen Haustür oder als Abschnitt auf dem Weg bis zum Grab des Apostels Jakobus in der Kathedrale von Santiago de Compostela.

Wir wünschen Ihnen einen erlebnisreichen Eifel-Camino in Gottes Schöpfung und geben Ihnen den nachfolgenden mittelalterlichen Pilgersegen aus dem Jahr 1073 mit auf Ihren Weg:

Gott der du deinen Diener Abraham aus der Stadt Ur in Chaldäa errettet und ihn in seinen Wanderungen beschützt hast, der du der Begleiter des hebräischen Volkes durch die Wüste warst, wir bitten dich, dass du diese deine Diener beschützen mögest, die aus Liebe zu deinem Namen nach Santiago pilgern.
Sei ihnen Gefährte und Führer auf der Reise, Labsal in der Ermattung, Verteidigung in den Gefahren, Herberge auf dem Weg, Trost in der Mutlosigkeit und Festigkeit in ihren Vorsätzen, damit sie durch deine Führung frisch und gesund am Ziel ihres Weges ankommen und damit sie bereichert an Gnade und Tugenden unversehrt in ihre Heimat zurückkehren mit immerwährender Freude und Frieden.
Durch Jesus Christus unseren Herrn.
Amen.

Danke

Unser besonderer Dank für die Unterstützung bei der Einrichtung und Pflege des Eifel-Caminos sowie bei der Erstellung dieses Pilgerwanderführers gilt

- ▷ der Wirtschaftsförderungsgesellschaft des Landkreises Mayen Koblenz,
- ▷ der Verbandsgemeindeverwaltung Vordereifel,
- ▷ Peter Schaaf und Bernhard Mauel für die kooperative Zusammenarbeit,
- ▷ allen am Weg liegenden Gemeinden für ihre Hilfsbereitschaft bei diesem Projekt,
- ▷ Jürgen Weiss (Kaisersesch) für seine wertvollen Beiträge zur Streckenführung,

- ▷ Karl-Heinz Jung (Lay) für seine Textbeiträge in diesem Buch und seine wertvolle Arbeit für den Artenschutz
- ▷ sowie allen Sponsoren und Spendern, die Markierung und Ausgestaltung des Weges ermöglicht haben.

Wichtige Vorbemerkungen/ Zum Gebrauch dieses OutdoorHandbuchs!

Damit Sie den Eifel-Camino uneingeschränkt genießen können und keine ungewollten Überraschungen erleben, empfehlen wir Ihnen, die nachfolgende Einleitung in die Jakobspilgerschaft sowie die Reise-Informationen aufmerksam zu lesen.

Bei Unfällen auf den beschriebenen Routen übernehmen weder der Verlag noch die Autoren oder sonst jemand Haftung in irgendeiner Form. Letztendlich sind immer Sie selbst für die Wahl des Weges verantwortlich, da nur Sie die Grenzen Ihrer physischen und mentalen Möglichkeiten kennen.

Einleitung

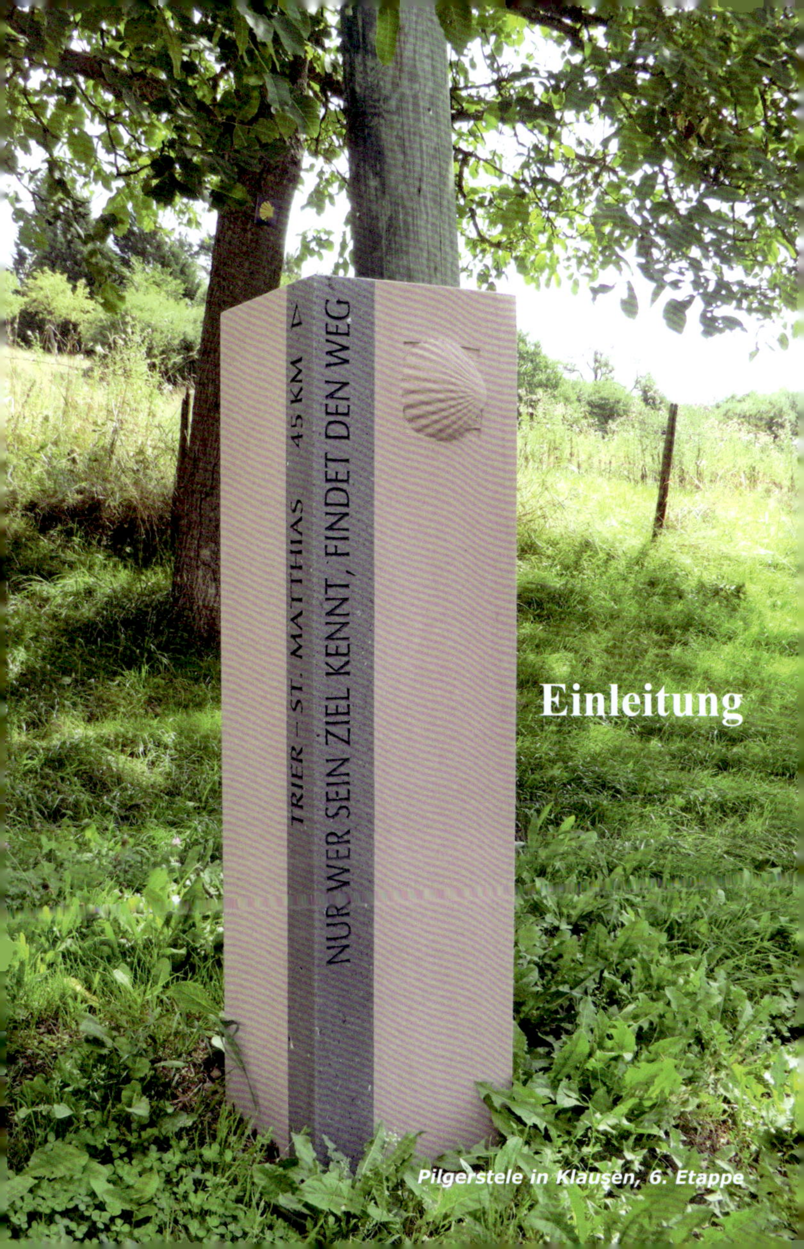

Pilgerstele in Klausen, 6. Etappe

Geschichte der Jakobspilgerschaft

Jakobus d. Ältere war einer der Jünger Christi und Bruder von Johannes. In Spanien missionierte er mit wenig Erfolg, worauf er nach Palästina zurückkehrte und dort 43 n. Chr. durch Herodes Agrippa I. enthauptet wurde. Nach einer Legende legte man seinen Leichnam in ein Boot, das an die Küste Spaniens getrieben wurde. Eine andere Version besagt, dass die Jünger von Jakobus, Athanasius und Theodorus, seinen Leichnam nach Spanien brachten und dort, wo sich heute Santiago de Compostela befindet, in einem Steingrab beisetzten. Eine weitere Legende besagt, dass Kaiser Justinian die Reliquien dem Sinaikloster schenkte.

711 begannen die Mauren die christlichen Reiche der Westgoten in Spanien und Portugal zu erobern. Innerhalb von acht Jahren brachten sie den größten Teil der Iberischen Halbinsel unter ihre Herrschaft und wurden erstmals 732 durch Karl Martell bei Tours und Poitiers geschlagen und somit in ihrem Expansionsdrang beschnitten. 778 unternahm Karl der Große – der Enkel von Karl Martell – einen Feldzug gegen die Mauren in Spanien und seine Nachhut wurde nicht von den Mauren, sondern von den christlichen Basken bei Roncesvalles geschlagen, woraus die Rolandssage entstanden ist.

Die Gebeine des Jakobus wurden vor den anrückenden Mauren versteckt und gerieten in Vergessenheit. Zwischen 818 und 834 fand der Eremit Pelayo die Gebeine aufgrund einer Lichterscheinung. Der Bischof von Iria Flavia, Theodemir, erklärte, dass das gefundene Grab die Ruhestätte des heiligen Jakobus sei. Alfons II. ließ an dieser Stelle eine Kirche errichten, die bald Wallfahrtsort wurde. 997 wurde die Kirche unter Almansor, dem Heerführer des Kalifen von Córdoba, zerstört, das Grab des Jakobus blieb aber unversehrt.

Jakobus soll u. a. in der Schlacht von Clavijo die christlichen Heere bei der Rückeroberung Spaniens (Reconquista) unterstützt haben, weshalb er ihr Schutzheiliger wurde; es wurde ihm der Beiname Matamoros (der Maurenschlächter) gegeben.

Pilger aus Frankreich und Deutschland sind seit 930 nachweisbar, aber erst im 11. und 12. Jh. entwickelte sich ein über ganz Europa verbreiteter Pilgerstrom. Dieser brachte Geld nach Santiago de Compostela und es wurde um 1070 mit dem Bau der Kathedrale begonnen. Nachdem im 15. Jh. heilige Jahre mit einem vollständigen Sündenablass eingerichtet worden waren, stiegen die Pilgerzahlen noch einmal erheblich an. Die gesellschaftlichen Veränderungen im Europa der folgenden Jahrhunderte waren dann unter anderem Gründe dafür, dass die Pilgerfahrt beinahe in Vergessenheit geraten wäre. 1879 wurden die aus Furcht vor einem britischen Angriff versteckten Gebeine des Apostels wieder aufgefunden. Papst Leo XIII. bestätigte schließlich 1884 die Echtheit der Reliquien. Spätestens nach dem Zweiten Weltkrieg waren die Menschen auf der Suche nach etwas Friedfertigem und entdeckten den Jakobsweg neu. Zeitgleich entstanden in Spanien und Frankreich Jakobusvereinigungen. 1990 wurde der Jakobsweg als UNESCO-Weltkulturerbe anerkannt. Inzwischen pilgern jährlich zwischen 150.000 und 350.000 Menschen aus der ganzen Welt zum Grab des Apostels Jakobus.

Gründe für die Pilgerschaft

Es ist erstaunlich, welche Strapazen manche Pilger auf sich nehmen, und dies unabhängig vom Herkunftsland, sozialen Stand, Alter, Geschlecht … Die Gründe für eine Pilgerschaft sind so vielfältig wie die Menschen selbst. Die gemeinsame, verbindende Wurzel ist der Glaube, das unerschütterliche Fundament; Schmerzen und Mühen treten in den Hintergrund. Die Suche nach der Nähe zu Gott, seine wundervollen Werke wie Flora, Fauna und die Naturgewalten in Form von Sonne, Regen und Wind bilden für die meisten Pilger das spirituelle Fundament ihres Weges.

Andere pilgern, um sich selbst zu finden. Sie versuchen mit dem Wenigen auszukommen, das sie auf ihrem Rücken tragen, und sich in einen Zustand der Entschleunigung zu versetzen, um der Schnelllebigkeit und dem Stress des Alltages zu entfliehen.

Wiederum andere sehen die Pilgerschaft als eine sportliche Herausforderung oder als Möglichkeit zur Erweiterung ihres kulturellen Horizontes.

Für alle gilt jedoch: Der Weg ist das Ziel, und jeder bekommt auf dem Jakobsweg Antworten auf Fragen, die nie gestellt wurden

Die Jakobsmuschel

Der Name Jakobsmuschel geht auf den heiligen Jakobus, den Schutzpatron der Pilger, zurück. Daher ist die Jakobsmuschel auch das Symbol, Erkennungs- und Schutzzeichen der Pilger. Die christlichen Pilger des Mittelalters benutzten die Muschel zum Wasserschöpfen. In Europa wird die Jakobsmuschel als Wegweiser wie ein Pfeil dargestellt, die Pilger sollen in Pfeilrichtung gehen. Bis zur Einführung der Pilgerurkunde (der Compostela) im 13. Jh. war die Muschel auch Nachweis der Jakobspilgerschaft.

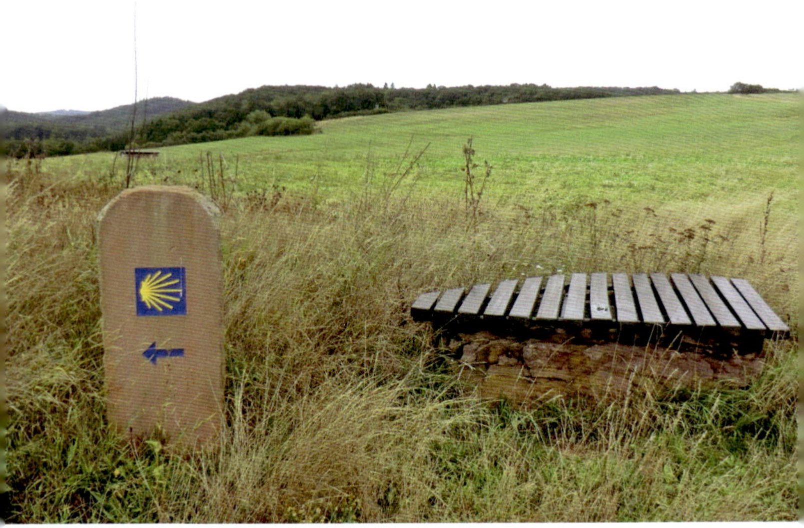

Die Jakobsmuscheln sind in vielen Varianten auf dem Weg zu sehen

Der Legende nach ritt ein junger Adliger dem Schiff mit dem Leichnam des Jakobus entgegen. Sein Pferd scheute und er versank im Meer. Auf wundersame Weise rettete Jakobus den Unglücklichen. Dessen Körper aber war mit Muscheln bedeckt, die fortan das Symbol der Jakobspilger wurden.

Der Pilgerausweis (*Credencial de peregrino*)

ist mit das wichtigste Dokument auf den Jakobswegen, da Sie zum Beispiel in Spanien, Portugal und teilweise auch in Frankreich nur bei Vorlage eines solchen Dokumentes in Pilgerherbergen übernachten dürfen. Außerdem weisen Sie mit den darin gesammelten Stempeln den absolvierten Weg nach und erhalten bei Ihrer Ankunft in Santiago de Compostela Ihre Pilgerurkunde.

In Deutschland ist der Pilgerausweis keine Pflicht, jedoch gewähren Ihnen Hotels und Pensionen ggf. gegen Vorlage vergünstigte Unterkunftspreise. Zudem ist er eine schöne persönliche Erinnerung an Ihre Pilgerwanderung. Für den Eifel-Camino hält die St.-Matthias-Bruderschaft einen eigenen Pilgerausweis bereit.

☺ Besorgen Sie sich Ihren Pilgerausweis rechtzeitig vor der Abreise bei den Jakobusgesellschaften/-bruderschaften in Deutschland.

- Die St.-Matthias-Bruderschaft Mayen (Einsteinstraße 7, 56727 Mayen, www.smb-mayen.de, info@smb-mayen.de) ist als Initiator des Eifel-Caminos für Ihre Anfragen zuständig. Beim Ehrenbrudermeister Heinz Schäfer (Einsteinstraße 7, 56727 Mayen, schaefer.heinz@gmx.net) können Sie einen regionalen Pilgerausweis für den Eifel-Camino erhalten.
- In Rheinland-Pfalz sind zudem die St. Jakobus-Gesellschaft Rheinland-Pfalz-Saarland e.V. (Im Pflöckgarten 6, 55546 Hackenheim, www.jakobusgesellschaft.eu) und die St. Jakobusbruderschaft Trier (Paulinstraße 5, 54292 Trier, www.sjb-trier.de, sekretaer@sjb-trier.de) Ihre Ansprechpartner. Beide Gesellschaften bieten regionale Pilgerausweise an.
- Eine umfassende Liste der Jakobusgesellschaften in Deutschland ist unter www.jakobus-info.de abrufbar.

Pilgerstempel

Für den Eifel-Camino wurden Pilgerstempel für zahlreiche Örtlichkeiten entworfen. Die entsprechenden Ausgabestellen sind den Beschreibungen der jeweiligen Etappe zu entnehmen. Bitte haben Sie Verständnis dafür, dass die Stempelstellen nicht durchgehend zur Verfügung stehen können. Die im Buch angegebenen Öffnungszeiten können inzwischen abweichen.

Trierer Pilgerurkunde

Seit 2020 bietet die St. Jakobusbruderschaft Trier für alle Pilger, die auf dem Eifel-Camino, dem Mosel-Camino, dem Hunsrücker Jakobsweg oder der Via Coloniensis nach Trier pilgern, die Trierer Pilgerurkunde an. Diese erhalten Sie nach Vorlage des Pilgerausweises in der Dom-Information. Dabei müssen bei Fußpilgern die letzten 100 km, bei Fahrradpilgern (oder wenn Sie mit dem Pferd reiten) die letzten 200 km vor Trier lückenlos und ununterbrochen durch Pilgerstempel nachgewiesen werden.

Der Pilgerstab

ist neben der Jakobsmuschel und dem Pilgerhut ein Zeichen der Jakobspilger. Es handelt sich um einen brust- bis übermannshohen Wanderstock, der unten oft mit einer Eisenspitze versehen ist. Er wird als „drittes Bein" der Pilger bezeichnet und symbolisiert so die Dreifaltigkeit. Pilger setzten ihn gegen streunende Hunde und Wegelagerer ein.

Das heilige compostelanische Jahr

ist immer dann, wenn der 25. Juli eines Jahres (der Festtag des heiligen Jakobus) auf einen Sonntag fällt. Das aktuelle heilige Jahr 2021 wurde mit Zustimmung von Papst Franziskus aufgrund der COVID-19-Pandemie bis Ende 2022 verlängert. Die nächsten heiligen Jahre werden 2027, 2032 und 2038 begangen. Eine Tür an der Ostseite der Kathedrale in Santiago de Compostela (als Gnadenpforte, Heilige Pforte oder Pforte der Vergebung bezeichnet), die zwischen den Kapellen des Salvators (Erlöser) und des heiligen Petrus in den Chorumgang führt, wird am 31.12. vor dem heiligen Jahr geöffnet. Bis zur Öffnung der Heiligen Pforte am 31.12.2003 war es üblich, eine Wand, die mit der Tür vermauert war, nach drei Schlägen des Erzbischofs einzureißen. Nach dem heiligen Jahr 2004 wurde keine neue Wand gemauert; es wurde eine Gittertür aus Bronze eingesetzt, die am Ende des heiligen Jahres 2010 geschlossen wurde und bis zum 31.12.2020 verschlossen blieb. In heiligen Jahren können die Pilger einen vollkommenen Ablass von ihren Sünden erreichen, wenn sie 1. die Kathedrale von Santiago de Compostela aus Gründen der Verehrung und in Bußgesinnung besuchen, 2. dort der heiligen Messe beiwohnen (Vater unser, Credo) und 3. die Sakramente der Buße und der Eucharistie empfangen sowie die Beichte ablegen. In heiligen Jahren ist die Anzahl der Pilger deutlich höher als in den anderen Jahren. Früher standen die Pilger in den heiligen Jahren stets unter einem besonderen Schutz der Herrscher.

St.-Matthias-Bruderschaft Mayen

Schon im späten Mittelalter pilgerten Christen zum Grab des Apostels Matthias nach Trier. In größeren Ortschaften des Bistums und in ganz Deutschland entstanden Bruderschaften, so auch in Mayen. Alljährlich wurden nun anstrengende Fußwallfahrten zum Apostelgrab nach Trier unternommen. Die Namensgebung „Trierer Weg", eine Straße in Mayen, erinnert an den alten Pilgerweg nach Trier. Der Trierer Weg wird bereits im Jahr 1675 erwähnt. Das Matthiaskapellchen, erbaut 1687 und im Volksmund auch „Trierer Heiligenhäuschen" genannt, gibt Zeugnis von der Bedeutung dieses Heiligen.

In den Archiven der Stadt Mayen befinden sich einige Urkunden, die über die Bruderschaft Auskunft geben. Die älteste Urkunde, ein Bruderschaftsbüchlein, ist im Staatsarchiv in Koblenz zu finden. Dieses Dokument bekundet, dass die St.-Matthias-Bruderschaft Mayen schon im Jahr 1640 bestand.

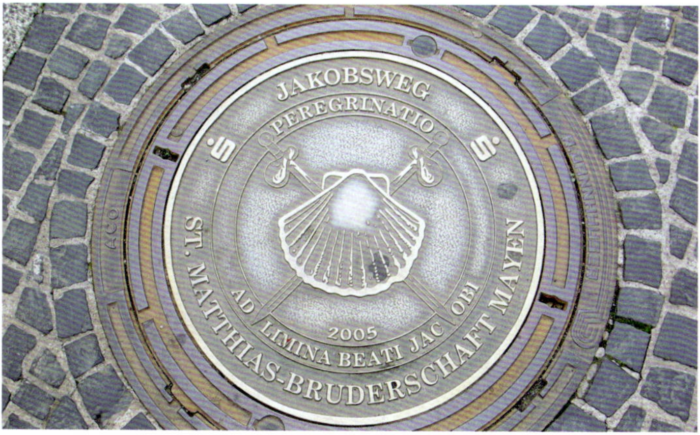

Kanaldeckel in Mayen

Die Zielsetzungen der Bruderschaft sind vielseitig. Sie umfassen in erster Linie die Verehrung des Heiligen durch die Wallfahrt zum Gnadenort St. Matthias in Trier, dem einzigen Apostelgrab nördlich der Alpen. In einem Nachlass von Kaplan Benedikt Caspar wird die Matthiaswallfahrt nach Trier als außergewöhnliches Ereignis für die Stadt Mayen beschrieben. Hier heißt es: „Es war sicher ein erhebender Anblick, wenn Frauen und Männer der ganzen Stadt Mayen die alte Stadt betend und singend verließen. Mancher zurückgebliebene Mayener stand ergriffen am Wege und gab im Gebet seine Anliegen und Nöte seinen Mitbürgern auf den Pilgerweg mit." Im Jahr 1785 wurden alle Wallfahrten, die weiter als eine Stunde gingen, durch den damaligen Kurfürsten und Erzbischof von Trier, Clemens Wenzeslaus, verboten. Von diesem Entscheid war auch die St.-Matthias-Bruderschaft Mayen betroffen. In diesem Jahr gab die Bruderschaft dem Mayener Künstler und Bildhauer Heinrich Alken den Auftrag, eine überlebensgroße Matthiasfigur anzufertigen. Sie sollte ein Ersatz für die verbotenen Wallfahrten werden. Es gab dann später wieder einige Wallfahrten nach Trier.

Zwischen 1800 und 1830 geriet die St.-Matthias-Bruderschaft Mayen in Vergessenheit. Im Jahr 1998 wurde sie wieder neu gegründet. Die Aufnahme in die Erzbruderschaft in Trier erfolgte am 24. April 1999. Die Mayener Bruderschaft mit ihren über 400 Mitgliedern wird von dem Brudermeister, dem Präses und dreizehn weiteren Vorstandsmitgliedern geführt. Inzwischen ist die Drei-Tage-Fußwallfahrt nach Trier wieder zum festen Brauch der Bruderschaft geworden.

Reise-Infos von A bis Z

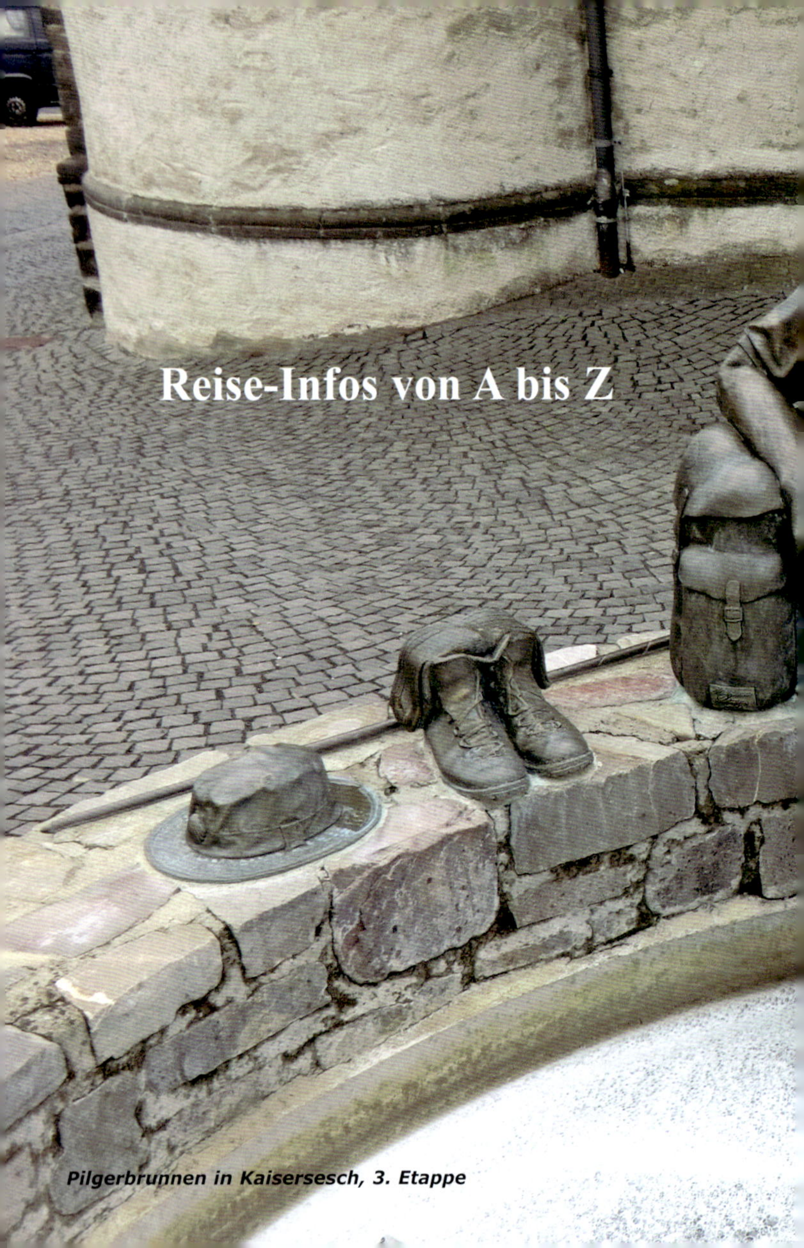

Pilgerbrunnen in Kaisersesch, 3. Etappe

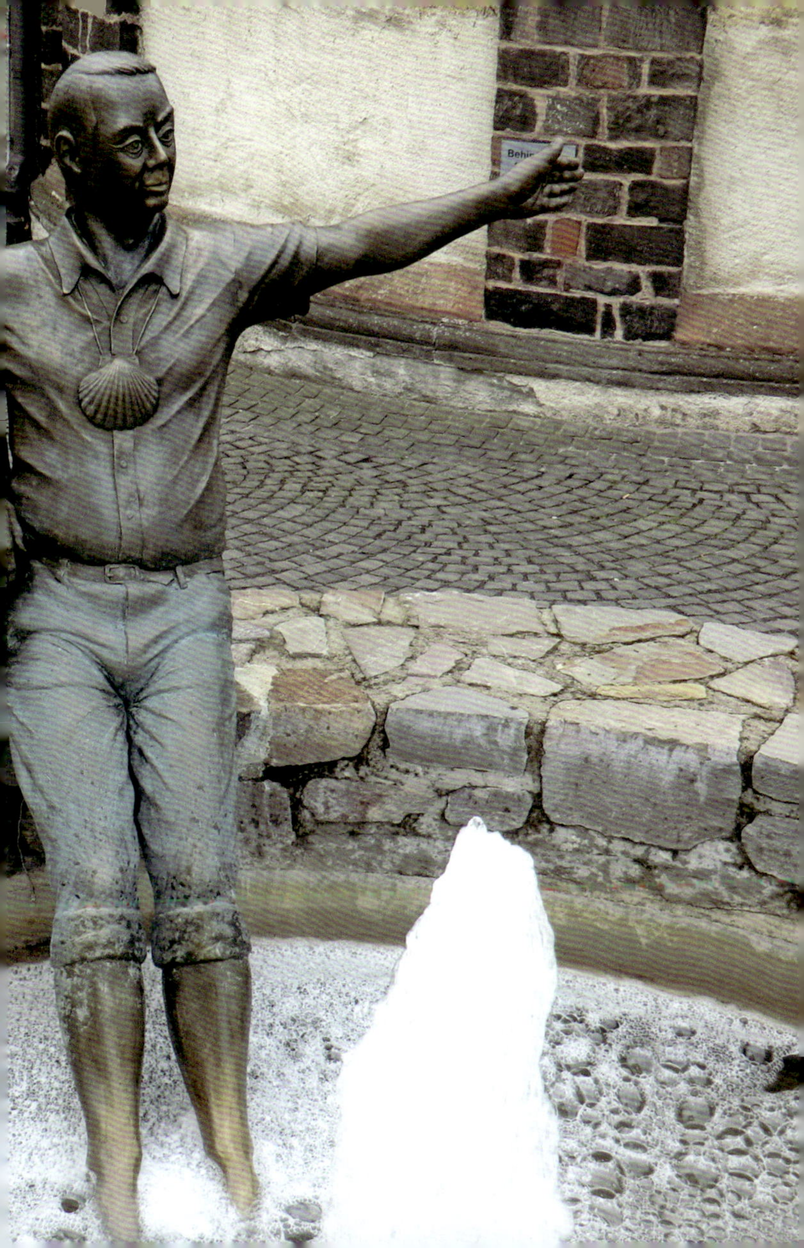

Aktuelle Informationen und Updates

Es gibt immer wieder Veränderungen auf dem Eifel-Camino. Der Conrad Stein Verlag veröffentlicht deshalb Updates zu diesem Buch, die direkt von den Autoren oder von Leserinnen und Lesern dieses Buches stammen.

Sie finden sie auf der Internetseite des Verlags (💻 www.conrad-stein-verlag.de), wenn Sie dort diesen Buchtitel aufrufen. Der abgebildete QR-Code führt Sie direkt zur Verlagshomepage.

Aktuelle Informationen finden Sie außerdem auf der Projekt-Website.

💻 www.eifel-camino.info

💻 www.eifelcamino.de

An-/Abreise und Verkehrsmittel unterwegs

Den Startpunkt Fornich erreichen Sie am bequemsten mit den aus Richtung Köln bzw. Koblenz fahrenden Regionalzügen. Verlassen Sie in Namedy den Zug, lohnt es sich nicht, die 2,6 km lange Strecke bis zum tatsächlichen Start des Eifel-Camino am Fornicher Heiligenhäuschen zurückzugehen. Liegt Ihnen daran, den kompletten Weg zu pilgern, steigen Sie in Brohl-Lützing aus der Bahn und gehen circa 1,6 km bis zum Start. Dazu gehen Sie vom Bahnhof aus bis zur Brohltalstraße (B 412) und überqueren linker Hand die Bahngleise. In der Brückenmitte geht es rechts weiter in Richtung Andernach, bis Sie am Beginn einer Linkskurve die Straße verlassen können. Vor einer Halle erreichen Sie die Koblenzer Straße, der Sie nach rechts parallel zur B9 folgen. An deren Ende sehen Sie das Fornicher Heiligenhäuschen.

Alle Etappenorte sind an den öffentlichen Nahverkehr angeschlossen, sodass auch Tagespilger ohne großen Aufwand Bus oder Bahn für An- und Abreise nutzen können.

Für die Rückreise von Trier empfehlen wir ebenfalls die Nutzung der Bahn. Es fahren regelmäßig Züge in Richtung Koblenz (und von dort wieder nach Andernach-Namedy) sowie in viele andere deutsche Städte.

Informationen erhalten Sie bei den zuständigen Verkehrsverbünden und bei der Deutschen Bahn:

▷ Verkehrsverbund Rhein-Mosel, ☏ 08 00/598 69 86, ✉ info@vmrinfo.de, 💻 www.vrminfo.de

▷ Verkehrsverbund Region Trier, ☏ 018 05/13 16 19, kontakt@vrt-info.de, www.vrt-info.de

▷ Deutsche Bahn, www.bahn.de

Möchten Sie mit dem Auto anreisen, erreichen Sie Andernach-Namedy von Norden über die A61 (Abfahrt Kruft), B256 und B9 oder von Süden über die A61/A48, ab dem Kreuz Koblenz-Nord auf der B9 in Richtung Andernach. Direkt gegenüber dem Schloss Burg Namedy können Sie Ihr Fahrzeug abstellen.

Ausrüstung

Grundsatz: So viel wie nötig, aber so wenig wie möglich.

Die Spezialisten wiegen jedes einzelne mitzunehmende Teil vorher ab und versuchen ein leichteres zu bekommen. Ihr Rucksack sollte höchstens circa 10 % Ihres Körpergewichtes betragen. Stellen Sie unterwegs fest, dass Sie auf einiges verzichten möchten, können Sie diese Teile per Post nach Hause schicken. In den meisten Orten am Eifel-Camino finden Sie eine Paketannahmestelle!

Transport und Schlafen

- ☐ wasserdichter, verstellbarer, bequemer (Wander-)Rucksack
- ☐ Hüfttasche für wichtige Dokumente/Wertsachen
- ☐ wasserdichte Beutel für die Bekleidung
- ☐ leichter Schlafsack für Übernachtungen in Jugendherbergen o. Ä.
- ☐ Isomatte, wenn im Freien oder in Notunterkünften geschlafen wird

Unterwegs

- ☐ Wanderstöcke (sind bei einigen Passagen sinnvoll)
- ☐ Sonnen- u. ggf. Lesebrille
- ☐ Trinkflasche
- ☐ Messer/Löffel/Gabel
- ☐ eine kleine Kunststoffdose für Speisen
- ☐ leicht verdauliche, kalorienreiche Nahrung wie z. B. Nüsse oder Mandeln
- ☐ Armbanduhr mit Wecker
- ☐ Karabinerhaken (am Rucksack)
- ☐ Handy für den Notfall (und Aufladegerät)
- ☐ Wander-/Pilgerführer
- ☐ Wanderkarte(n)

- ☐ Sonnenschutzcreme
- ☐ Reisewaschmittel
- ☐ Fotoapparat/Kamera

Bekleidung

- ☐ wasserdichte, atmungsaktive, eingelaufene Wanderschuhe
- ☐ Trekkingsandalen oder leichte Laufschuhe
- ☐ eingelaufene Wandersocken, Freizeitsocken
- ☐ leichte Regen-/Windjacke
- ☐ Kopfbedeckung
- ☐ 2 bequeme Unterhosen
- ☐ 2 atmungsaktive T-Shirts
- ☐ lange Wanderhose
- ☐ kurze Wanderhose
- ☐ Pulli oder Fleece-Jacke

Körperpflege

- ☐ Microfaser-Handtuch
- ☐ kleines Stück Seife oder Duschgel (Probiergröße)
- ☐ Zahnpflegeset
- ☐ ggf. Rasierset
- ☐ Toilettenpapier, Papiertaschentücher

Papiere

- ☐ Personalausweis
- ☐ Pilgerausweis
- ☐ Notizbuch/Bleistift
- ☐ wichtige Adressen, Telefonnummern etc.
- ☐ Versichertenkarte
- ☐ Bank-/Kreditkarte
- ☐ Tickets (Bahn, …)

Reiseapotheke

- ☐ (wasserfestes) Wundpflaster
- ☐ Blasenpflaster (z. B. Compeed)
- ☐ breite Rolle Leukoplast
- ☐ Sportlersalbe (Mobilat, Voltaren, Kytta-Balsam)

- ☐ Hirschtalg oder Vaseline (zum Vorbeugen von Wundreiben)
- ☐ Wundsalbe (Betaisadona, Bepanthen)
- ☐ Nagelschere
- ☐ 6 Sicherheitsnadeln
- ☐ 1 Nähnadel mit Faden
- ☐ Akut-Set (gegen Durchfall, Schmerzen, Erkältung/Fieber)
- ☐ persönliche Medikamente

Sie lernen innerhalb einer Woche bereits die „Kunst des Einschränkens" – wie wenig brauchen Sie eigentlich? Die gewonnenen Einsichten lassen sich mehr oder weniger in das tägliche Leben nach dem Jakobsweg integrieren.

Einkaufen

können Sie auf dem Eifel-Camino alles, was Sie benötigen. Verstauen Sie in Ihrem Rucksack deshalb nur die kleinsten Verpackungseinheiten.

Einkehrmöglichkeiten

wurden dort beispielhaft aufgenommen, wo Unterkünfte kein Restaurant anbieten. Da in größeren Städten viele Einkehrmöglichkeiten vorhanden sind, wurde dort auf entsprechende Hinweise verzichtet.

Etappen und Distanzen

Der besondere Reiz des Eifel-Caminos liegt in der Landschaft der Vulkane und Abbaugebiete von Basalt und Bims. Im Sommer spenden die zusammenhängenden Waldgebiete – beginnend ab Mayen – den Pilgern kühlenden Schatten. Die weiten Ausblicke auf das Mittelgebirge der Eifel sind ein besonderes Erlebnis zu jeder Jahreszeit. Schließlich ist das Moseltal ab Klüsserath mit seinen Weinbergen ein schöner Abschluss des Pilgerweges.

Die Etappen wurden so gewählt, dass die Gesamtstrecke des Eifel-Caminos von annähernd 160 km bei entsprechenden Witterungsbedingungen von gesunden Pilgern in 8 Etappen zu bewältigen ist.

Sie sind jedoch nur als Empfehlung zu sehen und können dem individuellen Leistungsvermögen angepasst werden. Für die Gehzeiten bei den einzelnen Etappen haben wir eine Geschwindigkeit von 4 km/h zugrunde gelegt und auch die jeweiligen Höhenprofile einbezogen. Besichtigungen und Pausen sind nicht einkalkuliert worden.

Berücksichtigen Sie bitte die manchmal stark ansteigenden Wege und gönnen Sie sich ausreichend Rast, insbesondere bei Hitze. Einige Passagen können für Einzelne aufgrund der Wegbeschaffenheit eine Herausforderung darstellen.

Fahrradpilger

Für Fahrradpilger ist der Eifel-Camino aufgrund seiner Beschaffenheit nur eingeschränkt geeignet. Zu jeder Etappe gibt es Hinweise zur Strecke, ggf. werden Alternativrouten aufgezeigt. Trotzdem weisen wir darauf hin, dass auch die aus unserer Sicht machbaren Abschnitte nur mit einem robusten Tourenrad befahren werden sollten. Der Untergrund ist oftmals sehr uneben, mit grobem Belag oder Wurzelwerk versehen oder durch anstrengende Höhenunterschiede geprägt.

Für die Nutzung unserer Hinweise für Fahrradpilger können wir keine Haftung bei Schäden jedweder Art übernehmen, da wir weder Ihre fahrerischen Fähigkeiten noch das verwendete Material kennen. Wir bitten um Verständnis, dass sich die Wortwahl in der Wegbeschreibung überwiegend auf Fußpilger ausrichtet.

GPS

Alle GPS-Tracks zum Eifel-Camino und seinen Zubringerwegen finden Sie auf der Verlagshomepage (💻 www.conrad-stein-verlag.de) zu diesem Buch. Diese können mit vielen gängigen GPS-Apps für Mobiltelefone genutzt werden. Aufgrund unterschiedlichster Geräte zum Aufzeichnen von Tracks können sich Abweichungen zu den bei den jeweiligen Etappen angegebenen Streckenlängen ergeben.

📖 Tipps zum Umgang mit dem GPS-Gerät finden Sie in dem Ratgeber „**GPS** – *Grundlagen · Tourenplanung · Navigation*" von Michael Hennemann, Conrad Stein Verlag, ISBN 978-3-86686-495-5, € 9,90.

Klima und Reisezeit

Die Eifel liegt geografisch zwischen Aachen im Norden, Trier im Süden und Koblenz im Osten und ist somit Bestandteil des Rheinischen Schiefergebirges. Das Klima wird im Winter als mäßig kalt, aber teilweise schneereich, im Sommer als oft feucht und kühl eingestuft. Die Temperatur in den Hochlagen der Eifel, durch die der Eifel-Camino überwiegend führt, liegt in den wärmsten Monaten im Sommer im Jahresdurchschnitt bei 14 °C, während der durchschnittliche Niederschlag pro Jahr 600-1200 mm beträgt.

Der Eifel-Camino kann bei entsprechender Ausrüstung zu jeder Jahreszeit begangen werden. Die besten Bedingungen bieten die Frühlings- und Sommermonate, aber auch im Frühherbst lohnt sich eine Wanderung durch die abwechslungsreiche Natur. Sie sollten jedoch zu jeder Zeit mit Niederschlag rechnen.

Medizinische Versorgung

Die ärztliche Versorgung ist auf dem Eifel-Camino sehr gut. Für den „Alltagsgebrauch" sind die Apotheken bestens ausgestattet. Trotzdem sollten Sie an die Mitnahme einer Notfallversorgung (☞ Ausrüstung, Reiseapotheke) und Ihre persönlichen Medikamente denken.

Notruf für Polizei, Feuerwehr, Krankenwagen/Notarzt: ☏ 112

Sehenswürdigkeiten

In den Orten am Eifel-Camino werden Sie zahlreiche Sehenswürdigkeiten entdecken. Die große Vielzahl lässt es leider nicht zu, alle in dieses Buch aufzunehmen und ausführlich zu beschreiben. So werden Sie hier nur zu solchen Sehenswürdigkeiten Hinweise und Tipps vorfinden, die unmittelbar am Weg liegen oder von besonderer Bedeutung sind.

Unterkünfte

Ein durchgängiges Herbergssystem wie in Spanien ist am Eifel-Camino nicht vorhanden, wenngleich es einige wenige Pilgerherbergen gibt. Ansonsten ist Ihre Eigeninitiative gefordert, wenn es darum geht, eine für Sie passende Unterkunft ausfindig zu machen. Sie finden bei den Beschreibungen der einzelnen Etappen Hinweise zu den zuständigen Touristikbüros, die Ihnen gerne bei der Vermittlung von Unterkünften nach Ihren Wünschen behilflich sein werden. Einige Unterkunftsmöglichkeiten zeigen wir Ihnen bei jeder Etappe beispielhaft auf, wobei sich die Auswahl vornehmlich auf Häuser in der Nähe des markierten Weges beschränkt. Es konnten nur solche Häuser aufgenommen werden, die ihr Einverständnis hierfür gegeben haben.

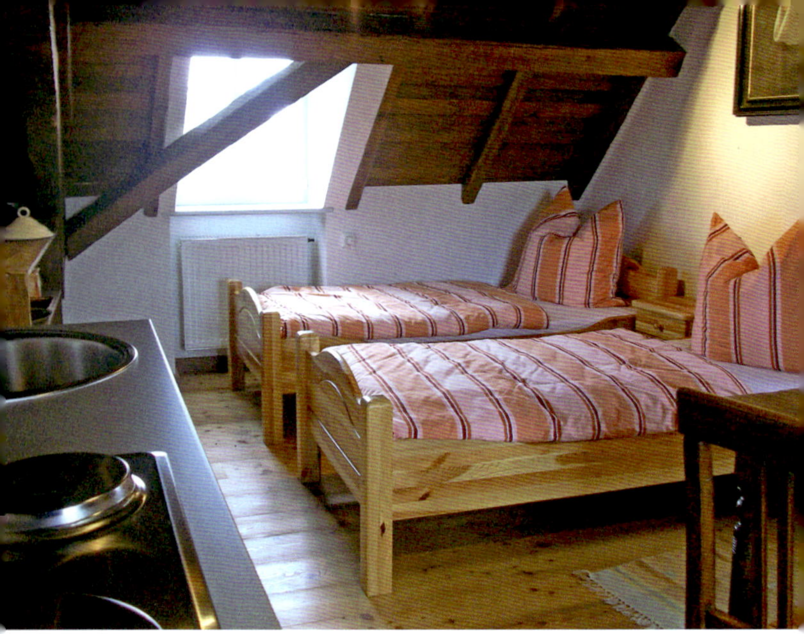

Pilgerzimmer in Kaisersesch

Die Zimmerpreise liegen durchschnittlich pro Übernachtung bei circa € 43 für Einzelzimmer und circa € 71 für Doppelzimmer mit entsprechenden Abweichungen nach oben und unten. Bei einigen Betrieben ist das Frühstück im Übernachtungspreis nicht enthalten und kostet bei Bedarf € 5-8,50. In den wenigen (Pilger-)Herbergen bezahlen Sie € 15-35. Die Preise wurden direkt bei den Vermietern ermittelt (Stand: November 2020), können jedoch inzwischen davon abweichen. In manchen Gemeinden wird zusätzlich eine Beherbergungsabgabe erhoben, die nicht in den angegebenen Preisen enthalten ist.

Es wird empfohlen, bereits bei der Planung Ihrer Pilgerwanderung vorab Unterkünfte zu buchen und nicht erst am Ende eines anstrengenden Pilgertages auf gut Glück eine Übernachtungsmöglichkeit zu suchen. Bedenken Sie bitte, dass für Übernachtungen in Jugendherbergen ein gültiger Jugendherbergsausweis vorhanden sein muss.

Buchen Sie Ihre Unterkunft bitte unmittelbar bei den Beherbergungsbetrieben oder über eine Touristinformation, da die Preise in Buchungsportalen durch Provisionen höher sein können.

Für Zeltpilger stehen nur am Laacher See, an der Laacher Mühle und in Klüserath Campingplätze zur Verfügung.

Wanderkarten

Für den Eifel-Camino gibt es keine Wanderkarte, die den gesamten Weg abbildet. Sehr wohl sind aber einzelne Abschnitte in regionalen Wanderkarten enthalten und mit dem Symbol der gelben Jakobsmuschel auf blauem Grund gekennzeichnet.

📖 Karten mit Eifel-Camino:

- Wanderkarte Nr. 21 des Eifelvereins: Ulmen – Land der Thermen und Maare (1:25.000), Eifelverein e. V., 2020, ISBN 978-3-9446-2030-5
- Wanderkarte Nr. 22 des Eifelvereins: Kaisersesch (1:25.000), Eifelverein e. V., 2010, (derzeit vergriffen, eine Neuauflage ist für 2021 geplant)
- Wanderkarte Nr. 24 des Eifelvereins: Wittlicher Land (1:25.000), Eifelverein e. V., 2012, ISBN 978-3-921-805-83-X
- Wanderkarte Nr. 29 des Eifelvereins: Trierer Land (1:25.000), Eifelverein e. V., 2020, ISBN 978-3-9446-2015-2
- Wanderkarte Nr. 30 des Eifelvereins: Ferienregion Schweich (1:25.000), Eifelverein e. V., 2018, ISBN 978-3-9446-2013-8
- Wanderkarte Nr. 32 des Eifelvereins: Osteifel mit Laacher-See-Gebiet (1:25.000), Eifelverein e. V., 2008, ISBN 978-3-9218-0563-3
- Wanderkarte Nr. 34 des Eifelvereins: Maifeld und Untermosel (1:25.000), Eifelverein e. V., 2018, ISBN 978-3-9446-2016-9
- Kompass Wanderkarten-Set 833: Eifel (1:50.000), 2020, ISBN 978-3-99044-848-9

☺ Die Kartenempfehlungen wurden von der Geobuchhandlung Kiel überprüft. 💻 www.geobuchhandlung.de

Wandern mit Hund

Der Eifel-Camino ist aufgrund seiner Beschaffenheit auch mit Hunden machbar. Bitte überlegen Sie im Vorfeld, ob Sie Ihrem Liebling die Tour zumuten können. Allerdings gibt es nur wenige Unterkünfte, wo Hunde im Haus geduldet sind. Einige Betreiber erheben eine kleine Gebühr, die zumeist bei € 2-10 liegt.

Vermeiden Sie auf jeden Fall, dass sich Ihr Vierbeiner in die Betten legt. Die erforderliche Reinigung kann ein teurer Spaß werden. Um keine Überraschungen zu erleben, wird dringend empfohlen, bei der Buchung nachzufragen.

Hundefreundliche Unterkünfte sind in diesem Buch übrigens mit dem Symbol 🐕 versehen.

Wegmarkierung

Der Eifel-Camino wurde, beginnend 2008, zunächst im Landkreis Mayen-Koblenz von Namedy über Andernach, Mayen und Monreal bis zum Heunenhof durch Schilder und Aufkleber mit der gelben Jakobsmuschel auf blauem Grund so markiert, dass er ohne zusätzliches Kartenmaterial absolviert werden kann. Die zusammenlaufenden Rippen der Jakobsmuschel weisen dabei den Pilgern die Wegrichtung. Ergänzend finden Sie zahlreiche Pilgersteine entlang des Weges sowie Informationsstelen aus Basaltlava und Hinweistafeln in der Nähe von Sehenswürdigkeiten. Zu den bestehenden Wegmarkierungen mit der stilisierten gelben Jakobsmuschel auf blauem Grund wurde der Eifel-Camino teilweise auch mit gelben Pfeilen und gesprühten Symbolen versehen. Beachten Sie bitte dabei, dass auch Forstbetriebe mit farbigen Pfeilen arbeiten.

Wegmarkierung in Kruft – Wegeteilung

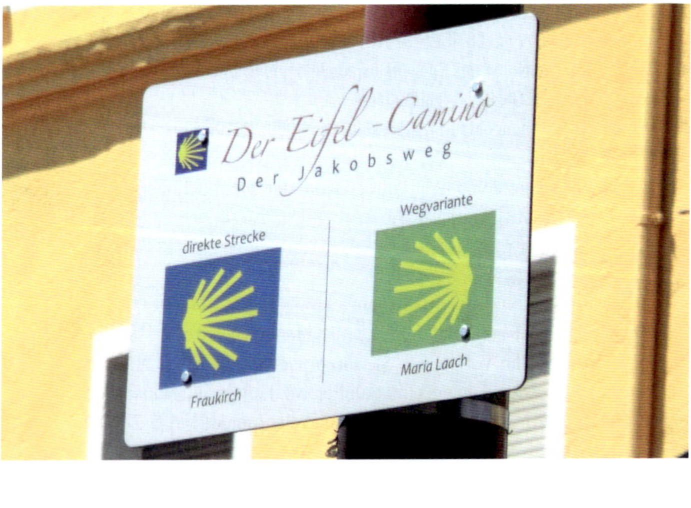

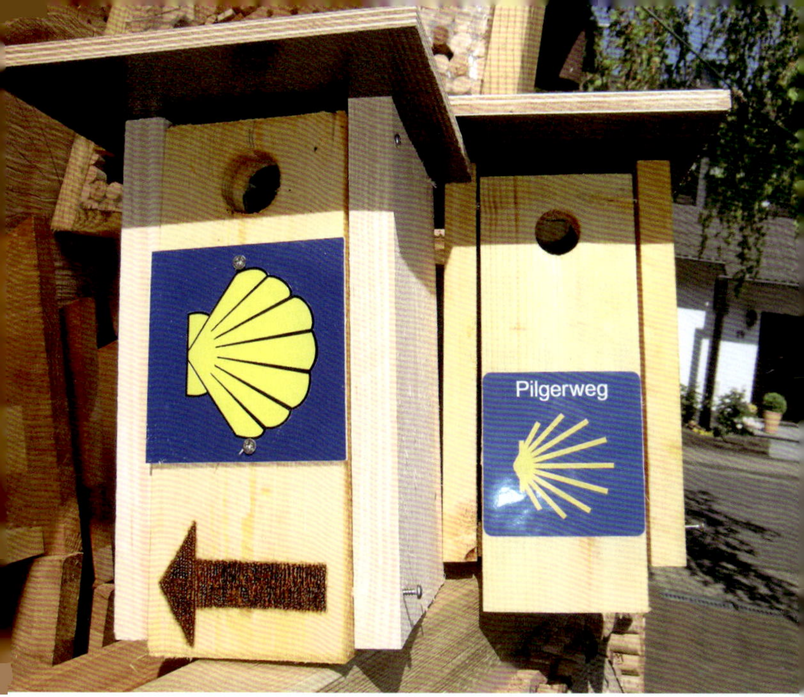

Vogelnistkästen aus der Werkstatt von Karl-Heinz Jung
(📷 Karl-Heinz Jung)

Inzwischen ist der Weg auch auf der Strecke über Kaisersesch, Bad Bertrich, Wittlich und Klausen durchgehend gekennzeichnet. In Klausen vereinigt sich der Eifel-Camino mit dem Mosel-Camino (📖 OutdoorHandbuch Band 291, ISBN 978-3-86686-699-7), in Biewer mit der Via Coloniensis (📖 Outdoor-Handbuch Band 241, ISBN 978-3-86686-628-7).

An einigen Teilstrecken der europäischen Jakobswege wurde damit begonnen, die Wegmarkierung mit dem immer wichtiger werdenden Artenschutz zur Erhaltung einer breiten Biodiversität (Artenvielfalt) zu kombinieren. Auch auf dem Eifel-Camino finden Sie Vogelnistkästen, Fledermauskästen und Insektenhotels, die insbesondere an Wegkreuzungen aufgehängt und aufgestellt wurden. Auf ihnen ist zusätzlich ein gelber Pfeil und/oder eine Jakobsmuschel aufgetragen worden. Diese stammen aus der Werkstatt von Karl-Heinz Jung, dem Autor des Pilgerführers für den Mosel-Camino, und seinen ehrenamtlichen Helfern.

♦ Informationen erhalten Sie unter 💻 www.artenschutz-am-pilgerweg.eu.

Der Eifel-Camino von Andernach nach Trier

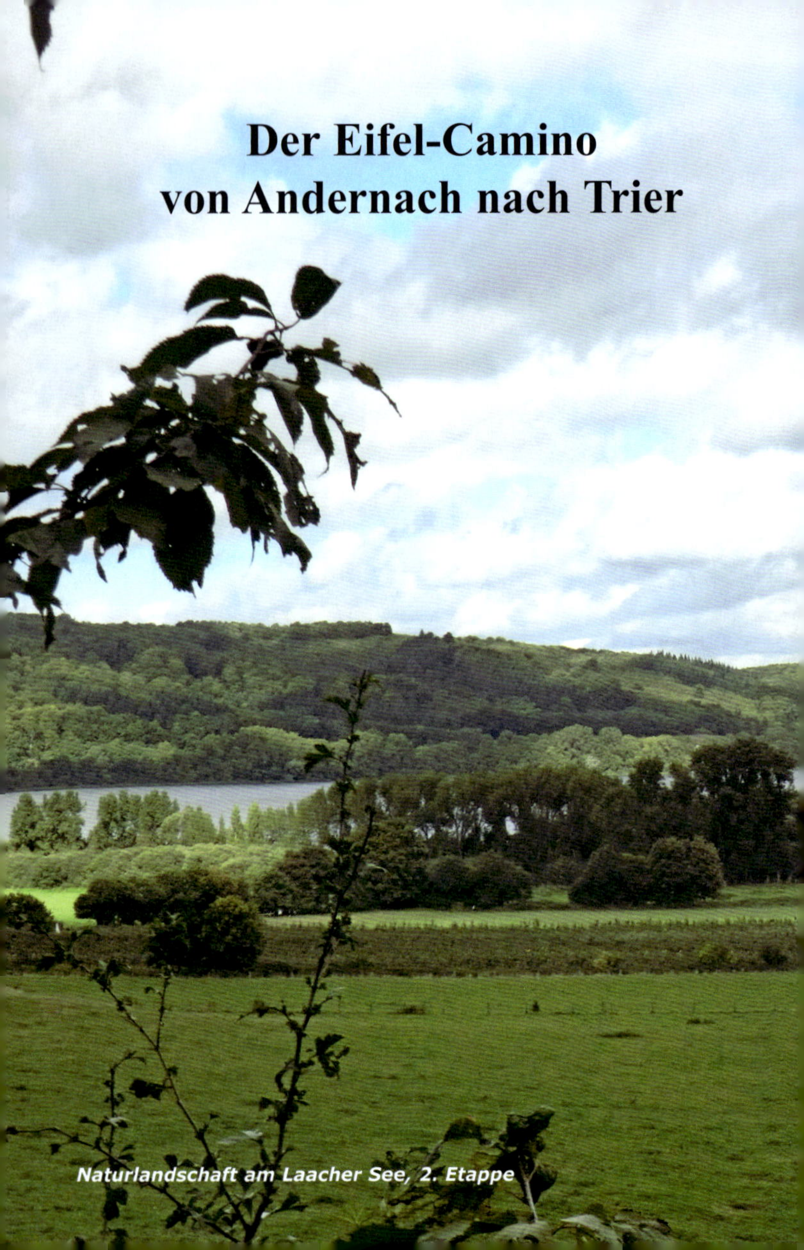

Naturlandschaft am Laacher See, 2. Etappe

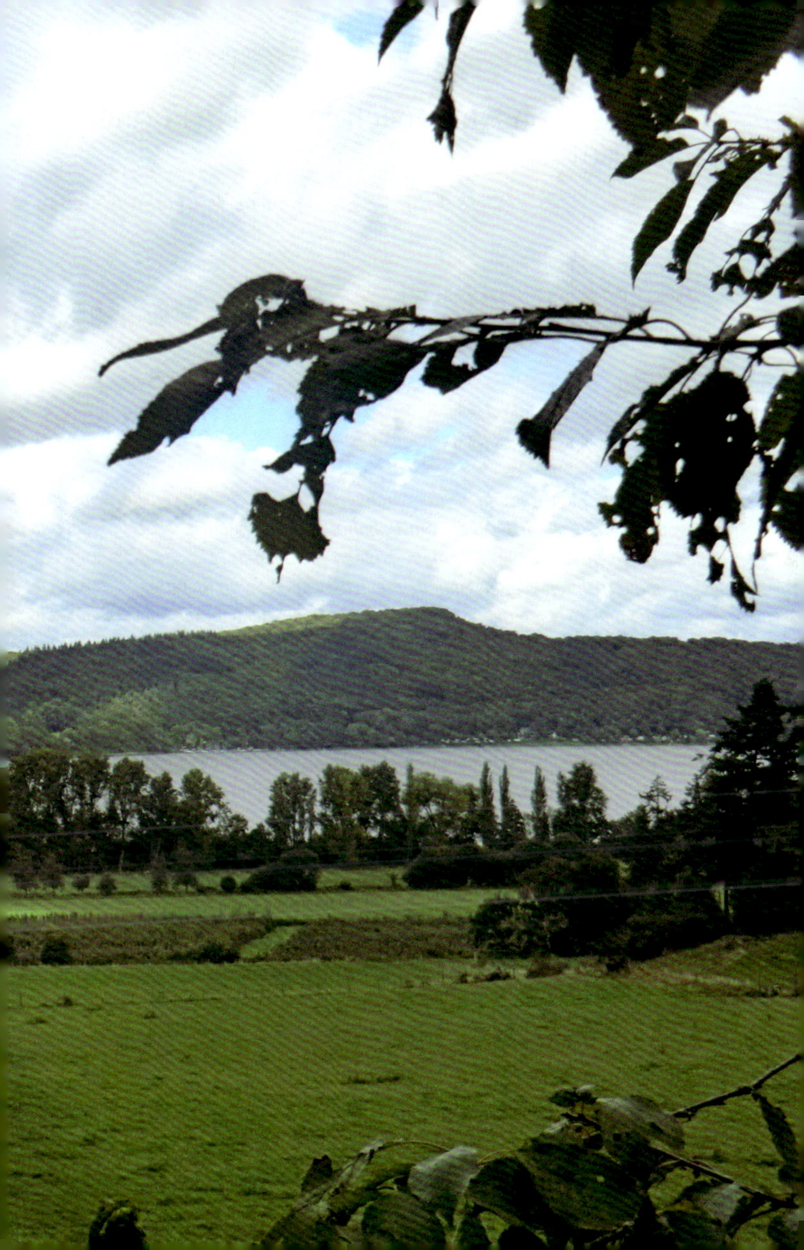

1. Etappe: Von Andernach-Namedy (Fornich) nach Kruft

18,9 km, 5 Std., ↑ 99 m, ↓ 10 m, ⇧ 57-144 m

0,0 km	⇧ 62 m	Fornich
3,0 km	⇧ 64 m	Namedy
6,0 km	⇧ 65 m	Andernach (Liebfrauenkirche) BANK
12,0 km	⇧ 94 m	Miesenheim BANK
14,1 km	⇧ 109 m	Plaidt (Alter Kirchplatz) BANK
18,9 km	⇧ 144 m	Kruft (St.-Dionysius-Kirche) BANK

Sie starten den Eifel-Camino an der Grenze der Landkreise Mayen-Koblenz und Ahrweiler, die Sie zum Beispiel vom Bahnhof Brohl bequem zu Fuß in wenigen Minuten erreichen können. Alternativ können Sie auch in Namedy den Zug verlassen und dort Ihren Weg beginnen. Zunächst laufen Sie in Richtung Süden nach Andernach und zweigen dahinter nach Westen in die Eifel ab, um schließlich nach Kruft zu gelangen, wo bereits die Römer in unterirdischen Steinbrüchen Tuffstein gewonnen haben. Die gesamte Strecke ist für Fahrradfahrer ohne Probleme zu bewältigen.

Der Beginn des Eifel-Caminos befindet sich an einer Stelle, wo früher das kleine Fischerdorf Fornich lag. 1369 stiftete ein Andernacher Pfarrer eine schlichte, gotische Kapelle in Fornich und ließ dort das Hospital für Pilger und Reisende wiederherstellen. Die Kapelle wurde durch Kriegseinwirkungen 1945 zerstört. Im Jahr 1858 musste Fornich teilweise der Bahntrasse auf der linken Rheinseite weichen, der Rest fiel später dem Bau der B9 zum Opfer.

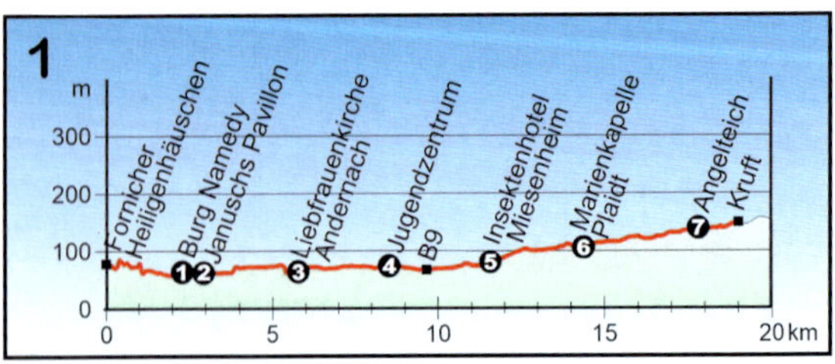

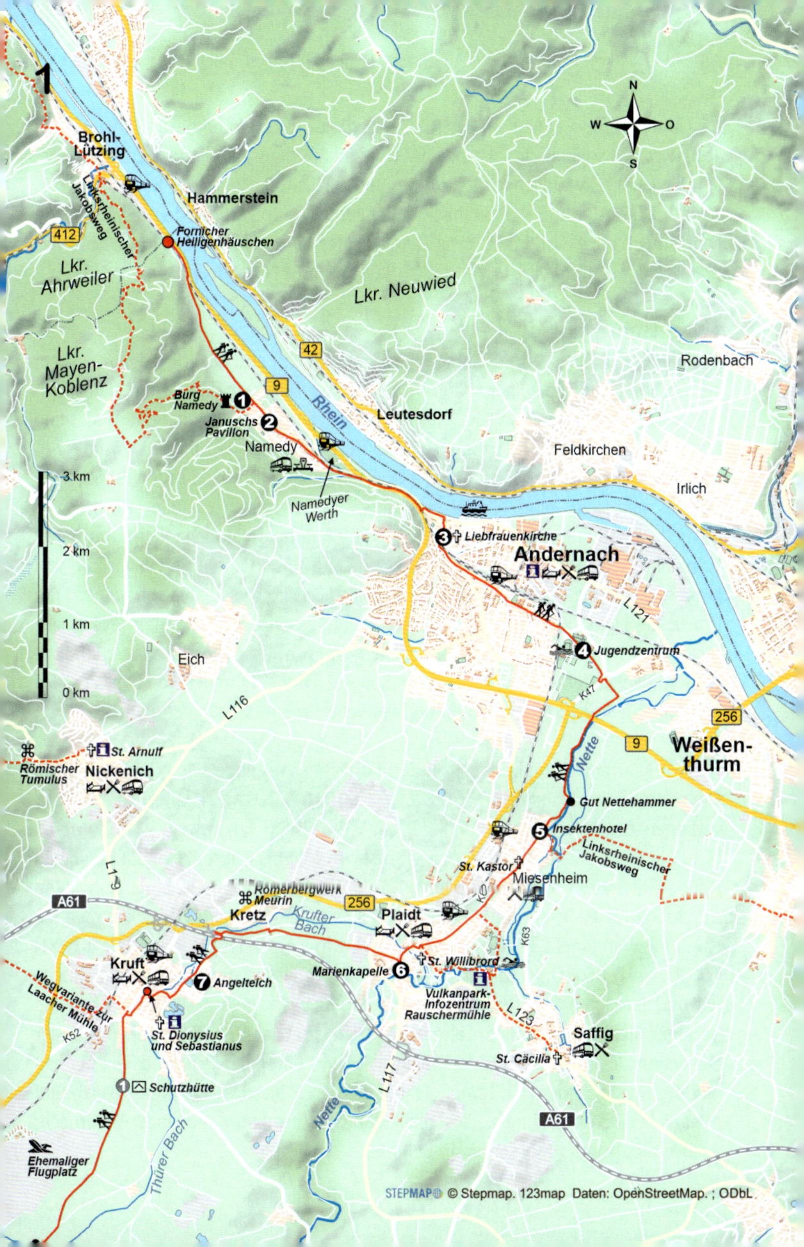
1
N
W
O
S
Brohl-Lützing
Linksrheinischer Jakobsweg
Hammerstein
412
Fornicher Heiligenhäuschen
Lkr. Ahrweiler
Lkr. Neuwied
Lkr. Mayen-Koblenz
42
9
Rhein
Burg Namedy
Januschs Pavillon
Namedy
Leutesdorf
Rodenbach
Feldkirchen
Irlich
Namedyer Werth
3 km
2 km
1 km
0 km
Liebfrauenkirche
Andernach
L121
Jugendzentrum
K47
Eich
L116
256
Weißen-thurm
Nette
Gut Nettehammer
Insektenhotel
St. Arnulf
Römischer Tumulus
Nickenich
Linksrheinischer Jakobsweg
St. Kastor
Miesenheim
A61
Römerbergwerk Meurin
Kretz
Krufter Bach
Plaidt
Kruft
Angelteich
Marienkapelle
St. Willibrord
K63
Vulkanpark-Infozentrum Rauschermühle
L123
Wegvariante zur Laacher Mühle
K52
St. Dionysius und Sebastianus
Saffig
St. Cäcilia
Schutzhütte
L117
Thürer Bach
Ehemaliger Flugplatz
STEPMAP © Stepmap. 123map Daten: OpenStreetMap. ; ODbL

Heute erinnert genau auf der Kreisgrenze nur noch ein barocker Bildstock aus Tuffstein, das sogenannte „Fornicher Heiligenhäuschen", an die Existenz des Dorfes. Sie gehen in südlicher Richtung hinter der Leitplanke an der B9 entlang, bis Sie zur Unterführung der Bahnlinie gelangen. Nun folgen Sie dem asphaltierten Fahrradweg am bewaldeten Hang durch Felder hindurch. Sie erreichen bald das Schützenhaus und kurz darauf das ♜ Schloss Burg Namedy ❶.

♜ Burg Namedy

Die ältesten Teile von Burg Namedy gehen bis in das auslaufende 14. Jh. zurück, als die Anlage in Form einer spätgotischen Wasserburg von den Rittern Hausmann von Andernach erbaut wurde. Antonius von Hausmann zu Namedy und seine Frau Margaretha von Eltz erweiterten die Burg Mitte des 16. Jh. 1896 kam sie in den Besitz des Freiherrn von Solemacher. Er ließ die Burg in ein dreigeschossiges Schloss umbauen. Nach einem erneuten Wechsel der Eigentümer wurde Burg Namedy 1908 zum Wohnsitz von Prinz Carl-Anton von Hohenzollern und seiner Gemahlin Prinzessin Joséphine von Belgien. 1988 übernahm Prinz Godehard von Hohenzollern die Anlage. Sein Ziel war es, die Burg zusammen mit seiner Frau Prinzessin Heide zu einer kulturellen Begegnungsstätte umzuwandeln. Nach jahrelanger Grundrenovierung mit öffentlicher und privater Unterstützung erstrahlen die Räumlichkeiten, vor allem aber der Spiegelsaal, heute in neuem Glanz. Es stehen Säle für Konzerte, Tagungen und festliche Ereignisse zur Verfügung.

Der Fahrradweg mündet hier in den Fornicher Weg, dem Sie geradeaus in die Hauptstraße von **Namedy** (1.360 Ew., ✉ 56626, 🚉 🚆 🚌) folgen. Ab hier verlaufen der Eifel-Camino und der Linksrheinische Jakobsweg (📖 Outdoor-Handbuch Band 278, ISBN 978-3-86686-464-1) bis Miesenheim auf derselben Route. Sie sollten trotz des geringen Verkehrsaufkommens vorsichtig sein, denn es gibt keinen Gehsteig. In ⦿ Januschs Pavillon ❷ mitten im Ort bekommen Sie einen Pilgerstempel (🚪 Mo-Sa 8:00-12:30, Mo 14:30-18:00, Fr und Sa 15:00-19:00, So 8:00-10:30 u. 13:00-18:00). Sie verlassen den Andernacher Stadtteil und passieren zwei Basaltstelen mit eingravierter gelber Jakobsmuschel. Sie bewegen sich jetzt auf einem Fahrradweg, dem sogenannten Philosophenweg, der Sie neben der früheren B9, der Bahntrasse und unter der Brücke der neuen B9 hindurch nach Andernach bringt. Dabei passieren Sie das Namedyer Werth, auf dem sich die von hier nicht einsehbare jüngste Attraktion der Stadt Andernach, der welthöchste Kaltwassergeysir, befindet.

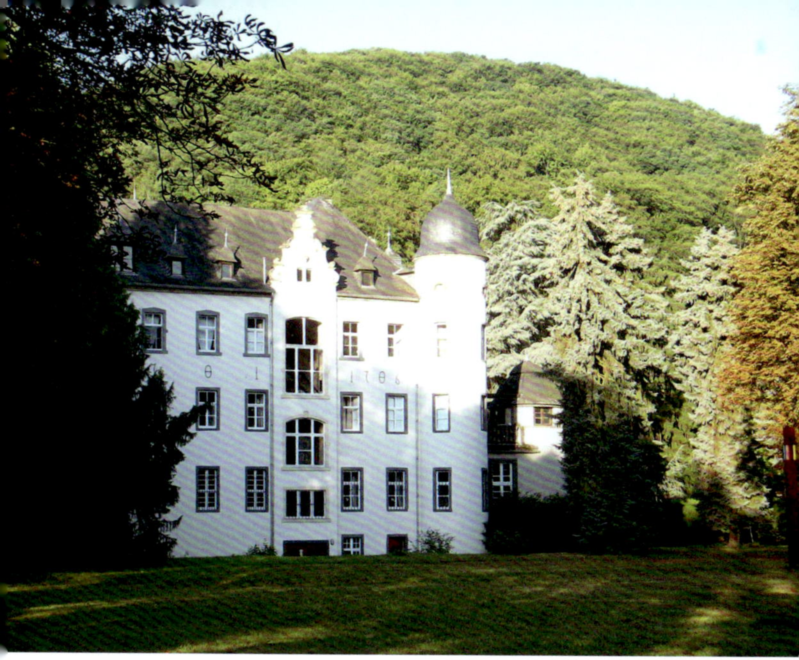

Burg Namedy

Am Ende des Fahrradweges gehen Sie durch die Unterführung und überqueren vorsichtig die Kölner Straße. Zu Ihrer Linken sehen Sie den ⌘ Alten Krahnen, einen Hafenkran aus dem 16. Jh.

Nur einige Schritte weiter rechts verlassen Sie die Rheinanlagen schon wieder. Vor einem kleinen Weinberg mit einer Basaltstele und einer Hinweistafel zu den regionalen Jakobswegen gehen Sie nach rechts durch eine schmale Gasse und treffen erneut auf die Kölner Straße. ⌘ Vor Ihnen erhebt sich der Runde Turm, das Wahrzeichen von Andernach. Sie überqueren eine Kreuzung, gehen rechts am Turm vorbei und befinden sich in der Agrippastraße. Dann stehen Sie vor der ⌘ ✞ ⊙ romanischen Liebfrauenkirche ❸, auch Mariendom genannt, mit ihren vier Türmen. Eine Besichtigung lohnt sich, denn auch die Inneneinrichtung ist beeindruckend. ⊙ Gegenüber im katholischen Pfarramt Maria Himmelfahrt (🚪 Mo, Di, Do 8:30-12:00 u. 14:00-17:00, Fr 8:30-12:00) erhalten Sie ebenfalls den Pilgerstempel (der im Übrigen bei allen Stempelstellen mit Ausnahme beim St.-Nikolaus-Stiftshospital identisch ist).

Andernach

29.600 Ew., 56626,

Tourist-Information im Geysir-Erlebniszentrum, Konrad-Adenauer-Allee 40, 026 32/987 94 80, info@andernach.net, www.andernach-tourismus.de, Mo-Fr 9:00-17:30, Sa 10:00-15:00 (Nov-März 10:00-13:00)

Hotel Andernacher Hof, Breite Straße 83, am Weg, 026 32/431 75, andernacherhof@t-online.de, www.hotel-andernacher-hof.de, EZ ab € 42, DZ ab € 66, inkl. Frühstück, Hunde auf Anfrage

Pilgerzimmer im St.-Nikolaus-Stiftshospital, Ernestus-Platz 1, 700 m vom Weg, 026 32/40 40, information@stiftshospital-andernach.de, € 15, ohne Frühstück (1 Zimmer/2 Betten, nur nach Voranmeldung und mit Pilgerausweis)

Andernach, im Volksmund nach einer Sage „Bäckerjungenstadt" genannt, besitzt eine bewegte und bunte, über 2.000-jährige Geschichte. Erste Ansiedlungen wurden aufgrund von Funden im Stadtteil Miesenheim auf ein Alter von rund 500.000 Jahren datiert. Auch aus der letzten Eiszeit und der Jungsteinzeit lassen sich Ansiedlungen nachweisen. Wie bei vielen Städten am Rhein sorgten zunächst römische Garnisonen für eine erste Blüte, bevor diese von den Franken „abgelöst" wurden. Zur Zeit der Merowinger (6. Jh.) wurde Andernach sogar Königssitz. Im Mittelalter geriet die reichsunmittelbare Stadt immer wieder zwischen die Fronten der unterschiedlichsten Parteien, vor allem aber der Erzbistümer Köln und Trier. Im Laufe der Zeit versuchten Niederländer, Schweden und Franzosen mit wechselndem Erfolg und häufigen Zerstörungen die Stadt einzunehmen.

Andernach hatte seit jeher eine Pilgertradition, obwohl die Stadt nicht über „gewinnbringende" Reliquien verfügte. Dafür machten Pilger – vornehmlich vom Balkan – auf ihren Wallfahrten nach Köln, Aachen, Trier oder Prüm hier Station. Hierfür gab es nicht nur das heute seit über 750 Jahren bestehende Stiftshospital St. Nikolaus, sondern von 1376 bis 1510 auch das „Pilger- und Armen-Hospital am Alten Markt zu Andernach". Es wurde über eine Stiftung der Bürger und Handwerker verwaltet und zur Bewältigung der Flut von Pilgern notwendig.

Mitte des 19. Jh. siedelten sich erste Unternehmen in Andernach an, darunter einige Mälzereien. Im Zweiten Weltkrieg hielten sich trotz zahlreicher Luftangriffe die Schäden in Grenzen, vor allem die Altstadt blieb überwiegend verschont. Im Januar 1956 traten in Andernach die ersten 240 Soldaten der neuen Bundeswehr ihren Dienst an. Heute prägen vor allem Industriebetriebe der Sparten Metall, Chemie und Pharmazie in den Randzonen der Stadt das wirtschaftliche Leben.

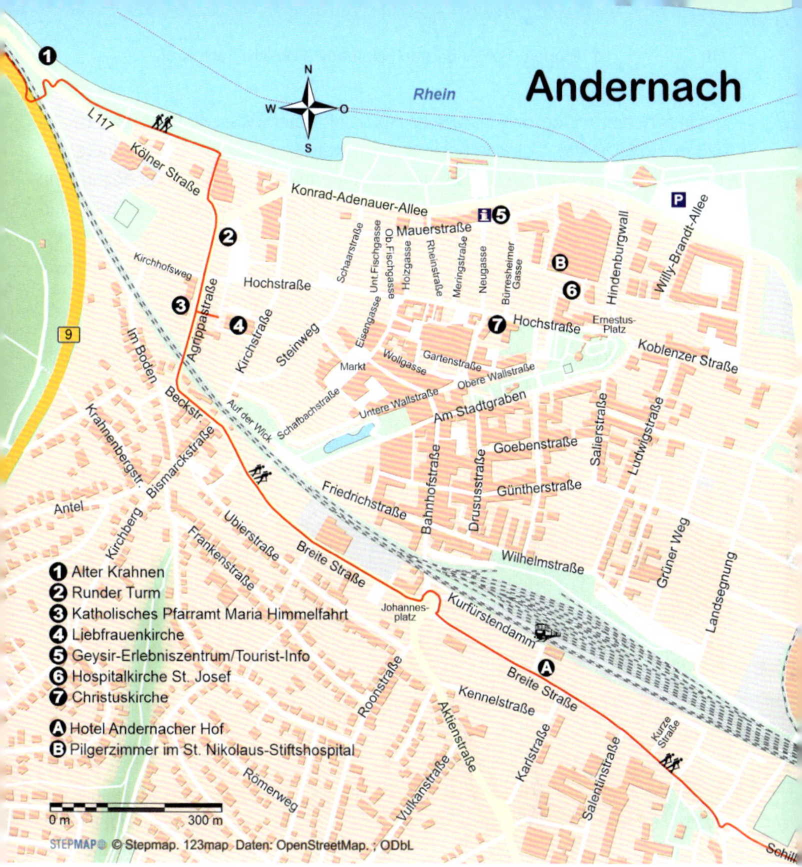

⌘ Andernacher Geysir

Bereits im Jahr 1903 wurde der Andernacher Geysir auf dem Namedyer Werth erstmals angebohrt und war damals schon eine Attraktion. Zunächst wurde der 340 m tiefe Brunnen zur Gewinnung von Mineralwasser wirtschaftlich genutzt, nach schweren Schäden während des Ersten Weltkrieges nur noch zur Gewinnung von Kohlensäure. Im Jahr 1957 wurde der Sprudel außer Betrieb genommen und zehn Jahre später aufgrund des Baus der Krahnenbergbrücke endgültig verschlossen. Mit Beginn des neuen Jahrtausends intensivierten sich die Bemühungen, den Geysir wieder zu reaktivieren. Nachdem alle behördlichen Genehmigungen erteilt wurden, konnte der erste „Geysir-Sommer“ im Jahr 2006 gefeiert werden.

Inzwischen wurde das Naturschauspiel mit einer Wasserfontäne von bis zu 60 m Höhe in das Guinnessbuch der Rekorde eingetragen. 2009 öffnete das Geysir-Erlebniszentrum am Rheinufer in Andernach seine Tore. Es erläutert in einer imposanten interaktiven Ausstellung die Funktionsweise des Geysirs und informiert über den Vulkanismus in der Eifel. Von hier aus startet auch das Passagierschiff MS Namedy täglich viermal eine Tour zum Geysir, der etwa alle zwei Stunden für circa acht Minuten ausbricht.

♦ Geysir-Erlebniszentrum, Konrad-Adenauer-Allee 40, ☏ 026 32/958 00 80, ✉ info@geysir-andernach.de, 💻 www.geysir-andernach.de, 🚪 Ende März-Ende Okt täglich 9:00-17:30, Eintritt € 14 p. P. inkl. Schifffahrt zum Geysir

⌘ Alter Krahnen

Alter Krahnen

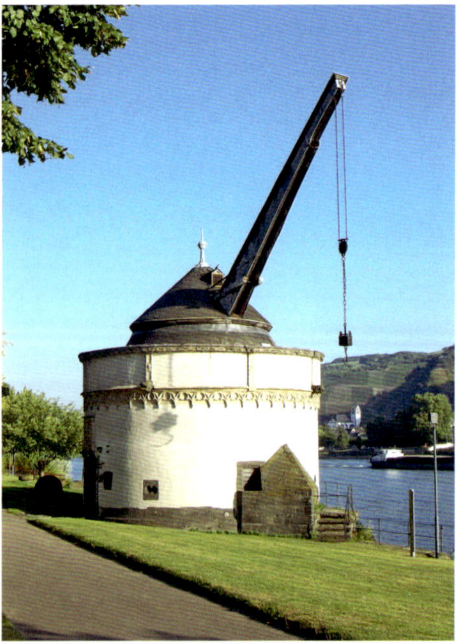

Dieser 1561 erbaute Stein-Turmdrehkran liegt direkt am ehemaligen Andernacher Hafen und bezeugt den damals blühenden Handel mit Waren aus der Eifel. Über 350 Jahre lang – bis in das Jahr 1911 – wurden hier Weinfässer sowie Mühl- und Tuffsteine verladen. Die Mechanik des technischen Denkmals aus dem Mittelalter ist noch heute völlig intakt. Dabei kann sich die Kransäule unter Zuhilfenahme von Hebeln einschließlich Dach und Ausleger um 360 Grad drehen. Zugleich werden durch zwei Treträder die zu transportierenden Lasten angehoben.

⌘ Runder Turm

Der robuste Wehrturm wurde von 1440 bis 1453 als Teil der mittelalterlichen Schutzmauer an der nordwestlichen Ecke in unmittelbarer Nähe zum Rhein errichtet. Um die eigene Macht und Stärke zu demonstrieren, bauten die Städter den Turm trotz einer finanziell schwierigen Situation eigenständig und bewusst ohne Unterstützung ihres kurkölnischen Landesherrn. Der höchste Wehrturm am Rhein, der zugleich Wahrzeichen von Andernach ist, besteht aus einem 33 m hohen runden Basisturm, auf den ein weiterer Turm mit einer Höhe von 26 m auf achteckigem Grundriss aufgesetzt wurde. Damit überragte er damals sogar die Türme der Pfarrkirche und den Bergfried der kurkölnischen Burg. Einem Sprengversuch durch die Truppen des französischen Königs Ludwig XIV. im Pfälzer Erbfolgekrieg widerstand die solide Bauweise mit einer Mauerstärke von bis zu 5 m mühelos. Heute können Sie den Turm während der Sommermonate an Samstagen, Sonn- und Feiertagen besichtigen.

✞ ⊙ Liebfrauenkirche

Eine erste Kirche wurde wohl schon in der karolingischen Zeit auf einem römischen Militärlager errichtet, jedoch ist über das Aussehen nichts mehr bekannt. Von der Nachfolgekirche aus dem frühen 12. Jh. blieb nur noch der Nordostturm erhalten. Für den Neubau gibt es keine Unterlagen mehr, die etwas über den Bau oder die Weihe aussagen könnten. Das Marienpatrozinium der Andernacher Stadtkirche wird durch zahlreiche Darstellungen untermauert: die Gottesmutter unter dem Kreuz, als Pieta nach der Kreuzabnahme sowie bei der Grablegung ihres Sohnes, ihr Heimgang und ihre Verherrlichung als Himmelskönigin. Ebenfalls sehenswert sind der Kaiseraltar (gestiftet 1475 von Friedrich III.), das Basaltsäulentaufbecken aus dem 13. Jh., eine kostbare Kanzel sowie die acht modernen Fenster mit Motiven der Lauretanischen Litanei in den Seitenschiffen. Eine besondere Kostbarkeit stellt das sogenannte Ungarnkreuz aus dem 14. Jh. dar. Dieses wurde der Stadt als Dank für die freundliche Aufnahme von Ungarn während deren Wallfahrten zu den bedeutenden Pilgerstädten Köln und Aachen geschenkt.

✞ Christuskirche

Die gotische Christuskirche wurde circa 1245 bis 1450 als dem heiligen Nikolaus geweihte Klosterkirche eines Minoritenklosters erbaut, das von den Grafen von Virneburg gestiftet wurde. 1616 wurde das Kloster von Franziskanern übernommen.

Die Kirche war im Mittelalter als Begräbnisstätte für die Stifterfamilie, den rheinischen Adel und wohlhabende Andernacher Familien beliebt, deren Wappen können Sie heute noch in den Kreuzgewölben bewundern. Im Dreißigjährigen Krieg wurde das Kloster von schwedischen Truppen heimgesucht und dabei ausgeraubt. Nach dem Einmarsch der Franzosen wurde das Kloster ab 1802 aufgehoben und musste als Kaserne und Gefängnis herhalten, die Kirche sogar als Lagerstätte und Pferdestall. Erst 1854 stellte der preußische König Friedrich Wilhelm IV. der neu gegründeten evangelischen Kirchengemeinde die Kirche zur Verfügung. 1902 wurden die Klostergebäude leider abgerissen. 1913 bis 1914 erfolgte eine Sanierung der Bausubstanz, die Schäden der beiden Weltkriege wurden 1955 beseitigt. Nachdem 1969 sogar ein Abriss zur Debatte stand, entschied man sich glücklicherweise doch, das Kulturdenkmal zu erhalten. Die erneuten Sanierungsarbeiten dauerten bis ins Jahr 1977.

✞ Hospitalkirche St. Josef

Mitte des 17. Jh. wurde dem in Frankreich gegründeten Annunziatenorden die Erlaubnis gegeben, sich in Andernach niederzulassen und ein Kloster zu gründen. Die Klosterkirche wurde im Zeitraum 1736 bis 1739 erbaut. Nach dem Einmarsch der französischen Truppen wurde 1802 das Kloster aufgehoben. Die Stadt Andernach erwarb die Anlage und nutzte sie als Schule, 1841 ging sie an das Stiftshospital über. Bedingt durch den Neubau des Krankenhauses Ende des vergangenen Jahrhunderts verschwanden die meisten Klostergebäude, nur die Kirche blieb erhalten. Die barocke Ausstattung ist heute noch sehenswert und zudem können Sie ein Fresko zum Jakobuskult bewundern. Die Kirche befindet sich auf dem Gelände des Krankenhauses in der Bürresheimer Gasse.

Sie folgen weiter der Agrippastraße, die nach einer Linkskurve in die Beckstraße mündet. Nur wenig später ändert sich der Straßenname in Breite Straße. Sie gehen weiter geradeaus auf der sich 1 km durch Andernach ziehenden Breiten Straße, am Johannesplatz, der Kreissparkasse und der Post vorbei bis zum zweiten Kreisverkehr. Dort treffen Sie auf den ehemaligen Wehrturm des früheren Augustiner-Chorfrauen-Stiftes Unsere Liebe Frau vor den Mauern zu St. Thomas aus dem 14. Jh., der später zu einer Windmühle und einem Wasserturm umfunktioniert wurde. Weiterhin ist von dem Klosterkomplex leider nur noch die ehemalige ✞ Friedhofskapelle St. Michael aus dem 13. Jh. auf dem heutigen Schulhof der St.-Thomas-Realschule erhalten.

Sie laufen weiter geradeaus in den Schillerring mit der August-Horch-Schule. Kurz darauf gehen Sie links in die Stadionstraße und verlassen Andernach durch eine Bahnunterführung. Hinter der Unterführung folgen Sie dem Fahrradweg rechts an zwei rot-weißen Warnbaken vorbei und passieren am Stadtrand neben dem Stadion, dem Freibad und dem Jugendzentrum ❹ weitere Freizeiteinrichtungen. Wer jetzt noch keinen Pilgerstempel von Andernach hat, kann sich diesen in ⊙ der Gaststätte im Trampolino abholen (🚪 Mi-Fr 14:00-18:30, Sa und So 10:30-18:30). Von hier aus können Sie in der Ferne die Stadt Weißenthurm mit der markanten Neuwieder Rheinbrücke sehen. Sie bleiben auf dem asphaltierten Weg, der kurz vor der K47 einen Knick nach rechts zu einer weiteren Unterführung macht.

An einer Informationstafel des Netterundweges gehen Sie leicht abwärts auf einen Waldstreifen zu. Dort verläuft das Flüsschen Nette, dem Sie an der nächsten T-Kreuzung nach rechts folgen. Dabei unterqueren Sie zwischendurch die B9, wandern durch ein kleines Wäldchen und gelangen an eine Straße, in die Sie nach links abbiegen. Sie pilgern am Gut Nettehammer vorbei, sehen an einer Bank auf der linken Seite eine Hinweistafel über die Wege der Jakobspilger und erreichen am Ortseingang von **Miesenheim** die Neuwieder Straße, die Sie ins Ortszentrum führt.

Am Haus 39 sollten Sie Ihre Aufmerksamkeit einem Hinweisschild schenken. Auf der Rückseite eines Insektenhotels ❺ wird Ihnen die Wegetrennung des Eifel-Caminos und des Linksrheinischen Jakobsweges angezeigt. Hier gehen Sie weiter geradeaus und erreichen nach einer größeren Kreuzung auf der rechten Seite die ✞ katholische Pfarrkirche St. Kastor. ⊙ In Miesenheim gibt es drei Stempelstellen: bei Franz Blaeser (Im Brandweiher 1, vor der Kreuzung links, circa 50 m), im Blumenhaus Buhr (Rauscher Straße 2, 🚪 Di-Fr 8:00-12:00 und 14:00-18:00, Sa 8:00-12:00) und bei der Landhauskonditorei Ulrike Schmitz (Ringstraße 30, 🚪 Mo-Fr 6:00-12:30 u. 14:00-18:00, Sa 6:00-12:00, So 8:00-11:00).

Wegetrennung

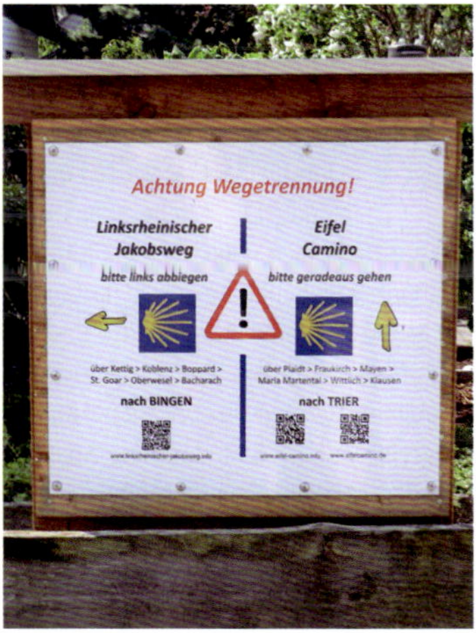

Miesenheim 3.270 Ew., 56626

Weg durch Miesenheim

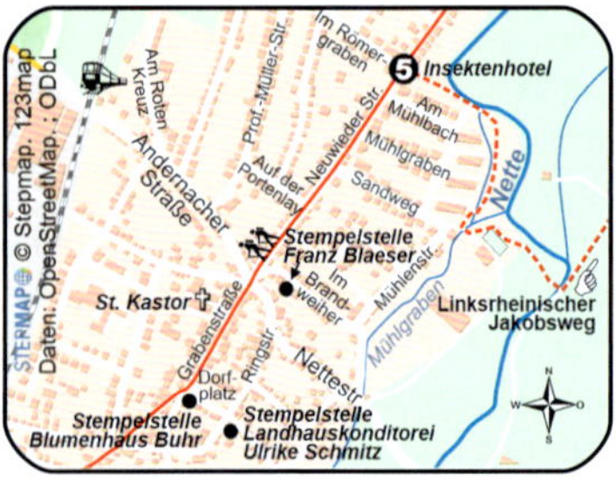

Die Besiedelung des Gebietes von Miesenheim ist durch Funde aus der Zeit bis vor 500.000 Jahren nachgewiesen. Da es römische Spuren in Form von Resten einer Villa und einer Wasserleitung gibt, feierte die Bevölkerung 2014 das 2.000-jährige Bestehen mit einem großen Fest, obwohl der Ort erstmals um 1000 n. Chr. urkundlich erwähnt wurde. Ab dem 17. Jh. entstanden am Ufer des Flüsschens Nette bis zu 60 Wassermühlen – zunächst nur Getreidemühlen, später wurden sie zu Öl-, Hammer- und Papiermühlen umfunktioniert. Ein Relikt aus dieser Zeit ist das Gut Nettehammer unmittelbar am markierten Weg. Nach dem Zweiten Weltkrieg, den Miesenheim ohne größere Schäden überstand, fanden die Einwohner vornehmlich in der Bimssteinindustrie Beschäftigung. Noch heute bestimmen mittelständische Betriebe der Baustoffbranche, des Getreide- und Agrarwesens und des Maschinenbaus das Wirtschaftsleben. Miesenheim war lange Zeit eigenständig und wurde erst 1970 als südlichster Stadtteil nach Andernach eingemeindet.

✞ Katholische Pfarrkirche St. Kastor

Es wird vermutet, dass bereits um 1248 eine Pfarrkirche in Miesenheim existierte. Ein letztes Überbleibsel stellt der heute noch erhaltene romanische Kirchturm aus dem 12. Jh. dar. Die Kirche stand unter dem Patrozinium des heiligen Kastor. Dessen Reliquien wurden der Kirchengemeinde 1860 durch den damaligen Dechant von Sankt Kastor in Koblenz geschenkt. Wie in anderen Gemeinden wuchs die Einwohnerschaft Mitte des 19. Jh. deutlich an, sodass auch die alte Kirche an die Grenzen ihrer Kapazität stieß. Durch zahlreiche Spenden wurden erhebliche Beträge für eine neue Kirche zusammengebracht. Es vergingen noch einige Jahre, bis 1891 der erste Spatenstich vollzogen werden konnte. Nach Plänen des saarländischen Architekten Wilhelm Hector wurde das neoromanische Gotteshaus binnen zwei Jahren durch die Bauunternehmer Josef Moritz aus Müden und Nikolaus Menten aus Thür vollendet und konnte eingeweiht werden. Am 15. Juni 1901 fand die Konsekration durch den Trierer Weihbischof Karl Ernst Schrod statt.

Erst 1918 wurde durch intensiven Einsatz des damaligen Pfarrers Peter-Josef Schäfer die Inneneinrichtung vervollständigt, fünf weitere Jahre später konnten die letzten Schulden abbezahlt werden. Inzwischen wurde die Kirche mehrmals sowohl innen als auch außen renoviert.

Sie gehen weiter durch die Grabenstraße und die Plaidter Straße und lassen Miesenheim hinter sich. Kurz vor Plaidt befindet sich eine Informationstafel, die einen Hinweis auf die Ortsschleife Saffig gibt.

Diese Schleife hat eine Länge von circa 5,4 km und belohnt Sie in **Saffig** (2.170 Ew., 56648, BANK) mit der barocken katholischen Pfarrkirche St. Cäcilia (allerdings ist die Kirche zwar geöffnet, aber der Innenraum nur durch ein Gitter einsehbar). Sie wenden sich an dem Hinweisschild nach links in die Wilhelm-Röntgen-Straße und biegen hinter der Regionalen Schule Pellenz nach rechts in die Rauscherstraße. Am Freibad überqueren Sie die Nette, laufen über den Parkplatz und halten sich rechts. Rechts von Ihnen liegt jetzt ein weiterer Parkplatz, Sie gehen aber auf der Straße nach links und folgen der wenig befahrenen Rauscherstraße bis zur L123. Schon bald streifen Sie die ersten Häuser von Saffig. Sie bleiben bis zur Ortsmitte auf der L123 und erreichen dort auf der rechten Seite die sehenswerte Barockkirche (Pilgerstempel im Gemeindebüro, Ochtendunger Straße 10, Mo, Do, Fr 9:00-12:00, Di 16:00-19:00).

Katholische Pfarrkirche St. Cäcilia

Die spätbarocke Kirche wurde in den Jahren 1739 bis 1742 von dem Reichsgrafen Carl Caspar IV. Franz von der Leyen und seiner Gemahlin Maria Sophie erbaut. Die Pläne erstellte der zu dieser Zeit bedeutendste Barockarchitekt Deutschlands, Balthasar Neumann. Die Ausführung des Baus oblag dem Tiroler Meister Georg Seitz und dessen Sohn Johannes. Erst zwei Jahre später hatte Balthasar Neumann während einer Reise von Bonn an den Main die Gelegenheit, die fertiggestellte Kirche in Saffig zu besichtigen. Trotz umfangreicher Umgestaltungen zu Beginn des 20. Jh. ist die Kirche ein spätbarockes Gesamtkunstwerk geblieben. Mitte des vergangenen Jahrhunderts wurde im Rahmen aufwendiger Restaurierungsarbeiten vormals bewusst entferntes, aber auch verloren gegangenes Inventar durch Pfarrer Max Langen mit großem Sachverstand zusammengetragen und ergänzt. So fügen sich Altäre, Kommunionbänke, Beichtstühle, Kanzel und Kronleuchter harmonisch in den hellen Barockbau ein.

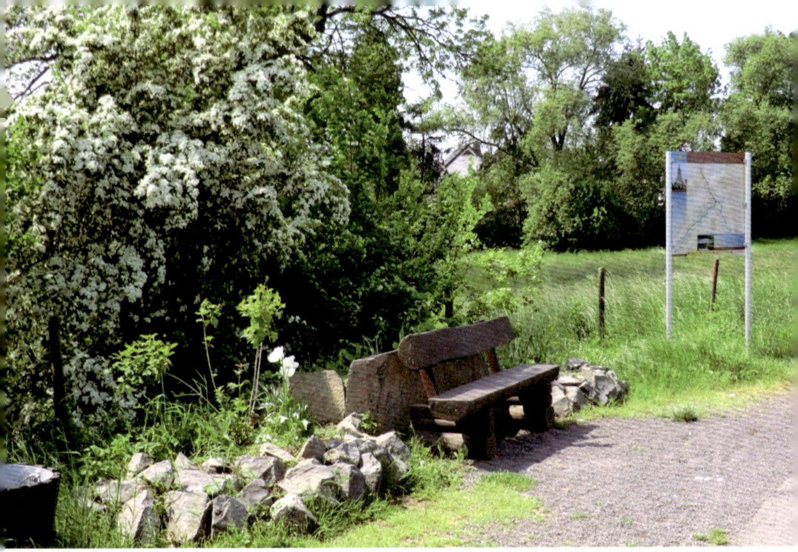

Ruhebank mit Infotafel Eifel-Camino

Der Rückweg bis zum Parkplatz ist identisch. Den Parkplatz lassen Sie jetzt links liegen, Sie bewegen sich geradewegs auf das Vulkanpark-Informationszentrum Rauschermühle zu. Folgen Sie der Straße bis kurz hinter die Nettebrücke und verlassen Sie sie dort nach links. Hier gelangen Sie direkt in den Rauscherpark, wo sich auch das Informationszentrum des 1996 gegründeten Vulkanparks befindet.

🚲 Da es sich im Rauscherpark um naturbelassene Wege mit Findlingen handelt, sollten Fahrradpilger wieder zurück bis zur K62 fahren und von dort den Weg fortsetzen.

ℹ Vulkanpark Infozentrum, Rauschermühle 6, 56637 Plaidt, ☎ 026 32/987 50, info@vulkanpark.com, www.vulkanpark.com, Di-So 11:00-16:00, Eintritt € 3,50 p. P.

Die Nette hat sich hier in den vergangenen 200.000 Jahren über eine Vulkanlandschaft ergossen und dabei Basaltblöcke freigespült, über die sie noch heute fließt. Informationstafeln zum Vulkanismus runden diesen ursprünglichen Abschnitt ab. Über eine Teichanlage gelangen Sie an einem Seniorenheim vorbei in die Plaidter Mühlenstraße. Hier kommen Sie an der katholischen Pfarrkirche St. Willibrord vorbei und stoßen am Ende der Straße auf den Hauptweg.

Wenn Sie sich nicht für die Ortsschleife entscheiden, laufen Sie über die Miesenheimer Straße (K 62) direkt nach Plaidt hinein. Am Ende der Straße bietet sich die Möglichkeit, in die Mühlenstraße nach links einzubiegen und die ✝ katholische Pfarrkirche St. Willibrord zu besichtigen.

Plaidt 5.900 Ew., 56637,

Gemeindebüro, Alter Kirchplatz 5, 026 32/955 90, plaidt@og-plaidt.de, www.plaidt.de, Mo-Fr 9:00-12:00, Mo 15:00-17:00

Gasthof Zur Krone, Bahnhofstraße 39, 50 m vom Weg, 026 32/68 65, Do-Di 17:00-00:00, So zusätzlich 11:00-13:30, Mi Ruhetag

Weg durch Plaidt

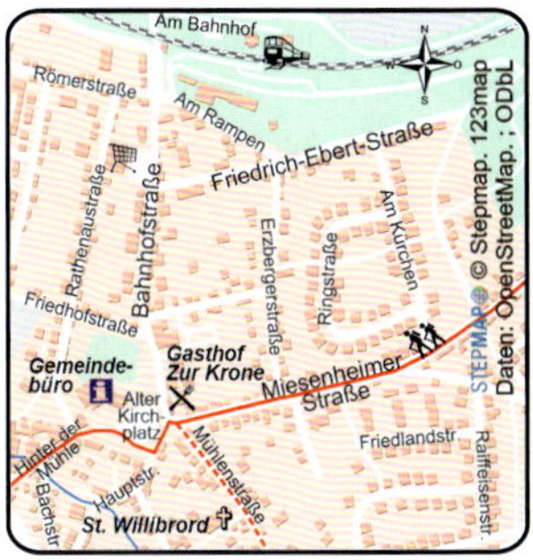

Das in einer Vulkanlandschaft aus Bims-, Lava- und Basaltgestein liegende Plaidt wurde erstmals als „Bleide" in einer Schenkungsurkunde aus dem Jahr 895 erwähnt und gehörte lange Zeit zum Kurfürstentum Trier. Das Erscheinungsbild von Plaidt prägten seit dem Mittelalter einige Wassermühlen und Bauernhöfe entlang des Verlaufs der Nette, die für das Einkommen der Bevölkerung sorgten. Heute liegt der Schwerpunkt der Erwerbstätigkeit wie auch in der nahen Umgebung aufgrund der vorhandenen Rohstoffe in der Baustoffindustrie. In Plaidt befindet sich zudem das Informationszentrum des Vulkanparks des Landkreises Mayen-Koblenz, ein Geopark mit dem Schwerpunkt Vulkanismus auf vier unterschiedlichen Erlebnisrouten.

✝ Katholische Pfarrkirche St. Willibrord

Die ursprünglich romanische Pfarrkirche aus dem 11./12. Jh. wurde Mitte des 19. Jh. immer baufälliger. Darüber hinaus stieg die Plaidter Bevölkerung stetig an, sodass die Kapazität des Gotteshauses längst nicht mehr ausreichte. Die Pfarrgemeinde fasste unter Pfarrer Johann Josef Retz den Beschluss, die alte Kirche abzureißen und in der Mühlstraße eine neue zu errichten. Am 12. Mai 1859 erfolgte die Grundsteinlegung der neuen Kirche, die dreischiffig im neugotischen Stil geplant wurde. Im Herbst 1861 wurde die Kirche durch den Trierer Bischof Wilhelm Arnoldi feierlich eingeweiht. Die farbenfrohe Ausmalung wurde erst im Jahr 1908 vorgenommen und 1951/1952 erneuert.

Rund 20 Jahre später wurde der Innenraum in der heutigen Form umgestaltet. Ein großes Unglück ereignete sich am Nachmittag des 1. Juni 1953. Der 45 m hohe Glockenturm wurde durch einen Blitzschlag getroffen und im oberen Bereich auf einer Länge von 17 m aufgerissen. Einige Gesteinsbrocken fielen in den Kircheninnenraum und verursachten große Schäden im Glockenturm. Glücklicherweise blieb der unmittelbar neben der Kirche befindliche Kindergarten von herabfallenden Brocken verschont.

Weiter geradeaus erreichen Sie den Alten Kirchplatz, wo Sie im ⊙ Gemeindebüro den Pilgerstempel erhalten. Sie orientieren sich nun an der Straße Hinter der Mühle, auf der Sie bis zur Einmündung in die Straße Auf der Pfaut bleiben, wo sich eine kleine Marienkapelle ❻ befindet. Dort biegen Sie scharf rechts ab in die mit Verbundsteinen belegte Kretzer Straße, überqueren die L117 und gehen weiter geradeaus auf einem breiten, asphaltierten Wirtschaftsweg, der links und rechts von Feldern flankiert wird. Am Ende dieses Weges überqueren Sie erneut eine Straße, die zur Rechten nach Kretz (730 Ew., 56630,) mit dem sehenswerten Römerbergwerk Meurin führt. Sie gehen allerdings schräg gegenüber in den Hahnenwiesenweg.

⌘ Römerbergwerk Meurin

Sie finden nahe Kretz das größte bekannte römische Untertageabbaugebiet von Tuffstein nördlich der Alpen. Dort wird anschaulich gezeigt, wie die Römer vor 2.000 Jahren aus den Tiefen der Eifel Tuffstein ans Tageslicht gefördert haben.

♦ Römerbergwerk Meurin, Nickenicher Straße, 56630 Kretz, ☏ 026 32/987 50, info@vulkanpark.com, www.vulkanpark.com, Mitte März-Okt Di-So 11:00-16:00, Eintritt € 6 p. P.

Weg durch Kruft

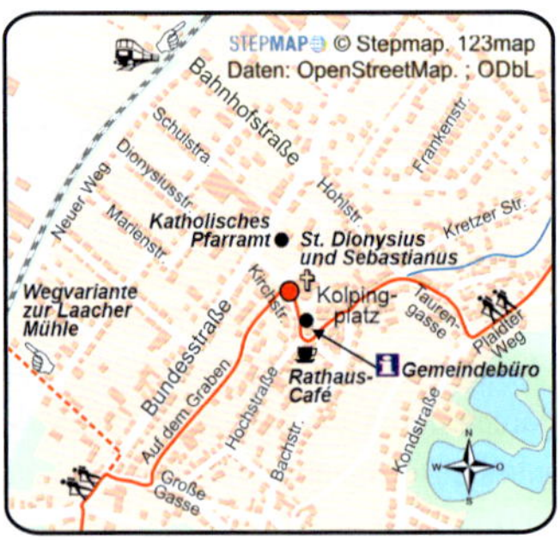

Sie laufen weiter entlang einer Baumreihe und biegen an deren Ende auf Höhe eines umzäunten Grundstückes mit der Hausnummer 12 links ab, um die Brücke über die A61 zu erreichen. Sie befinden sich jetzt auf dem Geisenmühlenweg, dem Sie bis zu einer Gabelung folgen, wo Sie nach rechts abbiegen. Nach circa 300 m überqueren Sie eine Straße und gehen auf der gegenüberliegenden Seite weiter geradeaus und an einem Bolzplatz vorbei. Hinter einer rot-weißen Schranke treffen Sie auf den Plaidter Weg, dem Sie nach rechts folgen. Sie passieren einen Angelteich ❼ und verlassen die Straße nach rechts in die Taurengasse und gehen kurz darauf an einem Kreisverkehr nach links in die Bachstraße. Zum Schluss erreichen Sie den Kolpingplatz, dort befindet sich das ℹ ⊙ Gemeindebüro im Rathaus, wo Sie Ihren nächsten Pilgerstempel bekommen. Nun sind es nur noch wenige Meter über die Kirchstraße zum heutigen Etappenziel. Es geht ein wenig bergauf, dann stehen Sie direkt vor der ✝ katholischen Pfarrkirche St. Dionysius.

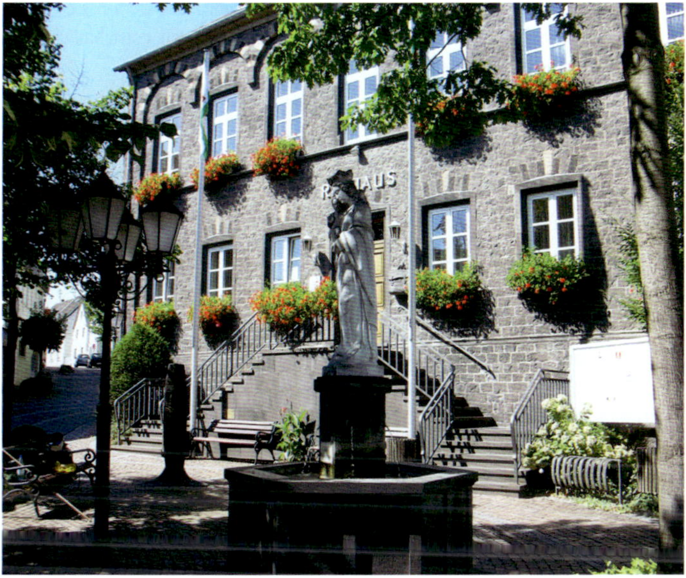

Rathaus von Kruft

Kruft

3.900 Ew., 56642

ℹ ⊙ Gemeindebüro, Kolpingplatz 1, ☎ 026 52/65 92, verwaltung@ortsgemeinde-kruft.de, www.ortsgemeinde-kruft.de, Mo, Mi 7:30-12:00, Di, Do 9:00-12:00 u. 14:00-16:00, Fr 9:00-12:00

⊙ Katholisches Pfarramt, Alte Chaussee 59, Di 9:00-12:00 u. 16:00-18:00, Do 9:00-12:00, Fr 10:30-12:00

☕ Rathaus-Café, Kolpingplatz 14, Do, Fr 9:30-14:00, So 10:00-18:00

Bis circa 400 n. Chr. bestimmten die Römer das Bild des Krufter Gebietes, in dem sie unterirdische Steinbrüche betrieben. Die erste urkundliche Erwähnung ist auf das Jahr 1093 datiert. Im Mittelalter lag der Schwerpunkt der Beschäftigung im Ackerbau und es bestand eine enge Verbindung zur Abtei Maria Laach. Davon zeugt noch der Laacher Hof in der Ortsmitte mit Ursprüngen aus dem 16. Jh. Einige der bekanntesten deutschen Kinderlieder aus der Feder von Heinrich Hoffmann von Fallersleben (z. B. „Alle Vögel sind schon da" oder „Ein Männlein steht im Walde") entstanden während seiner häufigen Aufenthalte als Gast im Herrenhaus des Guts Idylle des Industriellen Christoph Reusch. Nach dem Ersten Weltkrieg wandelte sich das Wirtschaftsleben und es siedelte sich vornehmlich baustoffproduzierendes Gewerbe an.

✝ Katholische Pfarrkirche St. Dionysius

Erstmals taucht die Kirche in Kruft 1112 in der Stiftungsurkunde für das Kloster am Laach auf, einige Jahre später wird das Patrozinium des heiligen Dionysius in einer Urkunde von Papst Innozenz genannt. Konkrete geschichtliche Daten über die Kirche sind nicht überliefert. Es existiert lediglich eine skizzenhafte Darstellung auf der Titelseite eines Kirchenbuches, die das damalige Aussehen erahnen lässt. 1719 wurde durch Abt Clemens Aach der Neubau des Langhauses angeregt.

Im Zeitraum 1839 bis 1841 ersetzte man unter der Anleitung von Johann Claudius von Lassaulx den alten Kirchturm. 1911 und 1912 erhielt die Kirche durch den Trierer Baumeister Peter Marx ihr heutiges Aussehen. Dabei wurde die bisherige Kirche samt Turm als Querschiff in den Neubau integriert. Die barocke Ausstattung – wie beispielsweise die Altäre aus dem 18. Jh. – wurde nahezu vollständig übernommen. Die letzten Kriegsschäden konnten bereits in einer umfassenden Renovierung 1949 beseitigt werden.

2. Etappe: Von Kruft nach Mayen

14,1 km, 4 Std., ↑ 134 m, ↓ 44 m, ⇧ 144-273 m

0,0 km	⇧ 144 m	Kruft (St.-Dionysius-Kirche) BANK
4,4 km	⇧ 173 m	Wallfahrtskirche Fraukirch
14,1 km	⇧ 235 m	Mayen (St.-Clemens-Kirche) BANK

Auf der heutigen Etappe passieren Sie in herrlicher Landschaft zunächst die alte Wallfahrtskirche Fraukirch und laufen anschließend durch ein Naturschutzgebiet. Nehmen Sie sich ausreichend Proviant mit, denn unterwegs gibt es keine Einkaufsmöglichkeiten. Die Etappe ist für Fahrradpilger geeignet; auf kurzen Abschnitten fahren Sie auf etwas holprigen Feldwegen.

Sie starten an der ✞ katholischen Pfarrkirche St. Dionysius und gehen geradeaus in die Straße Auf dem Graben. Sie stoßen anschließend auf die Große Gasse, der Sie nach rechts bis zur Bundesstraße folgen. Dort befindet sich ein großes Schild, das Ihnen die Richtung des Hauptweges und der Variante über Mendig anzeigt (☞ Seite 60). Nach einigen Metern verlassen Sie die Bundesstraße bereits wieder und gehen in den Wellinger Weg, wo sich auch einige Kreuzwegstationen, eine Kapelle und eine offene Schutzhütte ❶ befinden. Dahinter halten Sie sich an der Weggabelung rechts und streifen auf zum Teil welligen Feldwegen die Umzäunung des ehemaligen Flugplatzes Mendig. Sie passieren eine Kläranlage und nach der Überquerung der L120 sind es nur noch wenige Schritte bis zur ✞ ⊙ Wallfahrtskirche Fraukirch ❷.

Wallfahrtskirche Fraukirch

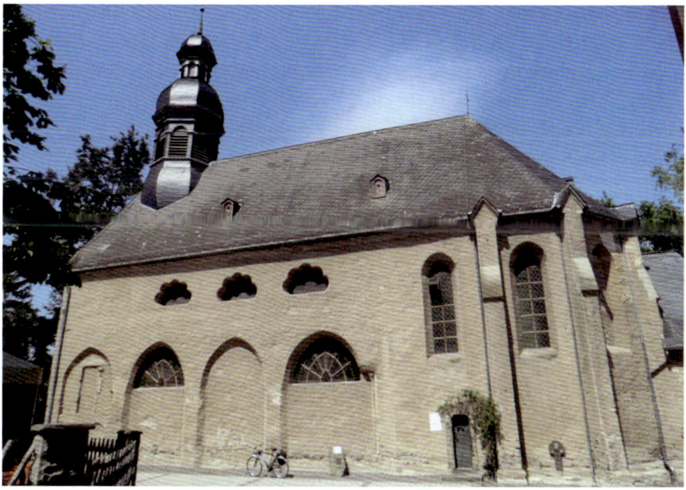

✝ Wallfahrtskirche Fraukirch

Alljährlich kommen vor Ostern die ersten Prozessionen des Jahres aus den umliegenden Gemeinden zur Fraukirch. Zur Pfarrei und Gemeinde Thür gehörig, liegt die der Muttergottes geweihte Wallfahrtskirche etwa 3 km südöstlich von Thür in freier Feldflur. Ihre heutigen Wallfahrer reihen sich ein in die Schar der Gläubigen, die seit Jahrhunderten zur Fraukirch pilgern. Sie ist eine der ältesten Kirchen der Eifel und des Rheinlands und Jahr für Jahr Ziel vieler Besucher und Wallfahrer. Auch die Kirmes zieht jährlich am ersten Wochenende im August Tausende von Besuchern an. Insgesamt kann die Fraukirch auf eine über 1.200-jährige Kirchentradition zurückblicken. Ausgrabungen vor dem Ersten Weltkrieg und 1951 haben ergeben, dass die heutige Kirche auf den Fundamenten einer fränkischen Saalkirche aus dem 8. Jh. steht. Diese wurde Anfang des 13. Jh. durch einen Neubau völlig ersetzt, von dem nach Abbruch der Seitenschiffe im Jahr 1829 heute nur noch Mittelschiff und Chor erhalten sind. Kunsthistorisch bemerkenswert ist die Verbindung zwischen den spätromanischen Formen des Mittelschiffs und den Formen der frühen Gotik im Chor.

Eng verbunden mit der Fraukirch ist die Genovevasage. Diese erzählt von Genoveva von Brabant, die von 730 bis 750 gelebt hat, und mit dem Pfalzgrafen Siegfried verheiratet gewesen sein soll. Als Siegfried als Gefolgsmann des Königs in den Krieg ziehen musste, machte ihr sein Statthalter den Hof. Genoveva jedoch war ihrem Gemahl treu und verschmähte den Werber. Gekränkt bezichtigte Golo die junge Frau des Ehebruchs und verurteilte sie zum Tode. Der Henker hatte jedoch Mitleid mit ihr und entließ sie unbemerkt mit ihrem Neugeborenen in die Freiheit. Mehrere Jahre verbrachten die beiden in einer Höhle und wurden von einer Hirschkuh versorgt, die ihnen von der Gottesmutter Maria zur Seite gestellt wurde. Durch einen glücklichen Zufall entdeckte Siegfried, der immer an die Unschuld seiner Gemahlin geglaubt hatte, die beiden und stiftete zum Dank die Wallfahrtskirche Fraukirch. Golo jedoch musste für seinen Frevel mit dem Leben bezahlen.

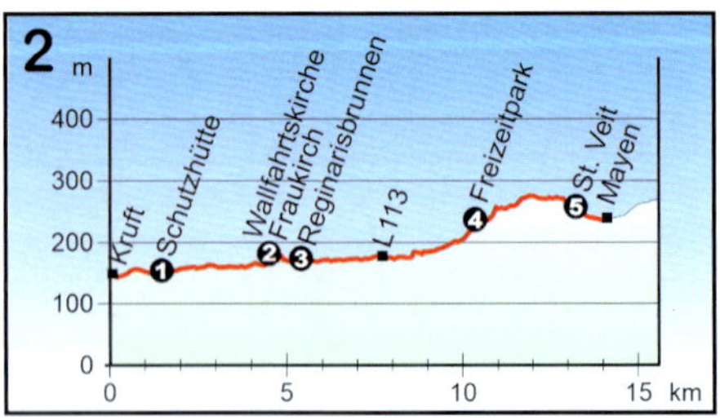

In der ✕ Gaststätte Fraukircher Hof (☏ 026 52/39 87, Mi-Sa ab 15:00, So u. Fei ab 11:00) können Sie sich erfrischen. Links vom Kirchturm aus folgen Sie rechts einem Feldweg, der Sie zurück

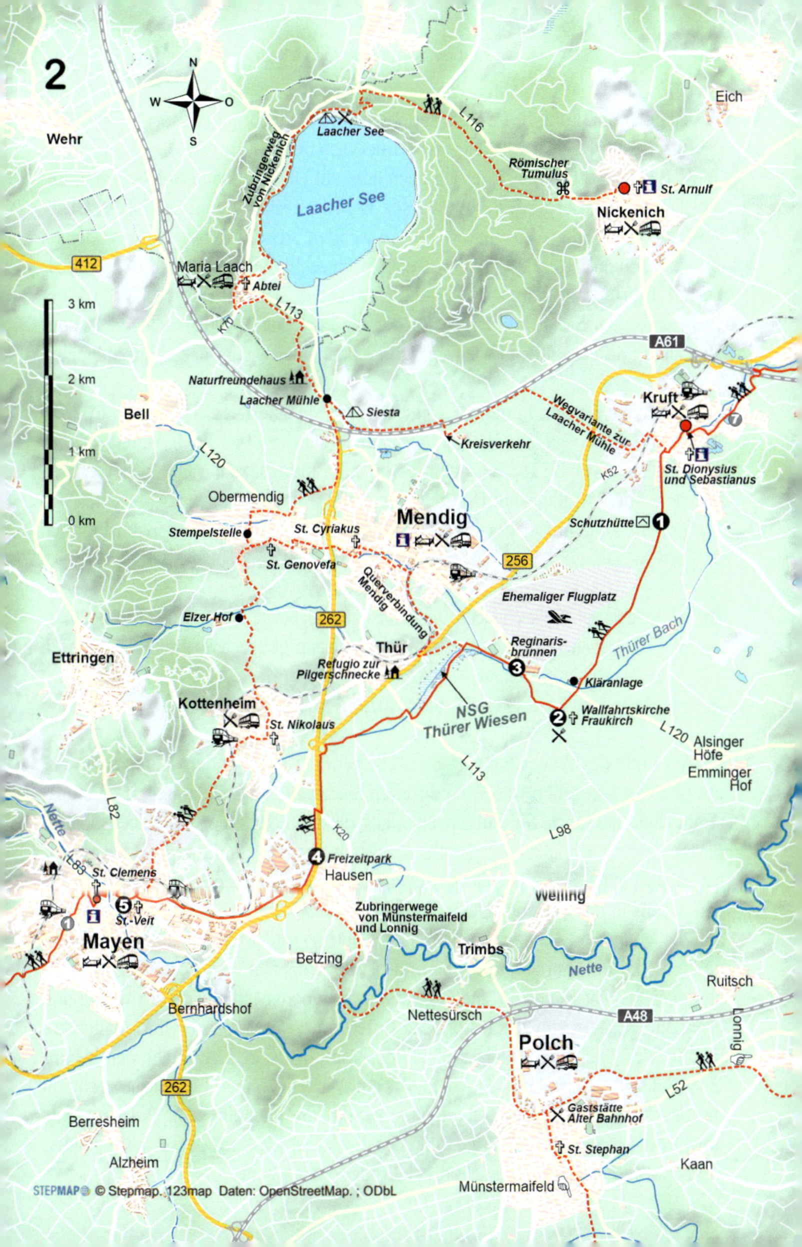

2
N
W
O
S
Wehr
Laacher See
Zubringerweg von Nickenich
L116
Römischer Tumulus
St. Arnulf
Nickenich
Eich
412
Maria Laach
Abtei
L113
K70
3 km
2 km
1 km
0 km
Naturfreundehaus
Laacher Mühle
Siesta
A61
Kruft
Wegvariante zur Laacher Mühle
Kreisverkehr
Bell
L120
St. Dionysius und Sebastianus
K52
Obermendig
Mendig
Stempelstelle
St. Cyriakus
Schutzhütte
St. Genovefa
256
Querverbindung Mendig
Ehemaliger Flugplatz
Elzer Hof
262
Thür
Reginarisbrunnen
Thürer Bach
Ettringen
Refugio zur Pilgerschnecke
Kläranlage
NSG Thürer Wiesen
Wallfahrtskirche Fraukirch
Kottenheim
St. Nikolaus
L120
Alsinger Höfe
L113
Emminger Hof
Nette
L82
K20
L98
L83
St. Clemens
Freizeitpark
Hausen
St.-Veit
Welling
Zubringerwege von Münstermaifeld und Lonnig
Mayen
Betzing
Trimbs
Nette
Ruitsch
Bernhardshof
Nettesürsch
A48
Lonnig
Polch
262
L52
Gaststätte Alter Bahnhof
Berresheim
St. Stephan
Alzheim
Kaan
Münstermaifeld
STEPMAP © Stepmap. 123map Daten: OpenStreetMap. ; ODbL

zur L120 in Richtung des Schornsteines des Reginarisbrunnens führt. Sie folgen der Straße am Reginarisbrunnen ❸ vorbei bis circa 400 m vor die Einmündung in die B256. Dort wenden Sie sich nach links auf einen asphaltierten Feldweg, der gleichzeitig als Fahrradweg ausgewiesen ist. Hier treffen Sie auch auf die Querverbindung Mendig (☞ Seite 67). Sie wenden sich zunächst an einer kleinen Brücke nach links, direkt dahinter wieder nach rechts und gehen auf dem asphaltierten Fahrradweg durch das Naturschutzgebiet Thürer Wiesen. Nach einer Weile gelangen Sie an die L113, an der Sie ein paar Schritte nach rechts über eine kleine Brücke entlanglaufen, bevor Sie dann aber wieder nach links abbiegen.

☺ Haben Sie vor, in der Pilgerherberge in Thür (1.480 Ew., 56746, BANK) zu übernachten, gehen Sie die L113 noch weitere 500 m geradeaus bis zur B256. Dort sind es bis zum Refugio, das sich auf der gegenüberliegenden Straßenseite befindet, nur noch wenige Schritte nach rechts. Von Kruft, dem Etappenziel der 1. Etappe, liegt Thür lediglich zwei Bahnstationen entfernt.

⦿ Refugio zur Pilgerschnecke, Unterdorfstraße 16, 56743 Thür, ☏ 026 52/93 63 48, pilgerschnecke@t-online.de, refugiozurpilgerschnecke.jimdo.com, ab € 15 p. P., ohne Frühstück,

Imbiss Araz, Fallerstraße 57, 56743 Thür, täglich 11:00-22:30

Am Ende des Weges halten Sie sich weiter links und wandern nun parallel zur etwas höher gelegenen B256. Bald treffen Sie auf die K20, die unter der Bundesstraße hindurchführt. Sie nutzen ebenfalls die Unterführung und gehen danach direkt wieder nach links. Die Straße steigt nun zunächst sanft, danach etwas steiler an und leitet Sie in ein Gewerbegebiet mit einem Freizeitpark für Kinder ❹, das bereits in der Mayener Gemarkung liegt. Kurz darauf müssen Sie nach rechts auf die ehemalige Bahntrasse zwischen Koblenz und Mayen einbiegen. Weiter geht es über die Ostbahnhofstraße und die Koblenzer Straße. Dabei kommen Sie an der ✝ St.-Veit-Kirche ❺ und kurz darauf an einem Marienbildstock vorbei und erreichen wenig später das historische Brückentor, wo eine große Informationstafel über den Eifel-Camino platziert wurde. Von dort ist es nicht mehr weit bis zur ✝ katholischen Pfarrkirche St. Clemens. Am Weiberbrunnen biegen Sie rechts in die Brückenstraße und an der folgenden Kreuzung nach links ab. Auf dem Weg dorthin entdecken Sie sicherlich auf dem Boden einen Kanaldeckel mit Jakobusmotiv sowie ein schönes Relief an der Ostseite der Kirche.

Hier haben Sie auch Ihr heutiges Tagesziel erreicht. Ihnen bietet sich nach der bewusst kurz gehaltenen Etappe die Gelegenheit, die Sehenswürdigkeiten der Stadt zu besichtigen. ⊙ Ihren Pilgerstempel von Mayen bekommen Sie entweder beim katholischen Pfarramt St. Clemens (Am Kirchplatz 11, Mo, Di, Do, Fr 9:00-12:00, Di, Mi, Do 14:00-16:00), in der Tourist-Info (direkt neben dem Obertor) oder im Eifelmuseum.

Mayen

18.960 Ew., 56727,

⊙ Tourist-Information im Theodore-Dreiser-Haus, Boemundring 6, ☏ 026 51/90 30 04 bis -07, touristinfo@mayenzeit.de, www.mayen.de, Mo-Fr 9:00-17:00, Sa 10:00-13:00

Hotel zum Dicken Baum, Bürresheimer Straße 1, 500 m vom Weg, ☏ 026 51/705 33 78, dilllon04@aol.com, www.hotel-pension-dickerbaum.de, EZ ab € 33,50, DZ ab € 57,50, Frühstück € 6,50 p. P., Hunde auf Anfrage

♦ Hotel Maifelder Hof, Polcher Straße 72, 600 m vom Weg, ☏ 026 51/960 40, info@maifelder-hof.de, www.maifelder-hof.de, EZ ab € 44, DZ ab € 81, inkl. Frühstück

Vulkanpark-Jugendherberge, Am Knüppchen 5, 800 m vom Weg, ☏ 026 51/23 55, mayen@diejugendherbergen.de, www.diejugendherbergen.de, ab € 24,40 p. P. inkl. Frühstück

Wie in anderen Gemeinden in der Umgebung wurden auch in Mayen die „Produkte" des Vulkanismus abgebaut. Noch deutlich vor der Römerzeit wurde aus Steinbrüchen Basalt für Mühlsteine und Tuff für Sarkophage gefördert. Auf dem Katzenberg befand sich eine spätrömische Höhenbefestigung. Mit den Römern entwickelte sich auch ein bedeutender Wirtschaftsstandort für Glasprodukte und ab dem 3. Jh. bis ins Mittelalter wurden Töpferwaren nach ganz Mitteleuropa verkauft. Bereits 847 wurde der Name Megina, von dem sich wahrscheinlich der heutige Name ableitet, als Bezeichnung für eine Siedlung auf dem Felde in einer Urkunde erwähnt. Mayen selbst fand sich erstmals 1041 urkundlich wieder, rund 250 Jahre später verlieh König Rudolf I. von Habsburg die Stadtrechte. Nach diversen Kriegen und Zerstörungen wurde das Mayener Gebiet auf dem Wiener Kongress 1814/15 Preußen zugesprochen. Gegen Ende des Zweiten Weltkrieges wurden große Teile der Stadt zerstört, sodass man heute kaum noch historische Bausubstanz vorfindet.

Bis zur Verlegung nach Koblenz 1970 war Mayen Sitz der Kreisverwaltung des gleichnamigen Landkreises, der dann in Mayen-Koblenz umbenannt wurde. Heute ist die Stadt geprägt von Handel, Industrie und überregionalen Ausbildungszentren der Verwaltung und des Dachdeckerhandwerks. Der bekannteste Sohn der Stadt ist der Schauspieler Mario Adorf. Die Stadt Mayen hat eine alte Pilgertradition.

Die hier beginnenden Wallfahrten zu den Gnadenstätten in nah und fern zeugen von der tiefen Volksfrömmigkeit der Bevölkerung. So pilgert die 1640 gegründete St.-Matthias-Bruderschaft jährlich mit über 200 Teilnehmern zum Apostelgrab des heiligen Matthias in Trier. Großer Beliebtheit erfreuen sich außerdem die Wallfahrten nach Kamp-Bornhofen am Rhein, zur Fraukirch oder zur Jodokus-Kapelle in St. Jost im Nitztal.

⌘ Das Brückentor und das Obertor

Das Brückentor, Nordtor der vier Mayener Stadttore, sicherte mit einem Vortor den Übergang zur Nette und diente über Jahrhunderte als Stadteingang für Reisende aus Richtung Koblenz. Der Brückentorturm stammt aus der Mitte des 14. Jh. Mit den Fachwerkhäusern am Platz vor dem Brückentor bildet es heute den wohl ursprünglichsten Ort in Mayen. Am entgegengesetzten Ende der Kernstadt, am heutigen Boëmundring, befindet sich das 34 m hohe Obertor, das zweite noch erhaltene Stadttor in Mayen. Durch das Obertor hindurch und den kopfsteingepflasterten Schlotterhof entlang gelangen Sie wieder zum Marktplatz. Heute kann man im Obertor heiraten und im angrenzenden Theodore-Dreiser-Haus befinden sich die Stadtbücherei und die Touristinformation.

⌘ Altes Rathaus am Marktplatz

Nach der Zerstörung der Stadt im Jahr 1689 durch die Franzosen wurde das „Alte Rathaus“ im Jahr 1717 neu erbaut. Der nahezu vollständigen Zerstörung der Innenstadt im Jahr 1945 entging das Alte Rathaus fast unbeschadet. Es wurde von der Bürgerschaft für Ratssitzungen, Ratsgelage und für Fest- und Tanzveranstaltungen genutzt. Im Erdgeschoss befand sich die Stadtwaage. Mit verbindlichen Maßen und Gewichten wurde überwiegend das zum Verkauf kommende Getreide abgemessen. Nahe dem Neuen Rathaus gelegen dient das Alte Rathaus heute als „gute Stube“ der Stadt und wird für Empfänge genutzt. Im Obergeschoss kann immer noch geheiratet werden. Der Glockenturm mit der Uhr verkündet noch immer jede Viertelstunde die Uhrzeit.

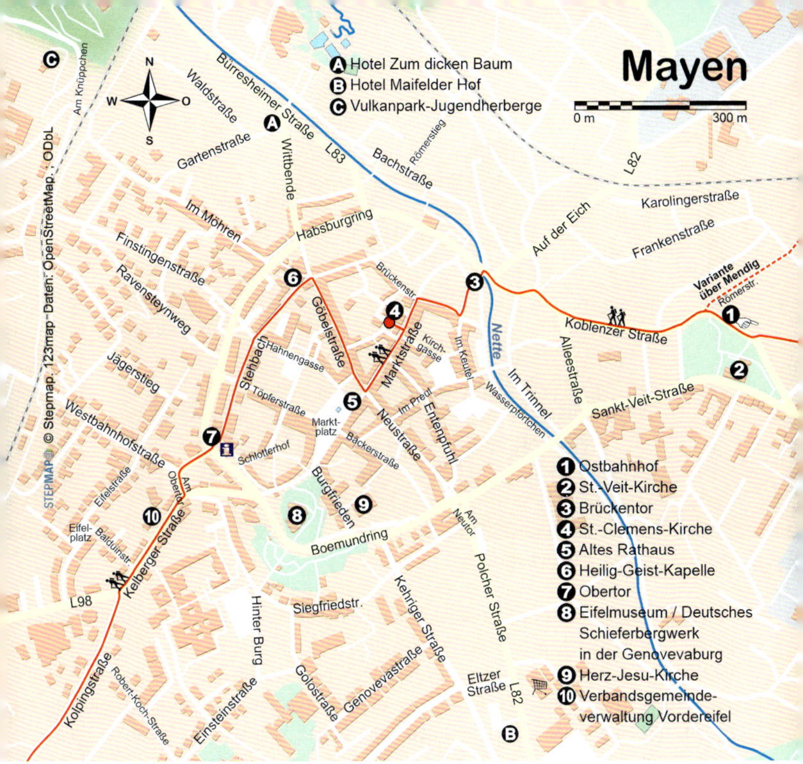

Genovevaburg

Oberhalb des Marktplatzes befindet sich seit 1280 die vom Trierer Kurfürsten Heinrich von Finstingen als Verteidigungsburg errichtete Genovevaburg. Überragt wird die Burg vom 34 m hohen Goloturm, dem Bergfried der Ursprungsburg. Ein heute noch vorhandener begehbarer Wehrgang verbindet die Burg mit der Stadtmauer. Von der Unterburg aus gelangen Sie über eine Brücke in die Burggärten. Die Rückseite zeigt die Burg in einem ganz anderen Licht. Im Marstall ist heute das Eifelmuseum untergebracht, das in der Abteilung Glaube/Aberglaube auch eine wertvolle Jakobusstatue von Heinrich Alken ausstellt. Im Stollen unter der Burg, ebenfalls im Eifelmuseum, befindet sich das Deutsche Schieferbergwerk, ein modernes Themenmuseum zum Anfassen und Mitmachen. In der Oberburg erfahren Sie alles zur Stadtgeschichte.

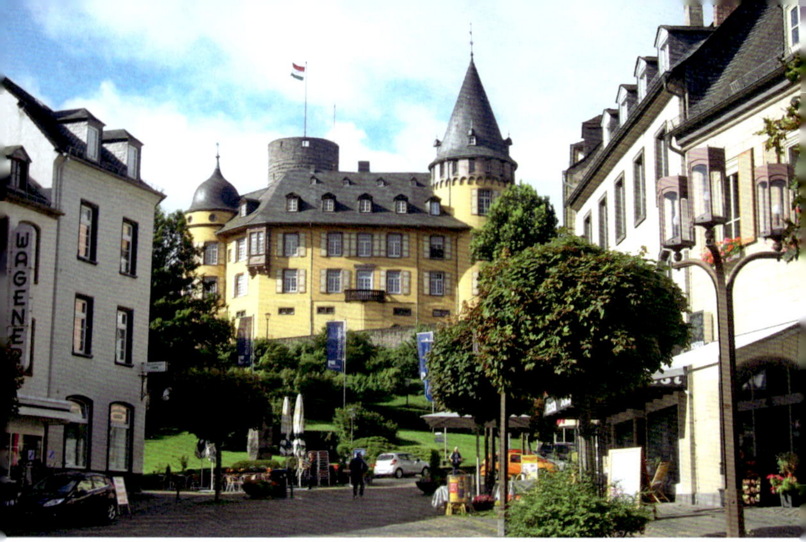

Marktplatz mit Genovevaburg

Zudem ist in der Burg die Eifelbibliothek mit rund 10.000 Bänden untergebracht. Sie ist das Ergebnis der Kooperation des Eifelvereins und des Mayener Geschichts- & Altertumsvereins, die ihre eigenständigen Bibliotheken (entstanden 1890 bzw. 1904 mit der Gründung der beiden Vereine) zusammengeführt haben, um eine landeskundliche Informations- und Servicezentrale zu schaffen. Vom Goloturm aus haben Sie eine grandiose Sicht über Mayen. Von April bis Mitte August verwandelt sich der Burginnenhof in eine Festspielstätte für die Burgfestspiele Mayen, ein Höhepunkt im Kultursommer Rheinland-Pfalz.

⌘ ⊙ Eifelmuseum und Deutsches Schieferbergwerk in der Genovevaburg,
☏ 026 51/49 85 08, ✉ museumskasse@mayenzeit.de, 💻 www.mayen.de,
🚪 täglich außer Fr 10:00-17:00 (15. Januar-15. Februar geschlossen),
Eintritt € 6 p. P.

✝ Katholische Pfarrkirche St. Clemens

Sie ist eine der ersten gotischen Hallenkirchen am Mittelrhein. Ausgrabungen belegen, dass bereits um 600 n. Chr. eine kleine christliche Holzkirche innerhalb eines Gräberfeldes gestanden hat, die etwa 200 Jahre später durch eine lange schmale Hallenkirche aus Stein ersetzt wurde. Mit dem gotischen Hallenbau wurde zwischen 1350 und 1360 begonnen.

Aus dieser Zeit stammt wohl auch die Sage um den gedrehten schiefen Turm der Kirche, den der Teufel aus Wut, dass ein Gotteshaus und nicht ein Wirtshaus entstand, zu brechen versuchte. Seine Kraft reichte aber nur zu der schiefen Drehung. Fachleute führen die gewundene Form allerdings auf einen Konstruktionsfehler zurück. Nachdem die Kirche im Zweiten Weltkrieg in Trümmern lag, wurde sie wiederaufgebaut und auch der „schiefe" Turm restauriert. Der Innenraum der Kirche wird dominiert durch die Fenster von Georg Meistermann und die sechs überlebensgroßen Holzfiguren von Heinrich Alken, die aus der Zeit von 1780 bis 1790 stammen.

✞ Katholische Pfarrkirche Herz Jesu

Von der Stadtmauer aus, unterhalb der Genovevaburg, blicken Sie auf die Herz-Jesu-Kirche, die in nur einem Jahr Bauzeit (1911-1912) durch den berühmten Kirchenbaumeister Caspar Clemens Pickel erbaut wurde. Nach der Zerstörung durch den Krieg wurde die neuromanische Kirche 1952 wiederaufgebaut. Das eindrucksvolle Gebäude wird von fünf Türmen geprägt, von denen die beiden Glockentürme mit einer Höhe von 43 m weithin sichtbar sind.

Der Innenraum wurde nach dem Wiederaufbau im Wesentlichen durch den Kölner Bildhauer Toni Zens gestaltet. Er erstreckt sich über eine Länge von 50 m, eine Breite von 29 m und eine Höhe von 15 m im Mittelschiff. Trotz der sehr aufwendigen und reichhaltigen Innenausstattung mit Rundbögen, Friesen, Gewölberippen, Pilastern und Konsolen wird man von der Apsis fasziniert. Die Fenstergalerie des Glaskünstlers Jakob Schwarzkopf verleiht dem Gotteshaus zudem eine großartige Atmosphäre.

✞ Hospitalkapelle zum Heiligen Geist

Die dem Heiligen Geist geweihte ehemalige Hospitalkapelle auf der Stehbach war ursprünglich unter anderem zu Ehren des heiligen Jakobus errichtet worden. Das Hospital diente nicht nur der Pflege und Unterstützung der Kranken und Armen, sondern auch als Herberge für durchreisende Pilger, insbesondere für die vielen Jakobuspilger auf dem Weg nach Santiago. 1335 wurde der Hospitalkapelle durch Papst Innozenz VI. von seiner französischen Residenz in Avignon aus ein Ablass verliehen, sodass man davon ausgehen kann, dass das Hospital samt Kapelle schon früher bestand. Zur Gründungszeit bestanden Patronate für die Heiligen Jakobus, Leonhard, Jodokus, Elisabeth und Katharina. Die jetzige Kapelle wurde 1757 erbaut und glücklicherweise in den Kriegen nie zerstört. Seit 1961 ist sie Gedenkstätte der Stadt Mayen für die Opfer der Kriege und Gewalt.

Wegvariante: Von Kruft zur Laacher Mühle

➲ 6,2 km, ⌛ 2 Std., ↑ 126 m, ↓ 8 m, ⇧ 144-270 m
Karte 2 Seite 53

0,0 km	⇧ 144 m	Kruft
6,2 km	⇧ 270 m	Laacher Mühle

In Kruft bietet sich Ihnen zusätzlich zum Hauptweg eine Wegvariante zur Laacher Mühle, wo Sie auf den Zubringerweg von Nickenich nach Mayen stoßen. Dort haben Sie die Möglichkeit, bis zur altehrwürdigen Abtei Maria Laach zu pilgern oder auf dem Zubringerweg über Mendig nach Mayen zu gelangen.

Die Variante beginnt wie der Hauptweg an der Krufter Pfarrkirche. Über die Straßen Auf dem Graben und Große Gasse erreichen Sie die Alte Chaussee. Hier können Sie einen großen Wegweiser nicht übersehen. Sie gehen zunächst nach rechts und überqueren die Bundesstraße, um Ihren Weg an einer kleinen Kapelle durch die Waldstraße fortzusetzen. Direkt hinter dem Bahnübergang wählen Sie den linken Abzweig, den Gierenweg. Dieser macht nach einem kurzen Stück eine Rechtskurve durch ein Firmengelände. Dahinter geht es an einer Gabelung rechts weiter durch landwirtschaftliche Flächen bis zu einer Zufahrt zu einer Brücke über die B256. Hinter der Brücke geht es geradeaus weiter durch Ackerland bis zur A61. Dort stoßen Sie an einer Basaltstele mit Jakobsmuschel auf einen Querweg, in den Sie nach links abbiegen. Sie wandern auf diesem Weg parallel zur Autobahn bis zu einem Kreisverkehr, wo Sie sich rechts halten und die Brücke über die A61 überqueren müssen. Auch hier bleiben Sie auf dem Weg entlang der Autobahn. Auf Höhe der Ausfahrt Mendig macht der Weg einen Knick nach rechts und führt Sie am Campingplatz Siesta vorbei zur Laacher Mühle.

Campingplatz Siesta, Laacher-See-Straße 6, 56743 Mendig, am Weg,
☏ 026 52/14 32, service@campingsiesta.de, www.campingsiesta.de,
ganzjährig, ab € 9,50 p. P., 1 Hund 2 €, keine Speisen erhältlich

Kurz darauf erreichen Sie die L113, auf der anderen Straßenseite befindet sich eine Pilgerstele. Dort trifft die Wegvariante auf den Zubringerweg von Nickenich (☞ Seite 61), dem Sie weiter über Mendig und Kottenheim nach Mayen folgen können.

Möchten Sie jedoch der **Abtei Maria Laach** (S. 64) einen Besuch abstatten, folgen Sie jetzt rechts dem beschilderten schmalen Pfad leicht aufwärts. Sie kommen am Naturfreundehaus vorbei und gehen über Waldwege in der Nähe der L113.

Naturfreundehaus Laacherseehaus, Laacher-See-Straße 17, 56743 Mendig, am Weg, 026 52/47 77, info@laacherseehaus.de, www.naturfreundehaus-laacherseehaus.de, EZ ab € 29 p. P. inkl. Frühstück (nur nach vorheriger Anfrage)

Nach circa 3,5 km erreichen Sie die weitläufige Klosteranlage im Naherholungsgebiet Laacher See.

Zubringerwege nach Mayen

Der Eifel-Camino wurde in Verantwortung der St.-Matthias-Bruderschaft Mayen ausgeschildert, sodass die Stadt Mayen naturgemäß einen zentralen Punkt des Weges darstellt. So ist es nicht verwunderlich, dass Zubringerwege aus dem Norden von Nickenich und aus dem Süden von Münstermaifeld und Lonnig gerade hierherführen. Diese drei Wege beschreiben wir an dieser Stelle, um danach ab Mayen weiter in Richtung Trier zu pilgern.

Zubringerweg von Nickenich nach Mayen

22,0 km, 5 Std. 30 Min., 440 m, 426 m, 198-388 m
Karte 2 Seite 53

0,0 km	221 m	Nickenich
8,9 km	298 m	Abtei Maria Laach
18,1 km	203 m	Kottenheim
22,0 km	235 m	Mayen (St.-Veit-Kirche)

Dieser Zubringerweg aus dem Norden bringt Sie von Nickenich zum Naherholungsgebiet Laacher See und zur altehrwürdigen Abtei Maria Laach. Von dort pilgern Sie über Mendig und Kottenheim nach Mayen. Die Anreise nach Nickenich kann mit dem Auto oder dem Bus erfolgen. Für Fahrradfahrer ist der Weg von Nickenich bis zur Abtei Maria Laach nicht geeignet. Ab dort stellt der Untergrund bis Mayen kein Hindernis mehr dar.

Nickenich 3.660 Ew., 56645,

Gemeindebüro, Kirchstraße 2, 026 32/985 00, ortsgemeinde@nickenich.de, www.nickenich.de, Mo-Fr 9:00-12:00, Do 14:00-18:00

Nickenich liegt unmittelbar am Rande des Laacher Sees und ist bereits seit über 2.000 Jahren als Siedlungsgebiet genutzt worden. Bereits circa 50 v.Chr. folgten die Römer den keltischen Siedlern, vermischten sich wahrscheinlich sogar mit ihnen. Davon zeugt die Rekonstruktion des gallo-römischen Grabmals aus dem 1. Jh.

Die erste urkundliche Erwähnung mit der Bezeichnung Nethenis wurde in einer Schenkungsurkunde (datiert vom 5. Mai 1069) von Bischof Odo von Toul an das Kloster St. Salvator in Toul nachgewiesen. Ab dem 12. Jh. ist der durchgehende Nachweis als bewohnter Ort erbracht. Heute ist Nickenich als staatlich anerkannter Fremdenverkehrsort auch durch seine Nähe zum Laacher See ein beliebtes Urlaubsziel.

✞ Katholische Pfarrkirche St. Arnulf

Es wird vermutet, dass die derzeitige Kirche bereits die dritte an diesem Platz ist. Um 1200 folgte dem ersten Gotteshaus eine größere Kirche, von der noch der Turm erhalten ist. Die romanische Kirche erhielt zu Beginn des 16. Jh. einen neuen gotischen Chorraum. In Visitationsberichten von 1621, 1680 und 1785 wird der gute Zustand der Kirche beschrieben. Schon 1828 drängte der damalige Bischof Joseph von Hommer auf einen Neubau, aber erst nach Streitigkeiten um die Finanzierung konnte 1845 mit den Arbeiten begonnen werden. Dabei wurde die alte Kirche bis auf den Turm abgerissen. Nach den Plänen des Baumeisters Johann Claudius von Lassaulx konnte die Kirche bis 1848 vollendet werden. Bischof Wilhelm Arnoldi führte am 25. September 1849 im Beisein zahlreicher Geistlicher die Konsekration durch. Aufgrund ihrer Größe wird die Kirche im Volksmund auch als „Pellenzdom" bezeichnet.

Der Weg selbst beginnt an der Informationsstele hinter der Kirche und führt Sie an dieser vorbei in die Zehntstraße. Von dort gehen Sie nach rechts in die Hauptstraße und biegen circa 550 m weiter links in die Laacher Straße ein, in der sich auch noch eine Informationstafel befindet. Einige Schritte später gelangen Sie an den Parkplatz des Sportplatzes, auf dem sich die Rekonstruktionen eines römischen Tumulus sowie eines Nischengrabmals befinden.

⌘ Römischer Tumulus/Nischengrabmal

Das römische Rundgrab wurde 1931/1932 bei Ausgrabungen entdeckt. Das Baumaterial, das noch zu circa 70 % vorhanden war, konnte dem Römerbergwerk Meurin zugeordnet werden, das in relativer Nähe zum Fundort liegt. Auf einem Inschriftenstein können Sie folgenden Text lesen: „Der Cotuinda, der Tochter des Esucco, [und] dem Silvanus Ategnisa, ihrem Sohn, [haben] die Erben aufgrund testamentarischer Bestimmung [dieses Grabmal] errichtet." Neben lateinischen Begrifflichkeiten tauchen auch keltische Namen auf und lassen daher eine Vermischung der beiden Kulturen vermuten. Das Original des Tumulus befindet sich im Rheinischen Landesmuseum in Bonn, in Nickenich wurde in unmittelbarer Nähe des Fundortes eine Rekonstruktion errichtet. Nur 4 m entfernt fand man ein Nischengrabmal, das aus drei Stelen besteht und mit Löwenskulpturen gekrönt ist. Vermutlich sind in der mittleren Nische die auf dem Inschriftenstein des Tumulus benannte Cotuinda und ihr Sohn Silvanus Ategnisa dargestellt.

Ab hier geht es mehr oder weniger steil aufwärts über knapp 4 km mitten hinein in eine waldreiche Vulkanlandschaft. An der ersten Gabelung halten Sie sich rechts und ignorieren in der Folge sämtliche Abzweige und bleiben immer auf diesem Hauptweg. Schließlich erreichen Sie kurz hinter dem höchsten Punkt einen kleinen Waldparkplatz unmittelbar an der L116. Sie laufen quer über den Parkplatz, annähernd parallel zu der Landstraße, bis kurz vor ein Hotel. Dort biegen Sie nach links unten ab und erreichen nach circa 700 m einen Querweg. Hier geht es für Sie nach rechts weiter. Sie laufen ab dort in Sichtweite des Seeufers und bald oberhalb eines Campingplatzes.

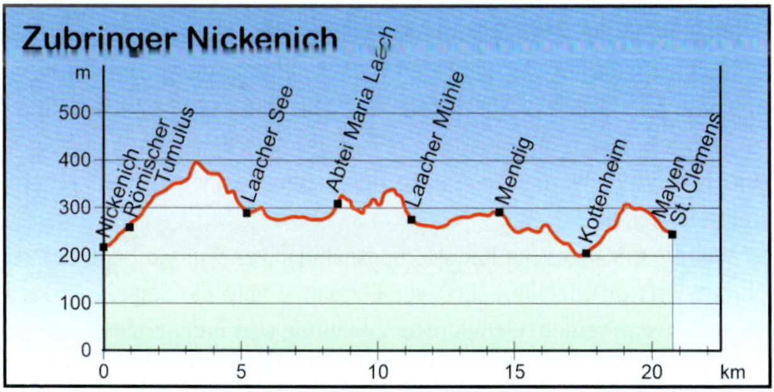

⛺ ✕ Campingplatz Laacher See, Am Laacher See, 56653 Wassenach, am Weg, info@camping-laacher-see.de, www.camping-laacher-see.de

Nachdem Sie diesen hinter sich gelassen haben, wenden Sie sich am Ende des Zaunes eines Minigolfplatzes nach links direkt auf den See zu und bleiben circa 2 km auf dem Uferweg. Hinter einem Bootsanleger führt Sie der Weg in einem Rechtsbogen über den Besucherparkplatz am ℹ ⊙ Informationszentrum Maria Laach (01.04.-31.10.: Di-Sa 10:00-12:30 und 13:00-17:00, So und Fei 10:00-17:00), an einer Informationstafel und an dem Hofladen der Abtei vorbei zu einem Fußweg, dem Sie nach rechts bis zur Unterführung der L133 folgen. Sie gelangen durch den Tunnel auf das Klostergelände.

Den Pilgerstempel gibt es auch in der geradeaus vor Ihnen liegenden ⊙ Buch- und Kunsthandlung (Mo-Fr 9:00-19:00, Sa, So und Fei 10:00-19:00 (Mai-Okt, ansonsten nur bis 18:00), So ab Weihnachten bis Anfang März sowie Karfreitag, Ostersonntag, 1. und 2. Weihnachtsfeiertag geschlossen). In unmittelbarer Nähe der Abteikirche finden Sie einen Pilgerbrunnen, an dem Sie Ihre Trinkwasservorräte auffüllen können.

⌘ ✞ Abtei Maria Laach

Vor circa 13.000 Jahren wurde die Landschaft rund um den Laacher See durch einen gewaltigen Vulkanausbruch geprägt. Dabei wurden Gesteinsbrocken bis nach Norditalien und Schweden geschleudert. 1093 stiftete Pfalzgraf Heinrich II. von Laach mit seiner Frau Adelheid ein Kloster. 1156 erfolgte die Weihe der Klosterkirche durch den Trierer Erzbischof Hillin. Bereits um 1220 entstand das Paradies, eine Vorhalle, die nördlich der Alpen ihresgleichen sucht. Im Mittelalter wurden neben anderen Umbauten die gotischen Fenster im Chor eingesetzt und es entstanden die kunstvollen Fresken unter der Orgelempore. Im 17. Jh. wurde die Innenausstattung der Kirche im Barockstil umgestaltet. Im Rahmen der Säkularisation hob Napoleon das Kloster auf. Von 1864 bis 1874 siedelten sich Jesuiten in Maria Laach an, mussten aber im preußischen Kulturkampf wieder abziehen. Erst 1892 wurde die Anlage durch Benediktiner aus der Erzabtei Beuron erneut besiedelt.

Weitere umfangreiche Renovierungsmaßnahmen wurden Ende des vergangenen Jahrhunderts durchgeführt. Erst vor Kurzem konnte die Sanierung des Paradieses abgeschlossen werden. Dem Kloster zugehörig sind unter anderem der renommierte Kunst-Verlag, eine Buchhandlung, eine Gärtnerei sowie verschiedene Handwerksbetriebe wie die Kunstschmiede, die Töpferei sowie das Seehotel Maria Laach.

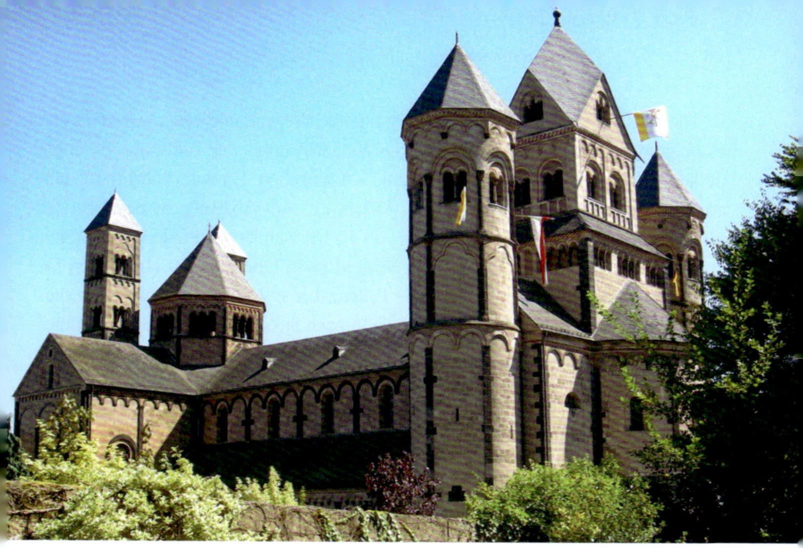

Abtei Maria Laach

Tourist-Information, Maria Laach 8, ☏ 026 36/194 33, info@vulkanregion-laacher-see.de, www.vulkanregion-laacher-see.de, März-Okt Mo-Sa 10:00-12:30 u. 13:00-17:00, So u. Fei 10:00-17:00, Nov Fr-So 10:00-12:30 u. 13:00-16:00, Dez Sa u. So 11:00-16:00

Kloster Maria Laach-Gastflügel St. Gilbert, Am Laacher See, am Weg, ☏ 026 52/593 13, guests@maria-laach.de, www.maria-laach.de/gastfluegel, Zi ohne fließend Wasser (nur männliche Gäste) ab € 35, EZ ab € 62, DZ ab € 122, inkl. VP, nur nach vorheriger Anmeldung

Fahrradpilger bleiben vom Kloster bis zur Laacher Mühle auf der L113 und wechseln dort auf den rechts liegenden Fahrradweg in Richtung Mendig.

Auf dem Klostergelände biegen Sie vor der Engelskulptur nach rechts ab, laufen an der Johanneskapelle sowie am Abteifriedhof vorbei und schließlich entlang der Klostermauer auf einem Steinlehrpfad bis zur K70. Halten Sie sich links am Fahrbahnrand bis zur Kreuzung, überqueren Sie die K70 und gehen Sie geradeaus an einer Sitzgruppe vorbei in den Wald hinein. Bleiben Sie auf diesem Weg parallel zum Waldrand. Sie erreichen bald das Naturfreundehaus (☞ Seite 61) und nutzen einen Feldweg bis zum Pilgerstein an der L113 gegenüber der Laacher Mühle.

Hier treffen Sie auf die von Kruft kommende Wegvariante (☞ Seite 61) und es beginnt ein Fahrradweg, auf dem Sie zunächst unter der Autobahn hindurch und dann an einem kleinen Gewerbegebiet vorbeigehen. Dahinter führt der Camino rechts in den leicht ansteigenden Aktienweg. Am Abzweig zu einer Brücke (dort befindet sich auch ein Wegkreuz von 1638) wandern Sie halb rechts weiter bis zu einem Kreisverkehr mit einigen Skulpturen in Obermendig. Umrunden Sie diesen nach rechts, überqueren Sie die Pellenzstraße (L 120) und folgen Sie dieser noch circa 300 m nach rechts, um dann nach links in den Ernteweg abzubiegen. Nach rund 400 m gehen Sie nach links in die Straße In den Mühlwiesen. Dort finden Sie nach 300 m rechter Hand einen Hof mit Garten und Jakobus-Skulptur. ⊙ In einem braunen Briefkasten an der Hauswand befindet sich ein Pilgerstempel. Sie folgen der Straße weiter geradeaus, überqueren einen Kreisverkehr mit einer Historiensäule und biegen dahinter links in die Oberstraße ein.

Mendig 8.670 Ew., ✉ 56743,

ℹ ⊙ Tourist-Information, Marktplatz 3, ☎ 026 52/98 00 11, ✉ info@mendig.de, 💻 www.mendig.de, 🚪 Mo, Di, Do 8:30-16:00, Mi 8:30-12:00, Fr 8:30-13:00

🛏 Pension Degen, Oststraße 16, 400 m vom Weg, ☎ 026 52/17 58, ✉ pension-degen@t-online.de, 💻 www.pension-degen.de, EZ ab € 27, DZ ab € 58 inkl. Frühstück

⌘ Lava-Dome und Lavakeller, Deutsches Vulkanmuseum, Brauerstraße 1, 2,5 km vom Weg, ☎ 026 52/939 92 22, ✉ info@lava-dome.de, 💻 www.lava-dome.de, 🚪 Feb-Nov Di-So und Fei 10:00-17:00, Eintritt € 9,50

Schon seit der Römerzeit ist Mendig ein Zentrum des Basaltabbaus. Die Steinbrüche entstammen einem Lavastrom, der sich vor circa 200.000 Jahren vom damaligen Vulkan Wingertsberg ergoss. Ein Ausbruch des Vulkans am heutigen Laacher See vor circa 13.000 Jahren überdeckte die Lava, die, zuerst durch Römer, unterirdisch abgebaut wurde. Die aus diesem Material hergestellten Mühlsteine wurden bis Mitte des 19. Jh. produziert und in die ganze Welt verschickt. Danach fanden die verbliebenen Hohlräume, die eine ständige Temperatur von 5-8 °C halten, Verwendung als Gär- und Lagerstätten für die bis zu 28 Mendiger Brauereien. Heute ist nur noch eine davon erhalten und die Keller können teilweise besichtigt werden. Eine erste urkundliche Erwähnung als „Menedich" ist für das Jahr 1041 belegt. Niedermendig erhielt nach dem Zweiten Weltkrieg im neu gegründeten Rheinland-Pfalz als erste Gemeinde die Stadtrechte und fusionierte 1969 mit Obermendig zur Stadt Mendig.

↳ ☺ Ab hier haben Sie die Möglichkeit, einen 4,9 km langen Verbindungsweg zu erwandern, der Sie auf den Streckenabschnitt der 2. Etappe bringt (☞ Seite 54). Auf der Oberstraße bleibend erreichen Sie nach circa 200 m die ✞ katholische Pfarrkirche St. Genovefa, die aber meist verschlossen ist. Folgen Sie von der Kirche aus der Fallerstraße bis zur Einmündung der Molkereistraße, in die Sie nach links einbiegen. Schon einige wenige Schritte weiter gehen Sie nach rechts in die Schulstraße und passieren den Sportplatz. Nachdem Sie die B262 überquert haben, gelangen Sie in die Friedrich-Ebert-Straße mit einer Grundschule zu Ihrer Linken.

An der nächsten Kreuzung befinden Sie sich am Kirchberg und an der ✞ katholischen Pfarrkirche St. Cyriakus mit einer weiteren Informationstafel.

✞ Katholische Pfarrkirche St. Genovefa

An die Ursprünge der Kirche im Stadtteil Obermendig erinnert der romanische Turm aus dem 12. Jh. Um 1365 wurde mit dem Neubau einer frühgotischen, dreischiffigen Hallenkirche begonnen. Diese wurde der heiligen Genovefa und dem heiligen Laurentius geweiht. Im Übrigen ist sie die einzige Kirche in Deutschland unter dem Patrozinium der Heiligen aus Paris. Im 19. Jh. erfolgte nach Plänen des Architekten des Wiener Rathauses und Dombaumeisters am Stephansdom, Friedrich von Schmidt, eine Erweiterung um ein Querschiff und die Neugestaltung des Chorraums unter Verwendung des alten Materials. Sehenswert ist die wunderschöne Ausmalung der Kirche, aber auch die Inneneinrichtung mit der geschnitzten Kanzel, dem vergoldeten Hochaltar sowie den Kreuzwegstationen von Engido Weinert. An der Nordseite der Kirche befindet sich die sogenannte Ölberg-Gruppe aus dem 14. Jh.

✞ Katholische Pfarrkirche St. Cyriakus

Die katholische Pfarrkirche St. Cyriakus im Stadtteil Niedermendig bildet ein malerisches Ensemble aus einer kleinen, gewölbten, dreischiffigen Pfeilerbasilika aus dem 12. Jh. und einem großen neogotischen Anbau. Die alte Kirche ist dem heiligen Cyriakus von Rom, die neue dem heiligen Cyriakus und der heiligen Barbara geweiht. Beide wurden von den Steinhauern in Mendig besonders verehrt. Die dreischiffige romanische Basilika wurde etwa zwischen 1166 und 1186 erbaut. Das Gewölbe und ein größerer Teil des Dachstuhls stammen aus dieser Zeit. Noch im Jahr 1216 war der Westturm im Bau, der 1474 aufgestockt wurde. Um 1460 wurde an den Chor eine gotische Kapelle angebaut. Die alte Kirche birgt Wandmalereien von symbolischen Darstellungen aus der Erbauungszeit bis zu figürlichen Malereien des 13. Jh. Sie wurden Ende des 19. Jh. freigelegt und zuletzt 2006 grundlegend gesichert und gereinigt. Die zahlreichen Wandbilder sind ein seltenes Dokument der Malerei der frühen Gotik am Mittelrhein und in der Eifel, zumal sie sich in einer ehemaligen Dorfkirche befinden. Um 1250 entstand der 6 m hohe heilige Christophorus auf der Nordwand, der den erwachsenen Christus trägt. Danach wurden Süd- und Nordwand mit den zwölf Aposteln versehen und es entstand das eindrucksvolle „Jüngste Gericht" über dem Chorbogen. Gleich zwei Bilder stellen den heiligen Jakobus dar, einmal mit Jakobspilgern in Santiago, die von Jakobus gekrönt werden, und einmal mit einem König mit Lilienzepter. Die neogotische Kirche erbaute der Kölner Domwerkmeister Vincenz Statz in den Jahren 1852 bis 1857. Die neue Kirche ist in ihrer Gestaltung an die Kölner Minoritenkirche angelehnt. Von der ursprünglichen Ausstattung ist wenig erhalten. Den Raum prägen heute die vorwiegend abstrakten Glasfenster von Reinhard Heß, entstanden zwischen 1960 und 1971.

Katholische Pfarrkirche St. Cyriakus

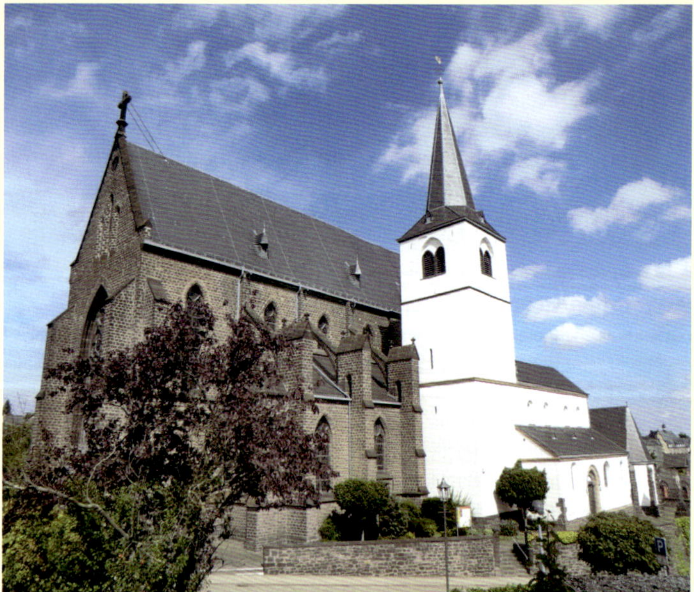

⦿ Im nahe liegenden Pfarrbüro (Kirchstraße 20, Mo, Di, Mi, Fr 9:00-12:00 u. Mo, Di, Do 15:00-18:00) bekommen Sie den Pilgerstempel. Der weitere Weg führt Sie zunächst in die Bachstraße, dann nach rechts in die Thürer Straße und schließlich nach links in die Hospitalstraße. Dort gehen Sie über einen kleinen Platz halblinks in die Dammstraße. Unmittelbar hinter dem Bahnübergang biegen Sie in einen schmalen, asphaltierten Weg neben dem Bahndamm ein und folgen diesem bis zu einem Abzweig nach rechts.

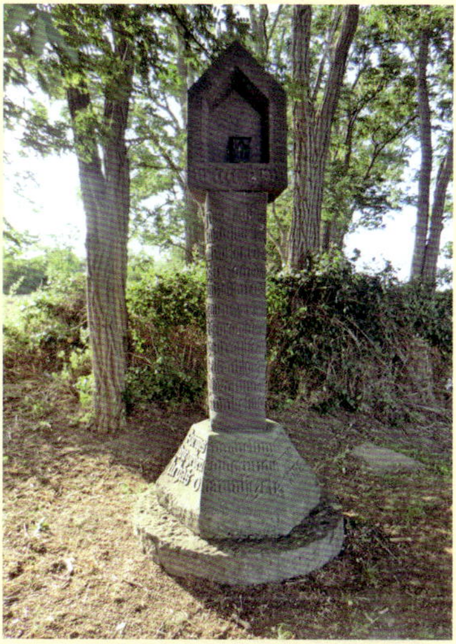

Nachbildung des Golokreuzes

☺ Nur wenige Schritte weiter geradeaus befindet sich an der B256 die Nachbildung des historischen Golokreuzes, auf dem eine frühe deutsche Version des „Salve Regina" eingemeißelt ist. Eigentlich handelt es sich nicht um ein Kreuz, sondern um einen Schöpflöffel genannten Bildstock aus dem Jahr 1472, bestehend aus einem sechsseitigen, pyramidenförmigen Sockel und einem Schaft als Säule sowie einem Nischenkopf. Der Schaft ist an der Rückseite flach und die vordere Rundung ist mit einer elf Zeilen umfassenden Buchstabenkette versehen. Besondere Bedeutung erfährt das Golokreuz dadurch, dass sein deutscher Gebetstext aus einer Zeit stammt, in der die Kirche noch deutlich durch die lateinische Sprache geprägt war. Der Originaltext ohne Abkürzungen (aber mit mundartlichen Besonderheiten) lautet: „GEGROCET SISTU MARIA, KOENIGINE DER BARMHERCZCIET; LEUEN IND SOSSICHET IND UNS HOFFEN, GEGROCZT SISTU. ZO DIR ROFFEN MIR, ELLENDICH EVEN KINTDER, ZO DIR SVFCZCEN MIR, SCHRIEN VND WEINEN IN DISME DAL DER TRENEN. OCH DAR VMB, DU VNS VURSPRECHERINEN, KERE DIN BARM-HERCZCIE AUGEN ZO VNS, VND NACH DIES-ME ELLEND BEWIS UNS IHESUM CHRISTUM, DIE GEBENEDIDE FRVCHT DYNS LICHAMS, O BARMHERCZCIE MARIA." („Übersetzung" auf Hochdeutsch: „Gegrüßet seist Du, Maria, Königin der Barmherzigkeit,

Leben und Süßigkeit und unser Hoffen, gegrüßet seist Du, zu Dir rufen wir elendiglichen Kinder Evas. Zu Dir seufzen wir, schreien und weinen in diesem Tal der Tränen. Und darum, Du unsere Fürsprecherin, kehre Deine barmherzigen Augen zu uns, und zeige nach diesem elenden Beweis uns Jesus Christus, die gebenedeite Frucht Deines Leibes, o barmherzige Maria.") Am 29. April 1977 entdeckte man den Diebstahl des Nischenkopfes, nur fünf Tage später lagen Schaft und Sockel hinter Bäumen versteckt und ebenfalls zum Abtransport bereit. Die verbliebenen Teile wurden sichergestellt, die Diebe nie gefasst. Nach dem Vorbild einer bereits vorhandenen Kopie des Golokreuzes schuf ein Mendiger Steinmetzbetrieb eine Nachbildung, die seit 1984 wieder am ursprünglichen Ort aufgestellt ist. Derselbe Betrieb restaurierte die verbliebenen Originalteile und schuf dafür einen neuen Nischenkopf. Alles zusammen ist nun in der Wallfahrtskirche Fraukirch zu besichtigen (☞ Seite 52).

Folgen Sie dem Abzweig unterhalb der Thürer Tennisplätze, bis Sie die B256 erreichen, und überqueren Sie diese vorsichtig nach halb links auf einen asphaltierten Wirtschaftsweg. Nach rund 500 m stoßen Sie auf eine Straße, biegen aber nach rechts auf den Feldweg ein. Auf diesem bleiben Sie noch ein paar Schritte, bis von links der Hauptweg des Eifel-Caminos dazustößt.

☺ Haben Sie vor, in der Thürer Pilgerherberge (☞ Seite 54) zu übernachten, bleiben Sie an der B256 halb rechts auf der Bahnhofstraße und biegen an deren Ende nach links in die Unterdorfstraße ab.

Der Zubringerweg nach Mayen führt Sie von der Oberstraße scharf rechts in die mit Kopfsteinpflaster versehene Straße In der Hohl, die steil abfällt. Auf Höhe der letzten Häuser nehmen Sie den linken Abzweig (Zum Elisabethbrunnen) abwärts. An der nächsten Weggabelung bleiben Sie rechts auf dem Hauptweg und passieren ein Schützenhaus. Es folgt eine weitere Kreuzung mit einem Wegkreuz von 1810. Hier halten Sie sich ebenfalls rechts. Hinter einer Rechtskurve erreichen Sie rechter Hand ein Haus, hinter dem Sie nach links abbiegen müssen. Nach circa 300 m passieren Sie ein weiteres Haus, ein Wegkreuz von 1646 sowie den Elzer Hof und bleiben weiter auf dem Hauptweg, der sich ab hier zunächst ein wenig aufwärts windet. An einer Pferdekoppel gabelt sich die Fahrstraße und Sie pilgern rechts weiter aufwärts. Hinter der Kuppe haben Sie von einer riesigen Ruhebank das Örtchen **Kottenheim** (2.630 Ew., ✉ 56736, BANK) bereits in Sichtweite.

Bevor Sie die ersten Häuser erreichen, müssen Sie durch die Unterführung der Bahnlinie gehen. Schließlich sind Sie in der Obermendiger Straße, auf der Sie zunächst geradeaus und an einer Querstraße nach links abwärts gehen. Mitten im Ort passieren Sie den Junker-Schilling-Brunnen und laufen durch die gleichnamige Straße in die Kirchstraße. An deren Ende befinden sich eine Kreuzung und die ✝ katholische Pfarrkirche St. Nikolaus ❻.

✝ Katholische Pfarrkirche St. Nikolaus

Eine erste Kirche wird in Kottenheim für das Jahr 1330 angenommen, weitere Bauten für 1406 und 1519. Die heutige neugotische Pfarrkirche wurde ab 1854 nach Plänen des Architekten Vincenz Statz errichtet und am 24. September 1857 eingeweiht. Der erhalten gebliebene Kirchturm aus dem Jahr 1772 wurde nach Plänen des in Kottenheim geborenen Architekten Caspar Clemens Pickel 1904 aufgestockt. Damit haben zwei bedeutende Baumeister in der Pfarrkirche ihre Spuren hinterlassen. Im Inneren sind Deckenornamente von 1910 zu betrachten, die 1990 wiederentdeckt und restauriert wurden. Besondere Beachtung verdient das Epitaph des Junkers Konrad Schilling von Lahnstein aus dem Jahr 1539. Es zeigt den Junker, gepanzert und mit Helm auf dem Kopf, der in den gefalteten Händen einen Rosenkranz hält. Das Epitaph ist 2012 bis 2014 aufwendig restauriert worden.

Im circa 100 m entfernten 🛒 ⦿ Supermarkt „nah und gut Kluwig" (Hausener Straße 1, 🚪 täglich 7:00-19:00, Sa 7:00-16:00) gibt es den Kottenheimer Pilgerstempel. Von der Kirche gelangen Sie über die Burgstraße zur Stempelstelle. Wieder zurück an der Kirche biegen Sie zunächst in die Hochstraße ein, danach linker Hand in die Bahnhofstraße und an einem Bildstock von 1856 noch einmal nach links in die Mayener Straße. An deren Ende nutzen Sie die Unterführung der Bahnlinie zu Ihrer Rechten und gehen direkt dahinter aufwärts nach links in Richtung Sportplatz. Sie pilgern auf den Waldrand zu, erreichen dort eine Grillhütte und bleiben auf dem Weg rechts davon. Es geht noch einmal aufwärts über eine kleine Kuppe an einem Steinbruch vorbei durch den Wald bis zu einer rot-weißen Schranke. Dahinter erreichen Sie die stark befahrene Mayener Nordumgehung. Überqueren Sie diese vorsichtig und gehen Sie für circa 600 m auf dem Kottenheimer Weg durch ein Gewerbegebiet. Dann biegen Sie links in die Römerstraße ein, auf der Sie bis zur Einmündung in die Koblenzer Straße bleiben. Hier befindet sich auf der anderen Straßenseite im St.-Veit-Park ❼ auch eine große Pilgerstele und Sie treffen auf den Hauptweg des Eifel-Caminos (☞ Seite 54).

Folgen Sie der Koblenzer Straße nach rechts, biegen an einem Marienbildstock links ab und erreichen das historische Brückentor mit einer Informationstafel über den Eifel-Camino. Gehen Sie durch das Tor bis zum Weiberbrunnen und wenden sich nach rechts in die Brückenstraße. Nun sind es nur noch ein paar wenige Schritte nach links bis zur ✝ katholischen Pfarrkirche St. Clemens.

Zubringerweg von Münstermaifeld nach Mayen

20,1 km, 4 Std. 30 Min., ↑ 139 m, ↓ 165 m, ⇧ 178-273 m

0,0 km	⇧ 264 m	Münstermaifeld (Stiftskirche)
3,4 km	⇧ 214 m	Naunheim
4,9 km	⇧ 211 m	Heilig-Kreuz-Kapelle
10,0 km	⇧ 209 m	Polch (St.-Stephan-Kirche) BANK
13,2 km	⇧ 246 m	Nettesürsch
16,5 km	⇧ 248 m	Hausen
20,1 km	⇧ 235 m	Mayen (St.-Clemens-Kirche) BANK

Ein zweiter Zubringerweg, der sehr gut mit dem Fahrrad bewältigt werden kann, beginnt in Münstermaifeld und führt durch die Naturlandschaft des Maifeldes über die Heilig-Kreuz-Kapelle (nahe Mertloch) und Polch nach Mayen. Dabei wandern Sie u. a. über ein Viadukt sowie durch zwei Tunnel. Im Mayerner Vorort Hausen vereinigt sich der Weg mit der Hauptroute des Eifel-Caminos. Die Anreise nach Münstermaifeld kann mit dem Auto oder dem Bus erfolgen.

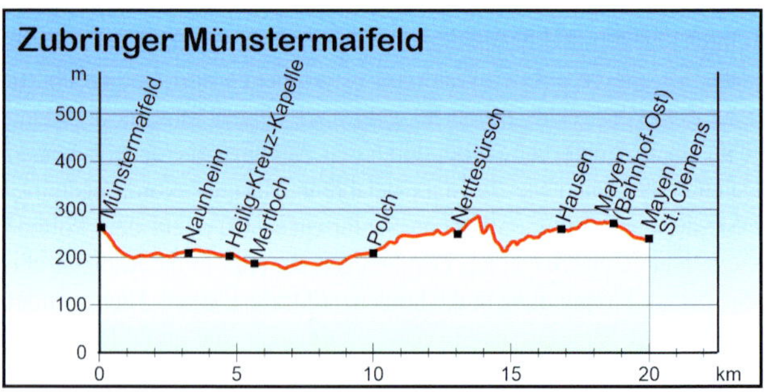

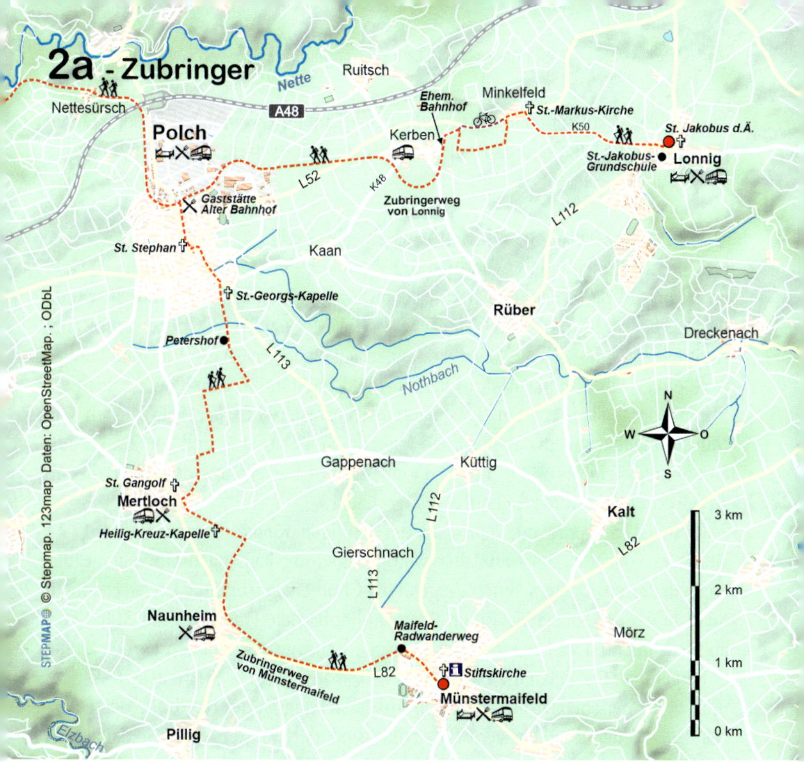

Münstermaifeld 3.480 Ew., 56294,

Tourist-Information, Münsterplatz 6, ☏ 026 05/961 50 26, info@maifeldurlaub.de, www.maifeldurlaub.de, April-Okt Mi, Do, Sa, So u. Fei 10:00-13:00 u. 14:00-16:30, Fr 10:00-14:00, Nov-März Mi u. Fr 10:14:00, Do 12:00-16:00

Das fruchtbare Ackerland rund um Münstermaifeld sorgte schon sehr früh für Besiedelungen. Bei Ausgrabungen wurden steinzeitliche und keltische Ansiedlungen nachgewiesen. Die Ursprünge der weit sichtbaren Stiftskirche konnten auf das späte 6. Jh. datiert werden. Münstermaifeld war schon seit jeher eine bevorzugte Örtlichkeit. 965 erhielt sie das Marktrecht, im 13. Jh. verlieh ihr der Trierer Kurfürst Heinrich II. von Finstingen die Gerichtshoheit und damit faktisch das Stadtrecht. Im Juli 1977 wurde dies durch den Innenminister von Rheinland-Pfalz noch einmal bestätigt.

Heute ist Münstermaifeld ein staatlich anerkannter Fremdenverkehrsort. Durch die exponierte Lage ergeben sich herrliche Ausblicke in die nähere und weitere Umgebung.

✝ ⊙ Stiftskirche St. Martin und St. Severus

Die Geschichtsschreibung geht von der Erbauung einer ersten Kirche im Maifeld im 6. Jh. auf den Resten einer römischen Wachturmanlage aus. Geweiht wurde die Martinskirche 640 durch den Erzbischof Modoald. Der Trierer Erzbischof Ruotbert brachte 952 die Severusreliquien aus Italien mit nach Trier und ließ sie wohl einige Jahre später nach Münstermaifeld überführen. Damit setzte auch ein Strom von Wallfahrern ein. Das heutige romanisch-gotische Wahrzeichen von Münstermaifeld mit der imposanten Fassade wurde im 13. und 14. Jh. erbaut. Der untere Teil des 34 m hohen Doppelturmes besteht aus dem Rest des ab 1103 errichteten romanischen Vorgängerbaus.

Erst 1225 wurde mit dem Bau der heutigen Kirche begonnen und 1322 wurde er vollendet. Im Mittelalter wurde das Gotteshaus nach Übernahme des angegliederten Klosters durch Augustiner-Chorherren zur Stiftskirche erhoben. Im Rahmen der Säkularisation im Rheinland hoben die Franzosen das Stift 1802 auf. Beginnend 1924 wurden umfangreiche Renovierungsarbeiten an der Kirche durchgeführt. Dabei konnten wertvolle Fresken aus dem 13. Jh. freigelegt werden, u. a. eine überlebensgroße Christophorusdarstellung an der Nordseite des Querschiffes. Weiteres sehenswertes Inventar sind der Antwerpener Goldaltar aus 1518 mit 92 Einzelfiguren, der Alabasteraltar (1597) an der Stirnseite des linken Querhauses sowie die Stumm-Orgel von 1722.

Sie starten auf dem Münsterplatz an der ✝ Stiftskirche St. Martin und St. Severus in Münstermaifeld, dem sogenannten Maifeldmünster. Von dort gehen Sie über die Martinstraße und biegen nach rechts in die Untertorstraße, die bald zur Bahnhofstraße wird. Auf der rechten Fahrbahnseite befindet sich hinter einem Supermarkt der alte Bahnhof. Dort wenden Sie sich nach links auf den Maifeld-Radwanderweg, auf dem Sie zunächst bis **Naunheim** (440 Ew., ✉ 56753, ✕ 🚌) bleiben. Dessen Ortswappen zieren übrigens drei schwarze Jakobsmuscheln, das Wappensymbol der Grafen von Metternich. Hinter Naunheim laufen Sie unter einer Brücke hindurch und an der nächsten Kreuzung mit einem Wegweiser zur Heilig-Kreuz-Kapelle biegen Sie halbrechts auf einen Feldweg ein. Sie folgen diesem Weg etwa 500 m bis zur zweiten Kreuzung, an der Sie sich nach links zur Kapelle wenden, vor der sich seit 2010 ein Pilgerstein befindet.

✞ Heilig-Kreuz-Kapelle

Für jedermann sichtbar ist die unter Denkmalschutz stehende Kapelle auf einer Anhöhe zwischen Mertloch und Naunheim angesiedelt. Die Entstehungsgeschichte liegt ziemlich im Dunkeln, nur die im Türbogen eingemeißelten Jahreszahlen 1657 und 1754 lassen Raum für Vermutungen offen. So gibt es über die Erbauung nur einige Sagen und Legenden aus mündlicher Überlieferung. Eine erste große Renovierung erfolgte ab 1973, eine weitere in den Jahren 1995 bis 1999. Unter anderem wurde ein Außenaltar mit Bänken errichtet. Seitdem obliegt die Pflege der gesamten Anlage einer Gruppe Ehrenamtlicher.

Wandern Sie nun weiter geradeaus bis zur Gappenacher Straße, überqueren Sie diese und gehen Sie in die Straße Im Thürig, die Sie nach **Mertloch** (1.350 Ew., ✉ 56753, ✕ BANK 🚌) bringt.

✞ Katholische Pfarrkirche St. Gangolf

Die Außenmauern der romanischen Kirche können bis ins 12. Jh. zurückdatiert werden, eine erste urkundliche Nennung erfolgte jedoch erst 1318 in einer Stiftungsurkunde. Danach hat es im Umfeld der Kirche auch eine Klause gegeben. Um 1280 wurde die ursprüngliche Balkendecke durch ein Kreuzgewölbe ersetzt. Im Laufe der Zeit wurden zahlreiche bauliche Änderungen an der Kirche vorgenommen. Trotzdem ist von der mittelalterlichen Ausstattung noch einiges erhalten geblieben, beispielsweise die spätgotische Kanzel oder ein Adelsgrab aus dem Jahr 1585. Noch heute gehört sie zu den schönsten Kirchen des Maifeldes. Leider ist sie nur sehr selten geöffnet.

Auf Höhe der Friedhofsstraße, die von links kommt, gehen Sie nach rechts zunächst durch einen Hof und danach mitten durch weitläufiges Ackerland. An der nächsten Kreuzung – links befindet sich eine Scheune – wandern Sie geradeaus. Grundsätzlich bleiben Sie jetzt bis Polch auf diesem asphaltierten Wirtschaftsweg. Orientierung geben die weithin sichtbaren Türme der Pfarrkirche St. Stephan. Folgen Sie an den kommenden Kreuzungen und Abzweigungen diesem Weg im Verlauf nach dem Schema rechts-links-rechts-links. Sie passieren den Petershof und am Ende des Weges befinden Sie sich am Friedhof von Polch mit der sehenswerten ✞ St.-Georgs-Kapelle und einem Pilgerstein. Nach wenigen Schritten erreichen Sie die Sankt-Georgen-Straße (L 113), auf der Sie links bis zum Marktplatz und zur ✞ katholischen Pfarrkirche St. Stephan bleiben.

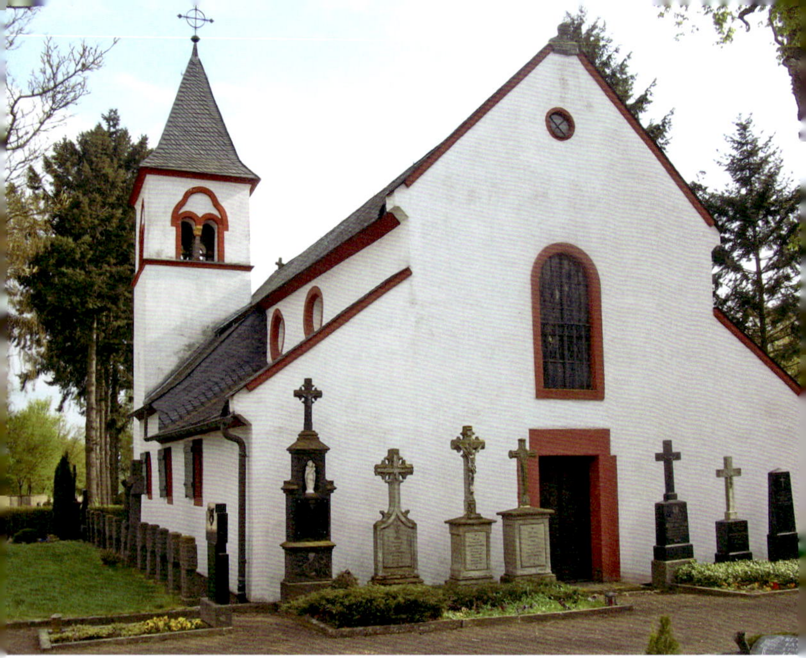

Kapelle St. Georg auf dem Friedhof

Polch

6.600 Ew., 56751,

Bürgerbüro der Verbandsgemeinde Maifeld, Marktplatz 4, ☎ 026 54/940 20, info@maifeld.de, www.maifeld.de, Mo-Di 8:00-12:30 u. 13:30-16:00, Mi, Fr 8:00-13:00, Do 8:00-12:30 u. 13:30-18:00

Pension Gartenklause, Pfarrer-Leismann-Straße 7, 300 m vom Weg, ☎ 026 54/61 77, www.pension-gartenklause.de, EZ ab € 31, DZ ab € 50, Frühstück € 6 p. P., 1 Hund € 5

Alter Bahnhof, Am Bahnhof 5, am Weg, ☎ 026 54/964 54 40, info@alter-bahnhof-polch.de, www.alter-bahnhof-polch.de, Di-Sa 12:00-15:00 u. 18:00-21:00, So, Fei 11:00-22:00

Polch ist Sitz der Verwaltung der Verbandsgemeinde Maifeld. Eine erstmalige urkundliche Erwähnung erfolgte durch den Trierer Erzbischof Eberhard 1052. Wie in Münstermaifeld wurden in Polch bei Ausgrabungen Artefakte aus einer altbäuerlichen Kultur der Jungsteinzeit gefunden.

Ein Gräberfeld belegte die spätere Ansiedlung der Merowinger in der Region (um 500). Im 14. Jh. übernahm der Trierer Erzbischof Balduin von Luxemburg die Gerichtsbarkeit und setzte einen Vogt ein. Während der französischen Besatzung gegen Ende des 18. Jh. war Polch Hauptort eines Kantons, aber erst im Dezember 1987 wurden die Stadtrechte verliehen. Heute ist Polch ein moderner Produktionsstandort: Es haben sich ein Gebäckhersteller, eine Großbäckerei und ein Wohnmobilhersteller angesiedelt.

✞ Kapelle St. Georg auf dem Friedhof

Am südlichen Rand der Stadt Polch befindet sich auf dem Friedhofsgelände die kleine dreischiffige frühromanische Kapelle St. Georg. Sie wurde erstmalig im Jahr 1275 urkundlich erwähnt und ist somit eine der ältesten Kirchen des Maifeldes. Der Kapelle war zumindest im 14. Jh. noch eine Klause angeschlossen. Im Laufe der Zeit musste die Kapelle oftmals renoviert und saniert werden, um sie vor dem Verfall zu bewahren. Trotz der barocken Arbeiten sieht man dem Kirchlein immer noch seine romanischen Grundzüge an. Ein Besuch dieses Kleinods lohnt sich auf jeden Fall.

✞ Katholische Pfarrkirche St. Stephan

Im Jahr 2002 feierte die Stadt Polch nicht nur das 950-jährige Bestehen der Gemeinde, sondern auch das Jubiläum der katholischen Pfarrkirche. 1052 übertrug der Trierer Erzbischof Eberhard „seine basilika in pulecha" an das Stift in Münstermaifeld. Daraus lässt sich schließen, dass zu dieser Zeit bereits eine Kirche in Polch existiert haben muss. Zu Beginn des 13. Jh. hat es aber wohl eine neue Kirche gegeben, zumindest war die Jahreszahl 1209 auf einem alten Altar vermerkt. 1843 wurde der königlich-preußische Bauinspektor Ferdinand Jakob Nebel aus Koblenz mit einer Untersuchung beauftragt, bei der er die Baufälligkeit feststellte. Es wurde vorgeschlagen, eine neue Kirche zu errichten. Nachdem am 1. Mai 1849 der letzte Gottesdienst in der alten Kirche gefeiert worden war, legte der Trierer Bischof Wilhelm Arnoldi rund fünf Monate später den Grundstein für die neue. Drei Jahre danach weihte er die Kirche feierlich ein. Der Kirchenpatron, der heilige Stephan, blieb der neuen Kirche erhalten. Eine erste Ausmalung des Gotteshauses wurde 1935 vorgenommen. In den Jahren 1967 und 1968 erfolgte eine Umgestaltung des Innenraumes und somit auch der Ausmalung. 1995 wurde nach einer Übergangslösung eine dem Kirchenraum angepasste neue Orgel angeschafft.

Vom Hauptportal der Kirche gelangen Sie rechter Hand an einen Kreisverkehr, den Sie links in die Klöppelstraße verlassen. An der nächsten Ecke biegen Sie nach rechts in die Gartenstraße ein und erreichen leicht ansteigend die ⊙ ✕ Gaststätte Alter Bahnhof und den Maifeld-Radweg. Diesem folgen Sie nach links und direkt wieder nach rechts in Richtung Mayen.

Unterwegs passieren Sie die links vom Weg liegende Siedlung Nettesürsch mit einer kleinen, aber sehenswerten Marienkapelle (circa 100 m links in der Siedlung) und der ehemaligen Grube Margareta, die einst als tiefstes Schieferbergwerk Deutschlands galt. Kurz darauf laufen Sie durch zwei beleuchtete Tunnel und gehen über zwei Viadukte. Sie bleiben auf dem Fahrradweg, bis Sie im Mayener Stadtteil Hausen nach der Unterquerung der B262 auf den Hauptweg des Eifel-Camino treffen, der Sie weiterhin auf dem Fahrradweg zunächst zum Ostbahnhof bringt. Weiter geht es von dort über die Ostbahnhofstraße und die Koblenzer Straße. Dabei kommen Sie an der ✞ St.-Veit-Kirche und kurz darauf an einem Marienbildstock vorbei und erreichen wenig später das historische Brückentor, wo eine große Informationstafel über den Eifel-Camino platziert wurde. Gehen Sie durch das Tor bis zum Weiberbrunnen, biegen Sie rechts in die Brückenstraße und an der folgenden Kreuzung nach links ab. Nun sind es nur noch ein paar wenige Schritte nach links bis zur ✞ katholischen Pfarrkirche St. Clemens.

Zubringerweg von Lonnig nach Mayen

➲ 17,9 km, ⌛ 4 Std., ↑ 121 m, ↓ 145 m, ⇧ 209-273 m

0,0 km	⇧ 247 m	Lonnig (St.-Jakobus-Kirche) 🛏 ✕ BANK 🚌
2,2 km	⇧ 261 m	Minkelfeld (St.-Markus-Kirche)
4,2 km	⇧ 228 m	Kerben (Alter Bahnhof) 🚌
8,6 km	⇧ 235 m	Polch (Alter Bahnhof) 🛏 ✕ ☕ 🛒 BANK ⚕ 🚌
11,0 km	⇧ 246 m	Nettesürsch
14,4 km	⇧ 248 m	Hausen
17,9 km	⇧ 235 m	Mayen (St.-Clemens-Kirche) ℹ 🛏 🏠 ✕ ☕ 🛒 BANK ⚕ ✚ 🚆 🚌 🚎 ⛴

Ein weiterer Zubringerweg beginnt an der St.-Jakobus-Kirche in Lonnig und verläuft überwiegend auf einer heute als Fahrradwanderweg ausgewiesenen ehemaligen Bahnstrecke. In Polch stoßen Sie auf den Münstermaifelder Zubringerweg, der Sie nach Mayen bringt. Auch nach Lonnig bietet sich die Anfahrt per Bus oder Auto an.

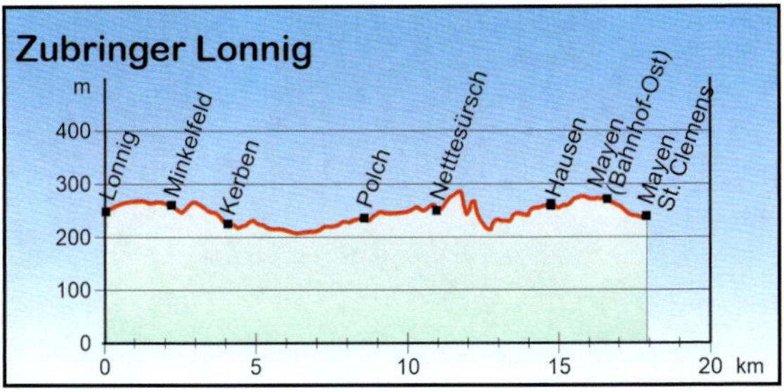

Sie starten Ihren Weg an der ✞ ⊙ katholischen Pfarrkirche St. Jakobus d. Ä. in **Lonnig** (1.170 Ew., ✉ 56295, 🛏 ✕ BANK 🚌).

✞ Katholische Pfarrkirche St. Jakobus d. Ä.

Am heutigen Standort befand sich zunächst eine 1119 errichtete Kapelle zu Ehren Mariens, um die sich eine Gemeinschaft mit weiblichen und männlichen Eremiten bildete. Nur wenige Jahre später wurde diese Gemeinschaft dem Augustinerstift Springiersbach unterstellt, ab 1136 erfolgte die Erhebung zu einer eigenständigen Abtei durch den Trierer Erzbischof Albero. Bereits 1143 ließ dieser den Nonnenkonvent nach Schönstatt bei Vallendar verlegen. 1326 wurde auch der verbliebene Männerkonvent durch Erzbischof Balduin nach Mayen verlegt, nachdem der teure Kirchenneubau sowie eine nicht ganz so streng gehaltene Ordensdisziplin Unruhe gebracht hatten. Ab circa 1570 wechselte das Patrozinium auf Jakobus d. Ä. Von der mittelalterlichen spätromanischen Kirche sind heute noch die Apsis und der fünfstöckige Nordturm sowie das erste Geschoss des Südturms erhalten geblieben.

Von der Kirchstraße geht es nach rechts in die Oberdorfstraße, die zugleich als K50 ausgewiesen ist. An dieser Straße müssen Sie circa 2 km entlanggehen; nutzen Sie bitte zur eigenen Sicherheit den linken Fahrbahnrand.

↳ Wenn Sie sich von einer Basaltstatue des heiligen Jakobus am Eingang der St.-Jakobus-Grundschule einen „Guten Weg" wünschen lassen möchten (Umweg circa 450 m), gehen Sie von der Oberdorfstraße nach links in die Schmiedsgasse, folgen dieser 200 m und biegen links in die Straße Hinter der Ley ab. Nach 50 m befindet sich auf der rechten Seite die Grundschule. Die Statue finden Sie unmittelbar neben dem Eingang der Schule. Um zum markierten Weg zurückzukehren, nehmen Sie dieselbe Route in umgekehrter Richtung.

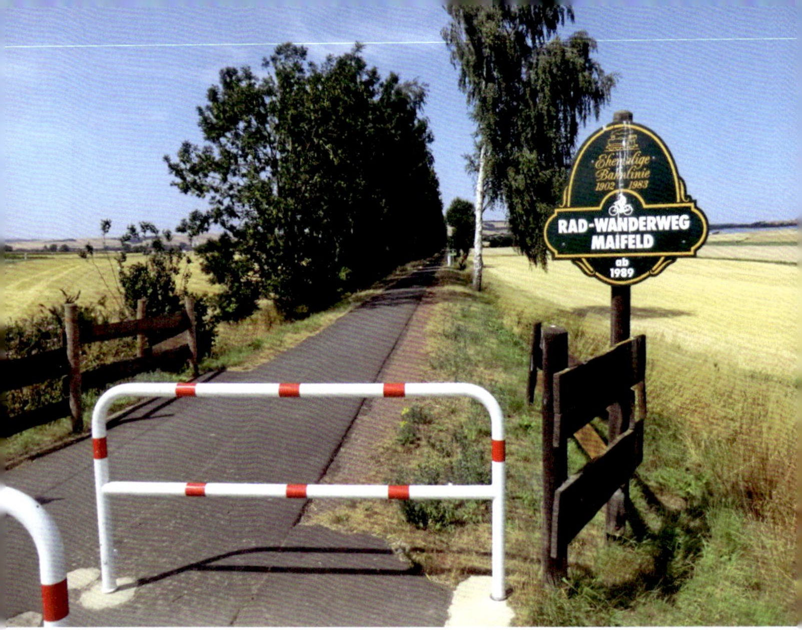

Maifeld-Radwanderweg

Am Ende trifft die K50 direkt an der St.-Markus-Kirche von **Minkelfeld** (einem Ortsteil von Kerben) auf die L52. Dieser folgen Sie links durch das Dörfchen, bis Sie nach circa 200 m die erste Möglichkeit nutzen, nach links abzubiegen. Bleiben Sie bis zu einer Kreuzung auf dem ansteigenden Asphaltweg und biegen Sie dort nach rechts auf einen Feldweg ab.

🚲 Fahrradpilger fahren auf der K50 weiter geradeaus, bis sie an der nächsten Möglichkeit nach links in die K48 einbiegen. Nach 250 m treffen Sie auf den Maifeld-Radwanderweg bei **Kerben** (425 Ew., ✉ 56295, 🚌) und fahren darauf links weiter in Richtung Polch.

Nach circa 600 m beginnt ein Asphaltweg, dem Sie abwärts nach rechts folgen. Sie passieren das Wasserwerk Kerben und haben einen schönen Blick über das Maifeld bis nach Polch. Schließlich erreichen Sie die K48. Wenden Sie sich nach links bis zum Maifeld-Radwanderweg. Sie pilgern nun auf einer ehemaligen Bahntrasse und umgehen das Dörfchen Kerben mit seinem früheren Bahnhof.

Sie bleiben auf dem Radwanderweg, kommen nach Polch und treffen am alten Bahnhof auf den Zubringerweg von Münstermaifeld. Wählen Sie den rechten Abzweig in Richtung Mayen. Unterwegs passieren Sie die links vom Weg liegende Siedlung Nettesürsch mit einer kleinen, aber sehenswerten Marienkapelle (circa 100 m links in der Siedlung) und der ehemaligen Grube Margareta, die einst als tiefstes Schieferbergwerk Deutschlands galt.

Kurz darauf laufen Sie durch zwei beleuchtete Tunnel und gehen über zwei Viadukte. Sie bleiben auf dem Fahrradweg, bis Sie im Mayener Stadtteil Hausen nach der Unterquerung der B262 auf den Hauptweg des Eifel-Camino treffen, der Sie weiterhin auf dem Fahrradweg zunächst zum Ostbahnhof bringt. Weiter geht es von dort über die Ostbahnhofstraße und die Koblenzer Straße. Dabei kommen Sie an der ✞ St.-Veit-Kirche und kurz darauf an einem Marienbildstock vorbei und erreichen wenig später das historische Brückentor, wo eine große Informationstafel über den Eifel-Camino platziert wurde.

Gehen Sie durch das Tor bis zum Weiberbrunnen, biegen Sie rechts in die Brückenstraße und an der folgenden Kreuzung nach links ab. Nun sind es nur noch ein paar wenige Schritte nach links bis zur ✞ katholischen Pfarrkirche St. Clemens.

3. Etappe: Von Mayen nach Kaisersesch

19,1 km, 6 Std., ↑ 386 m, ↓ 190 m, ⇧ 234-473 m

0,0 km	⇧ 235 m	Mayen (St.-Clemens-Kirche) BANK
4,0 km	⇧ 427 m	Jakobussäule
7,9 km	⇧ 293 m	Monreal (Kreuzerhöhungskirche) BANK
12,5 km	⇧ 361 m	Heunenhof (Kapelle)
15,5 km	⇧ 386 m	Urmersbach (Schienenhaltepunkt)
19,1 km	⇧ 410 m	Kaisersesch (St.-Pankratius-Kirche) BANK

Die heutige Etappe wird Sie durch ursprüngliche Täler und das romantische Eifeldörfchen Monreal geleiten. Eine Besonderheit erwartet Sie auf einer Anhöhe nahe der Reudelsterzer Heide: die monumentale Jakobussäule mit Rastplatz.

Sie beginnen in Mayen an der St.-Clemens-Kirche. Über die Marktstraße gehen Sie nach rechts in die Göbelstraße. An der Straße Stehbach treffen Sie auf die Heilig-Geist-Kapelle aus dem Jahr 1757und biegen dort nach links ab. Anschließend queren Sie die Hahnengasse sowie den Töpferweg und erreichen das Obertor. Werfen Sie kurz davor einen Blick auf die rechte Seite, wo Ihnen an einer Hausfront sowie oberhalb dreier Garagen die Genoveva-Sage bildlich dargestellt wird. Hinter dem Obertor überqueren Sie den Habsburgring und gelangen über die Einbahnstraße Am Obertor, die an einer Straßengabelung links weiterführt, in die Kelberger Straße. Rechts von einem Kreisverkehr befindet sich die ⦿ Verbandsgemeindeverwaltung Vordereifel (Kelberger Straße 26, Mo-Do 8:00-16:00, Fr 8:00-13:00) ❶, wo Sie sich am Empfang einen weiteren Pilgerstempel abholen können. Circa 200 m nach dem Verwaltungsgebäude geht es nach links in die Kolpingstraße und danach rechts in die Straße Kuhtrift, durch die Sie Mayen endgültig verlassen. Sie überqueren vorsichtig die noch genutzte Bahntrasse, bleiben nach einer Linkskurve erst auf dem breiten, asphaltierten Weg (den Schotterweg lassen Sie rechts liegen) und biegen bei der nächsten Möglichkeit nach rechts in den Wald zur Waldkapelle ❷ ab. Der Bau wurde nach der Zerstörung von Mayen im Zweiten Weltkrieg bereits Mitte 1945 begonnen und der Muttergottes geweiht.

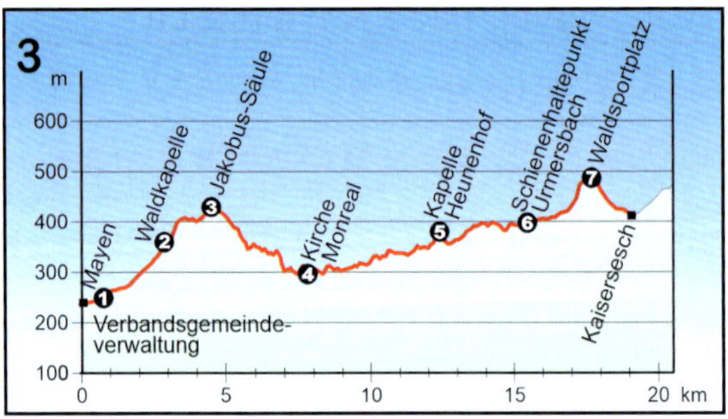

Sie bleiben weiterhin auf dem nun zum Teil steil ansteigenden Waldweg und überqueren an dessen Ende die B258 über eine mit blauem Geländer versehene Brücke. Nehmen Sie dann den Weg durch den Wald zu Ihrer Rechten, der eher den Charakter eines Trampelpfades hat. Danach durchlaufen Sie einen Waldparkplatz, folgen dann der Kreisstraße nach rechts und queren vorsichtig oberhalb des Geisbüschhofes die L98. Am Ende des leicht ansteigenden Feldweges erreichen

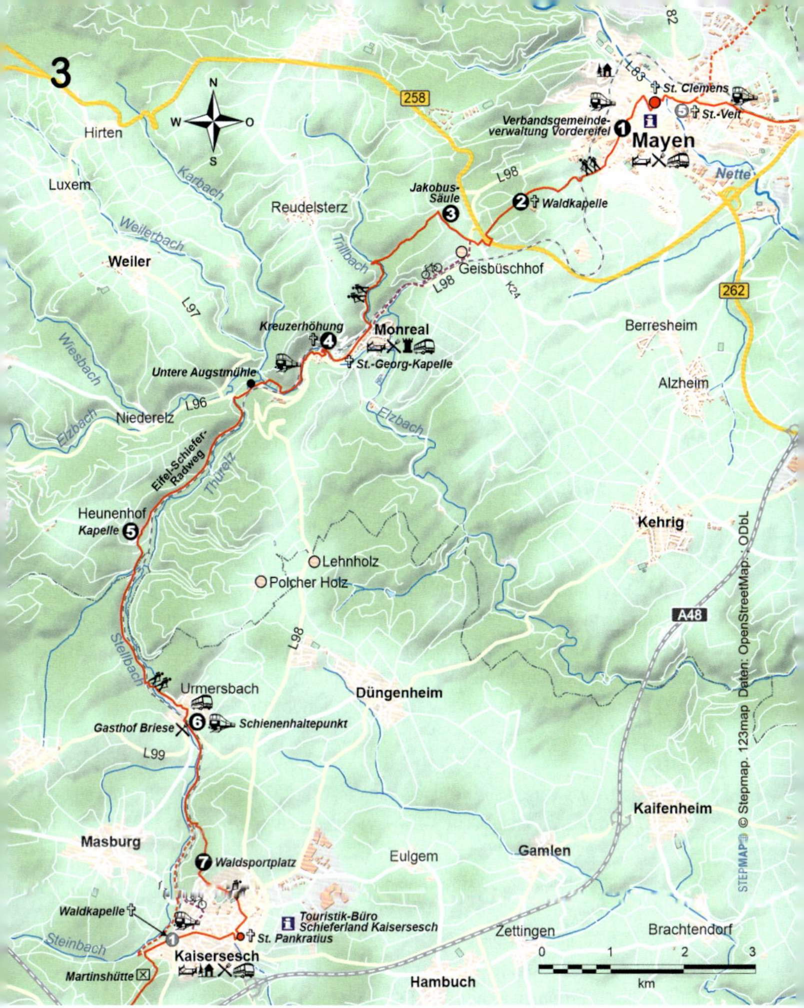

Sie einen schön gestalteten Rastplatz. Dieser wurde im Sommer 2011 von der St.-Matthias-Bruderschaft Mayen mit einer 5 m hohen Jakobussäule aus Basaltlava ❸ ausgestattet, die aus der Werkstatt des Steinmetzes und Bildhauers Peter Hänig aus Keldung stammt. Jährlich am Jakobustag findet hier unter großer Beteiligung der Bevölkerung ein Freiluftgottesdienst zu Ehren des Apostels statt.

🚲 Der nun folgende Abschnitt ist für Fahrradfahrer nicht geeignet. Stattdessen besteht die Möglichkeit, wieder zurück zur L98 zu fahren und über diese nach 2,5 km Monreal zu erreichen.

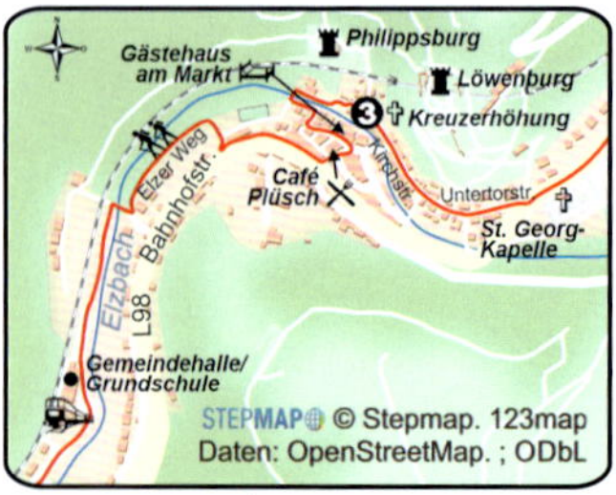

Weg durch Monreal

Circa 100 m nach dem Rastplatz geht es gegenüber von einer Ruhebank nach links und dann direkt geradeaus weiter. Die nächsten 3 km bis nach Monreal verlaufen durch das schmale, bewaldete Trillbachtal. In angenehmer Weise geht es leicht bergab, der Weg ist auch als Reitweg ausgezeichnet. Auf Höhe einer früheren Teichanlage ist der Weg grob geschottert. Hier gehen Sie nach links und folgen diesem Weg bis zur Unterführung der Eifelquerbahn und der L98. Dort wenden Sie sich nach rechts und bleiben auf dem Gehweg an der Straße.

Sie passieren dabei die auf dem Friedhof gelegene, sehenswerte ✝ St.-Georg-Kapelle aus dem 13. Jh. Der direkte Weg zur ✝ ⊙ katholischen Pfarrkirche Kreuzerhöhung ❹ führt nun halb rechts über die Untertorstraße und die Kirchstraße. In der Kirche finden Sie am Schriftenstand im Eingangsbereich den Pilgerstempel, das zugehörige Stempelkissen in der Schublade darunter.

Monreal

760 Ew., ✉ 56729, 🛏 ✕ ☕ BANK 🚆 🚌

ℹ Touristik-Büro Vordereifel, Kelberger Straße 26, 56727 Mayen, ☎ 026 51/80 09 59, ✉ tourismus@vordereifel.de, 💻 www.naturerlebnis-vordereifel.de, 🚪 Mo-Do 8:00-16:00, Fr 8:00-13:00

🛏 Gästehaus am Markt, Obertorstraße 8, am Weg, ☎ 026 51/90 50 62, ✉ haus-am-markt@gmx.de, 💻 www.gaestehaus-monreal.de, EZ ab € 45, DZ ab € 70, inkl. Frühstück, 🐕 Hund € 2

Die idyllisch in einem schmalen Tal gelegene Gemeinde Monreal bezaubert durch die engen Gassen, die zahlreichen gut erhaltenen Fachwerkhäuser und die beiden Burgruinen auf den Höhen. Sie war bereits Bundessieger im Wettbewerb „Unser Dorf soll schöner werden." Ursprünglich ist in einer Urkunde aus dem Jahr 1193 von Cunisberch (= Königsberg) die Rede. Seit Anfang des 13. Jh. wurde die Siedlung von den Grafen von Virneburg vereinnahmt, die den Namen ins Französische, nämlich Monroial, übertrugen. 1306 waren die Virneburger

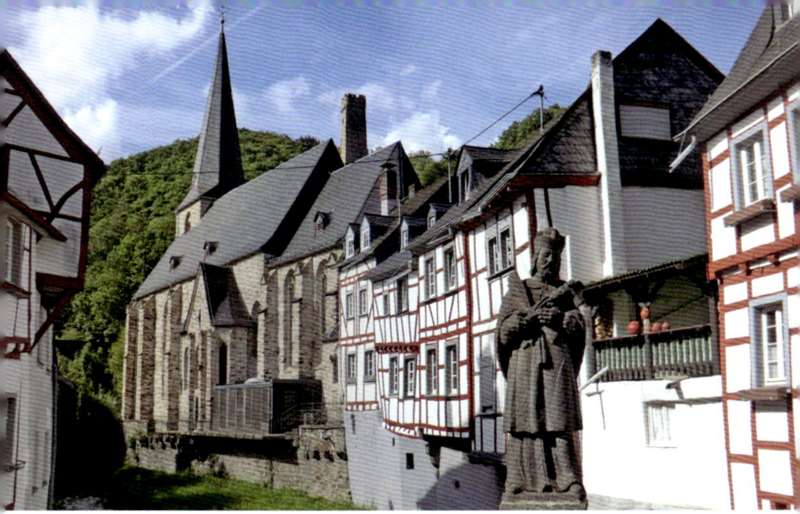

Monreal

maßgeblich an der Verleihung der Stadt- und Marktrechte beteiligt. Nach kriegerischen Zerstörungen im 17. Jh. siedelten sich Tuchmacher an und sorgten für Wohlstand unter der Bevölkerung. Aus dieser Zeit sind noch viele der damaligen Häuser erhalten. In der zweiten Hälfte des 19. Jh. sank aufgrund globaler Konkurrenz die Nachfrage nach Monrealer Tuch und schnell breitete sich Armut aus. Erst in den 30er-Jahren des 20. Jh. erkannte man den touristischen Reiz des Ortes und verlagerte sich auf den Fremdenverkehr. Seit 2009 stand Monreal als Kulisse für bisher sechs Folgen der amüsanten ARD-Krimiserie „Der Bulle und das Landei" mit Uwe Ochsenknecht und Diana Amft in den Hauptrollen im Fokus der Öffentlichkeit.

Löwenburg und Philippsburg

Oberhalb von Monreal befinden sich die Ruinen der noch gut erhaltenen Löwenburg und spärliche Überreste der Philippsburg. Die Löwenburg wurde durch Graf Hermann III. von Virneburg widerrechtlich auf dem Grundbesitz seines Bruders Philipp erbaut und erstmals in einer Urkunde im Jahr 1229 erwähnt. Im Dreißigjährigen Krieg trugen die beiden stark befestigten Burgen erst durch die Schweden und dann später nochmals durch die Franzosen große Schäden davon. Es dauerte bis ins Jahr 1970, bis die inzwischen in staatlichen Besitz übergegangenen Ruinen nach umfangreichen Sicherungsmaßnahmen für die Öffentlichkeit zugänglich gemacht werden konnten.

✞ Kapelle St. Georg

Die Bauzeit lässt sich nicht mehr genau datieren, allerdings geht man davon aus, dass die Kapelle um 1210 durch Graf Heinrich III. von Virneburg und Philipp von Saffenberg gestiftet wurde. Nach 1460 wurde das Gotteshaus im spätgotischen Stil umgebaut. Leider ist davon nur noch der Chor mit wenigen sehenswerten mittelalterlichen Konsolen und Wandmalereien erhalten geblieben, denn nach der Säkularisation wurde das Langhaus abgerissen, das Material anderweitig verwendet. 1887 entschieden sich die Monrealer, das Langhaus wieder aufzubauen, und zwar im neogotischen Stil.

✞ Katholische Pfarrkirche Kreuzerhöhung

Im Jahr 1460 wurde die Monrealer Pfarrkirche direkt am Ufer der Elz aus Bruchsteinen errichtet, damals als Kirche eines Kollegiatstiftes. Sie betreten das einschiffige Langhaus durch einen Vorraum, über dem sich der Glockenturm mit seinem spitz zulaufenden Pyramidendach erhebt. Der Hochaltar, im neugotischen Stil von Bildhauer F. Ernst aus Koblenz 1876 erschaffen, zieht die Blicke des Betrachters auf sich. Hier stechen die zwölf Apostelfiguren hervor, die ursprünglich zu einem 1482 gestifteten Apostelaltar gehörten. Leider für den Besucher der Kirche nicht sichtbar ist die Darstellung des Hl. Jakobus. Zudem fallen drei Statuen des Mayener Bildhauers Heinrich Alken ins Blickfeld: Mutter Anna mit Kind, heiliger Papst Silvester und Bischof Severius mit dem Weberschiffchen. Weitere sehenswerte Ausstattungsgegenstände sind der Taufstein aus dem 19. Jh. und das gotische Sakramentshaus aus dem 15. Jh. Die Kirche kann darüber hinaus eine Jakobusreliquie ihr Eigen nennen.

Hinter der Kirche überqueren Sie den Elzbach über die Obere Schlossbrücke – im Volksmund auch Pastorenbrücke genannt – (🚲 ✋ hier sind einige wenige Treppenstufen vorhanden) und gelangen durch schmale Gassen in die Obertorstraße. Dort erhalten Sie im ✕ ⊙ Café Plüsch (Obertorstraße 14, 🚪 Do-Di 8:30-17:00, Mi Ruhetag) einen weiteren Pilgerstempel. Gehen Sie weiter bis zur Bahnhofstraße und biegen Sie nach rechts ab. Hinter dem Haus Nummer 14 und einem Holzzaun biegen Sie nach rechts in den Elzer Weg ein, der nach wenigen Schritten eine Linkskurve beschreibt und parallel zum Elzbach auf einem Schotterweg verläuft. An der nächsten Kreuzung wenden Sie sich nach rechts, gehen über eine Brücke und dann vor der Unterführung nach links. Sie laufen über einen Parkplatz, passieren Gemeindehalle und Grundschule. Lassen Sie danach das frühere Bahnhofsgebäude rechts liegen und gehen Sie auf einem Feldweg am Sportplatz mit einer Boule-Anlage rechts vorbei. Dahinter geht es links über eine Wiese zu einer Holzbrücke über den Elzbach. Hinter der Unteren Augstmühle müssen Sie ein kurzes Stück an der L96 entlanggehen (bitte zu Ihrer Sicherheit auf die linke Fahrbahnseite wechseln), um dann vor einer Rechtskurve links in den Wald abzubiegen. Sie pilgern nun auf dem Eifel-Schiefer-Radweg entlang des Bächleins Thürelz und der Eifelquerbahn bis zum Wohnplatz **Heunenhof**, der erstmals 1331 urkundlich erwähnt wurde. Dort können Sie in einer kleinen Kapelle aus dem späten 15. Jh. ❺ eine von dem Pilger Robert Degen aus Nitztal geschnitzte Figur des heiligen Rochus im Pilgergewand bewundern.

Hinter der Kapelle wählen Sie den linken Abzweig, bis Sie wieder parallel zur Bahnlinie und zum Flüsschen Thürelz entlangwandern. Nachdem Sie einen kleinen Teich und einen Rastplatz passiert haben, erreichen Sie nach circa 2 km einen Bahnübergang, den Sie nach links überqueren, sowie die Straße Zum Schuwerackerhof in Urmersbach (459 Ew., 🖃 56761, ✕ 🚆 🚌). Folgen Sie dieser und danach der Hauptstraße durch den Ort. Sie gehen an der ehemaligen Dorfschule und jetzigen Feuerwache sowie an einem handwerklich gestalteten Brunnen rechts in die Bahnhofstraße, auf der Sie zum Schienenhaltepunkt ❻ geführt werden. Den Pilgerstempel bekommen Sie im vor Ihnen liegenden ✕ ⊙ Gasthof Briese (Im Acker 1, ☏ 026 53/62 59 oder 01 77/632 33 97, 🚪 Fr, Sa ab 16:00 Uhr, So ab 13:00 Uhr).

Kapelle Heunendorf

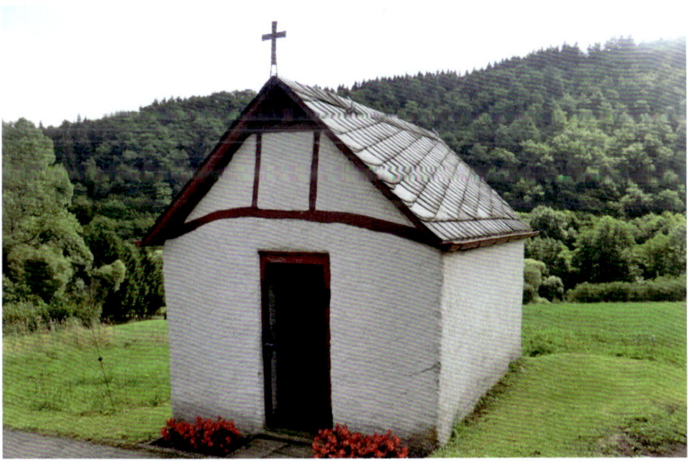

Direkt hinter den Gleisen geht es scharf links wieder auf den Eifel-Schiefer-Radweg. Sie passieren die unter Denkmalschutz stehende, von den Eigentümern liebevoll restaurierte historische Obermühle aus dem Jahr 1571 und bleiben auf dem eingeschlagenen Weg parallel zur Bahntrasse. Circa 1,5 km hinter Urmersbach erreichen Sie rechter Hand einen von Bäumen umgebenen Teich. Nach weiteren rund 300 m teilt sich der Weg an einem Hinweisschild auf.

Haben Sie kein Interesse, über Kaisersesch zu gehen, besteht die Möglichkeit, noch für circa 2 km bis zu einem Bahnübergang auf Höhe des Entenweihers weiter auf dem Eifel-Schiefer-Radweg zu bleiben (unterwegs überqueren Sie die K12). Biegen Sie nach links über die Schienen ab und halten Sie sich noch einmal scharf links. An einem Hotel stoßen Sie wieder auf den Hauptweg (☞ Seite 92).

Für Fahrradfahrer ist die nachfolgend beschriebene Route nicht zu empfehlen. Bleiben Sie bis zur K12 auf der Alternativstrecke und folgen Sie dieser dort links ins Zentrum von Kaisersesch. Wenn Sie auf die Bahnhofstraße treffen, fahren Sie nach links bis zu einem Kreisverkehr, nehmen die zweite Ausfahrt und biegen danach in die Burgstraße ein, an der sich das Etappenziel befindet.

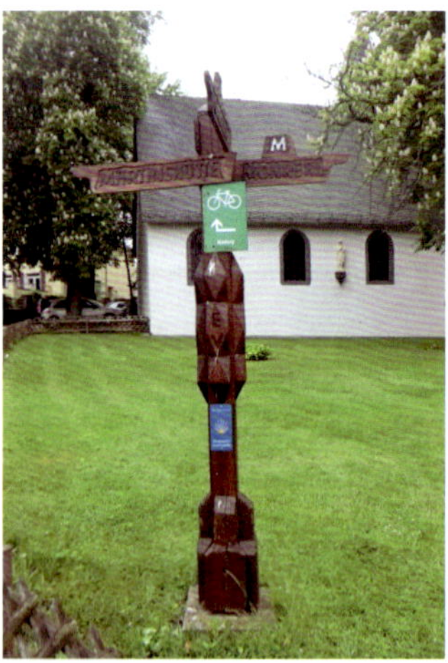

An der Waldkapelle

Wenn Sie dem Hauptweg nach Kaisersesch folgen möchten, biegen Sie nach links auf einem Wiesenweg leicht aufwärts ab. Schon bald gelangen Sie an einen durch Geländer getrennten Bahnübergang. Seien Sie vorsichtig, denn die Linie zwischen Andernach und Kaisersesch ist noch in Betrieb. Nahende Züge machen sich durch laute Signale bemerkbar. Queren Sie bei freier Strecke rasch die Gleise. Hinter den Schienen treffen Sie nach einigen Schritten aufwärts auf einen Waldweg, dem Sie nach rechts folgen. An der ersten Gabelung nehmen Sie den linken, an der nächsten den rechten Abzweig. Nach einem mittleren Anstieg passieren Sie links den Waldsportplatz ❼ und laufen an der folgenden T-Kreuzung rechts weiter.

Der Weg macht einen Linksbogen und trifft auf eine kaum befahrene Straße, die Sie überqueren. Bleiben Sie auf dem abwärtsführenden Weg, der Pankratiusstraße. Unterwegs kreuzen Sie drei Wohnstraßen, passieren das Stadion und Tennisplätze sowie die Feuer- und Rettungswache und erreichen die Koblenzer Straße, auf der Sie nach rechts weitergehen. Vor einem Geldinstitut liegt linker Hand die Burgstraße mit dem historischen Stadtkern von Kaisersesch und der katholischen Pfarrkirche St. Pankratius, einem Pilgerbrunnen sowie dem kurtrierischen Prison (Gefängnis) mit Pilgerzimmer. Außerdem sehen Sie ein gotisches Fenster mit Jakobsmuschel. Dort stand die 1322 gebaute hochgotische Pfarrkirche, die Station auf dem seit dem 15. Jh. ausgewiesenen Pilgerweg nach Santiago de Compostela war.

Kaisersesch

3.150 Ew., 56759, BANK

Touristik-Büro Schieferland Kaisersesch, Am Römerturm 2, 1 km vom Weg, ☎ 026 53/999 65 02, touristik-buero@vg.kaisersesch.de, www.schieferland-kaisersesch.de, Mo-Mi 8:00-12:30, Do 8:00-12:00 u. 14:00-18:00, Fr 8:00-12:00

Mehrgenerationenhaus Schieferland Kaisersesch, Bahnhofstraße 47, am Weg, Mo-Mi 8:00-12:30 u. 14:00-17:00, Do 9:00-12:00 u. 14:00-18:00, Fr 9:00-12:00

Yumi-Hotel, Balduinstraße 1, am Weg, ☎ 026 53/911 99 84, info@yumi-hotel.de, www.yumi-hotel.de, Di-So 11:30-14:30 u. 17:30-22:00, Mo Ruhetag, EZ ab € 45, DZ ab € 70, Frühstück € 5 p. P.

◆ Waldhotel Kurfürst, Auf der Wacht 21, am Weg, ☎ 026 53/989 10, info@waldhotel-kurfuerst.com, www.waldhotel-kurfuerst.de, EZ ab € 63, DZ ab € 92, Frühstück € 7,50 p. P.,

◆ Ferienhaus Eifelhaus Deisen, Balduinstraße 6, am Weg, ☎ 026 53/36 04, deisen46@t-online.de, www.urlaub-eifel-mosel.de, € 35 für die erste Person, jede weitere Person € 10 pro Nacht

Pilgerzimmer Kaisersesch, im historischen Ortskern, am Weg, ☎ 026 53/77 82 oder 01 52/34 70 15 85 oder über das Stadtbüro 026 53/80 79 (Mo, Mi, Fr 8:30-10:30), Aufnahme nur mit Pilgerausweis, max. 2 Personen, € 15 p. P., ohne Frühstück

Die heutige Stadt liegt unmittelbar an der damaligen Römerstraße von Andernach nach Trier. Noch heute ist die Trasse im Waldgebiet Langheck erkennbar. Mitte des 11. Jh. wurde Esch erstmals urkundlich erwähnt und vom Trierer Erzbischof Balduin von Luxemburg mit Befestigungsanlagen versehen.

1321 verlieh König Ludwig IV. (ab 1328 römisch-deutscher Kaiser) Esch das Stadt- und Marktrecht. 1339 wurde der Ortsname in Keysers-Esch geändert. Während des Pfälzischen Erbfolgekrieges wurde Kaisersesch 1689 von den Franzosen vollständig zerstört. Der Name blieb trotz des Verlusts der Stadtrechte während der französischen Besatzung ab dem ausgehenden 18. Jh. erhalten. Erst am 22. November 1997 wurden die Stadtrechte erneuert. In der jüngeren Vergangenheit sorgten die Pläne zum Bau einer Wiederaufbereitungsanlage für Atommüll bzw. einer Sondermüllverbrennungsanlage für Aufregung. Aufgrund erheblichen Widerstands seitens der Bevölkerung wurden die Pläne verworfen. Heute ist Kaisersesch Sitz der gleichnamigen Verbandsgemeinde und als Fremdenverkehrsort staatlich anerkannt.

Gotisches Fenster in der Burgstraße

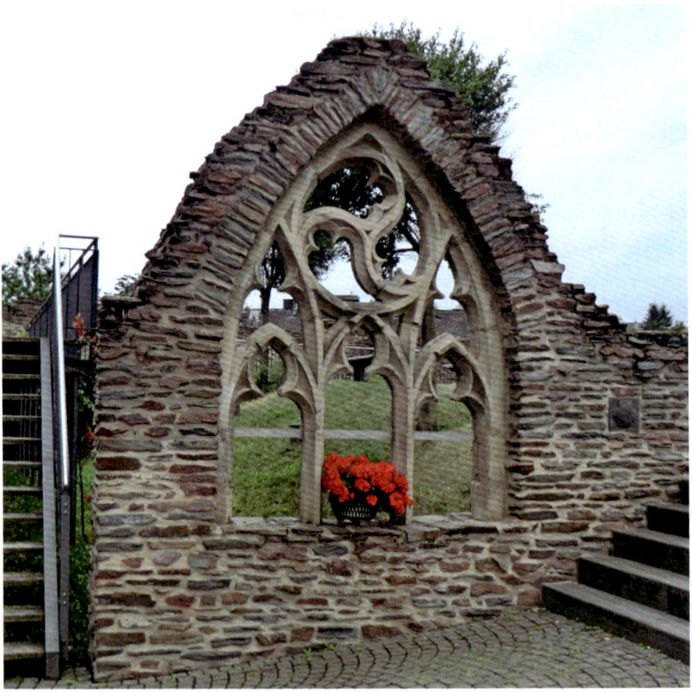

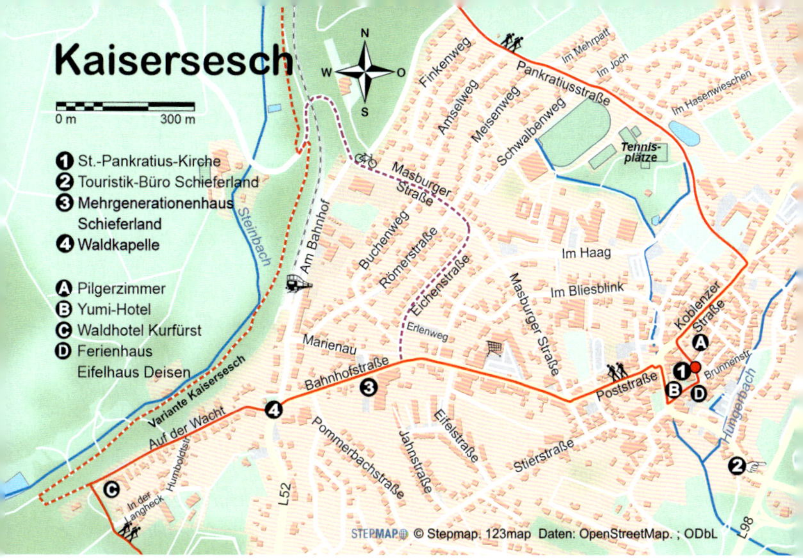

✝ Katholische Pfarrkirche St. Pankratius

Die Kaisersescher Pfarrei besteht bereits seit dem Jahr 1332. Man geht davon aus, dass die heutige Kirche zwei Vorgängerbauten hatte. Der schiefe Kirchturm der St.-Pankratius-Kirche aus dem 13. Jh., der seine Spitze mit dem Westwind gedreht hat, ist heute noch das Wahrzeichen der Stadt. 1770 zeigten sich im Mauerwerk und im Gewölbe starke Risse, sodass einige Jahre später ein Neubau erforderlich wurde. Erst rund 30 Jahre später wurde dieser fertiggestellt. Wie auch in anderen Gemeinden wurde die Kirche in Kaisersesch im ausgehenden 19. Jh. zu klein und deshalb durch den Architekten Lambert von Fisenne 1898 bis 1900 im neoromanischen Stil umgebaut und erweitert. 2013/2014 erfuhr die Kirche eine umfassende Sanierungsmaßnahme.

✝ ⊙ Kapelle Unserer Lieben Frau am Walde

Eine erste Kapelle wurde bereits im 12. Jh. auf den Grundmauern eines römischen Wachturms erbaut. Eine urkundliche Erwähnung erfuhr sie jedoch erst 1754. Die Kapelle ist der schmerzhaften Muttergottes geweiht. Angeblich soll sie von einem Ritter von der Leyen als Dank für seine wundersame Rettung während eines Kreuzzuges im Heiligen Land gestiftet worden sein und genau 1.000 Schritte von der Pfarrkirche entfernt liegen. Dies entspricht exakt der Strecke, die Jesus von der Gerichtsstätte bis zum Berge Golgotha zurücklegen musste. 1969 wurde die Kapelle von der Freiwilligen Feuerwehr restauriert und wird seitdem von den Floriansjüngern betreut und gepflegt.

4. Etappe: Von Kaisersesch nach Kennfus

25,5 km, 7 Std., 381 m, 389 m, 313-513 m

0,0 km	410 m	Kaisersesch (St.-Pankratius-Kirche) BANK
6,3 km	343 m	Wallfahrtsort Maria Martental
13,0 km	426 m	Alflen (Kriegergedächtniskapelle) BANK
16,3 km	398 m	Gillenbeuren (Herz-Jesu-Grotte)
19,3 km	418 m	Driesch (Wallfahrtskirche Mater Dolorosa)
20,7 km	403 m	Lutzerath (St.-Stephanus-Kirche) BANK
25,5 km	401 m	Kennfus (St.-Maria-Kirche)

Die Streckenabschnitte werden nun etwas schwieriger, denn es geht ständig auf- und abwärts. Sie durchwandern heute eine wunderschöne Naturlandschaft. Am Weg liegen die Wallfahrtskirchen Maria Martental und Mater Dolorosa in Driesch. Für Fahrradpilger ist die Etappe bis auf ein kurzes Stück befahrbar, allerdings gibt es Abschnitte, auf denen Sie das Rad besser schieben.

Am Pilgerbrunnen nahe der ✞ St.-Pankratius-Kirche beginnt die Etappe. Gehen Sie zunächst an der Kirche vorbei zur Brunnenstraße, in die Sie nach rechts abbiegen. An der nächsten Kreuzung wenden Sie sich nach rechts und gehen bis zu einem Kreisverkehr. Dort folgen Sie links der Poststraße, die bald in die Bahnhofstraße übergeht. ⊙ Im Mehrgenerationenhaus Schieferland Kaisersesch in der Bahnhofstraße 47 (Mo-Mi 9:00-12:30 u. 14:00-17:00, Do 9:00-12:30 u. 14:00-18:00, Fr 9:00-12:00) erhalten Sie den Pilgerstempel. An der ✞ ⊙ Kapelle Unserer Lieben Frau am Walde (9:00-17:00 Uhr) ❶ verlassen Sie die Bahnhofstraße und gehen rechts in die Straße Auf der Wacht bis zu deren Ende. Unmittelbar hinter einem Hotel geht es links hoch über Verbundsteine und an einem mit Holz verkleideten Gebäude vorbei bis zu einem Wendehammer und dann geradeaus durch eine rot-weiße Schranke in den Wald hinein. Während Sie noch die erste Kreuzung queren, nehmen Sie hinter einer Ruhebank den rechten Abzweig, auf dem Sie zur Martinshütte gelangen. Überqueren Sie den davor liegenden Platz und laufen Sie auch an der nächsten Kreuzung geradeaus weiter. Ignorieren Sie nun sämtliche einmündende Wege bis zum Waldrand.

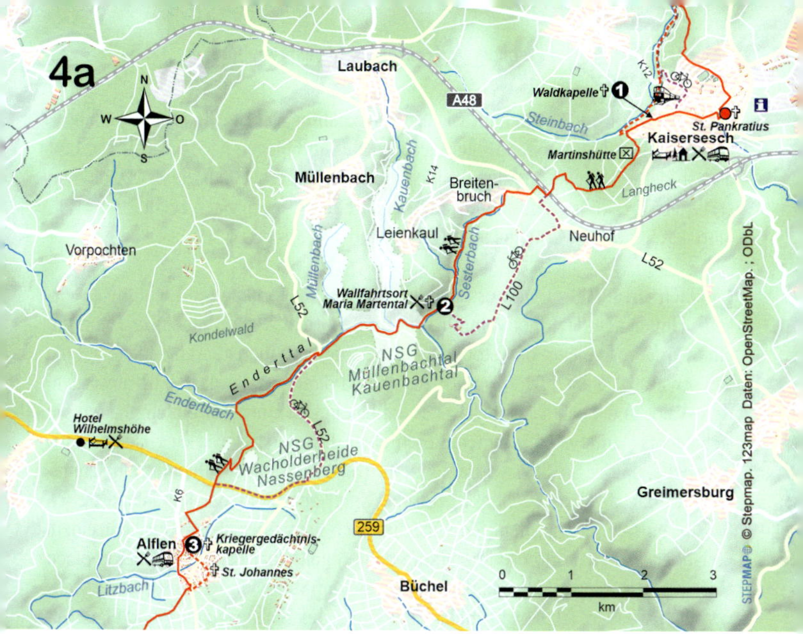

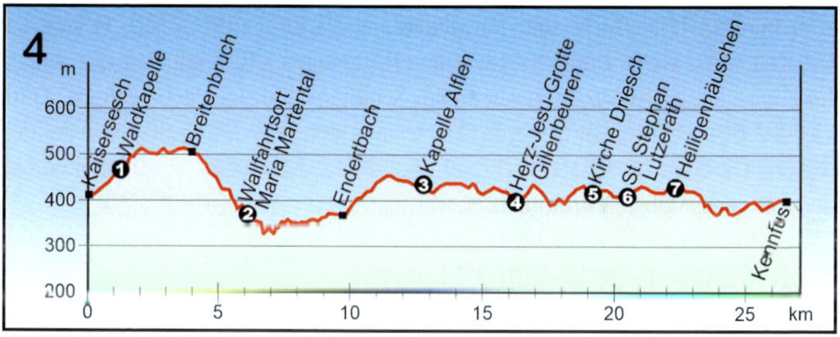

Dort treten Sie geradeaus aus dem Wald heraus und gehen an Feldern vorbei auf die A48 zu, die sich hinter einem Wall befindet, aber deutlich zu hören ist. Kurz davor macht der Weg einen Knick nach rechts und bringt Sie zu einer Unterführung. Hier gehen Sie unter der Autobahn hindurch und biegen unmittelbar hinter der Unterführung nach rechts ab. Bleiben Sie auf diesem mit Gras bewachsenen Feldweg bis zu einem Wäldchen. Nach links geht es weiter bis zur L52, die Sie vorsichtig nach rechts überqueren.

Der folgende Abschnitt ist für Fahrradfahrer nicht geeignet. Diese fahren ab der Unterführung der A48 geradeaus weiter und biegen nach links auf die L52 ab. An der nächsten Kreuzung wenden Sie sich nach rechts auf die L100, die nun stetig abwärts führt, und fahren dann nach circa 1,5 km nach rechts zur Wallfahrtskirche Maria Martental. Die Abfahrt zur Kirche ist sehr steil.

Nach circa 200 m geht es nach links an der K14 entlang in Richtung Leienkaul. Hinter dem Friedhof vom Ortsteil Breitenbruch werden Sie linker Hand auf einen Grasweg geleitet und stoßen an eingezäunten Grundstücken entlang auf die Wiesenstraße. Gehen Sie hier nach rechts und direkt wieder nach links abwärts in den Wald, in ein schmales, idyllisches Tal hinein. An einer T-Kreuzung halten Sie sich rechts. Unterwegs kommen Sie an einen Fischteich sowie eine kleine Marienkapelle, an der Sie links vorbeiwandern. Der Weg stellt sich hier als ein schmaler Pfad dar, der bei Feuchtigkeit rutschig sein kann. An einer Kläranlage treffen Sie auf einen Fahrweg, dem Sie zunächst nach links über eine kleine, mit einem Geländer versehene Brücke folgen, um dann unmittelbar dahinter rechts in einen Grasweg abzubiegen. Hier pilgern Sie an sieben Stationen der Freuden Mariens vorbei. Es dauert jetzt nicht mehr allzu lange, bis Sie über einen Parkplatz mit einer Camino-Infotafel die ✞ Wallfahrtskirche und das Kloster Maria Martental ❷ erreichen. ⦿ Die Buch- und Kunsthandlung (Di 14:00-16:00, Fr und Sa 16:00-17:00, So 12:00-17:00) hält den Pilgerstempel für Sie bereit. Sie finden ihn aber auch in der Wallfahrtskirche am Schriftenstand. Im Pilgerheim (☏ 026 53/989 00, wallfahrtsbuero@kloster-martental.de, www. martental.de, April-Oktober: Di-So 10:00-17:00, Nov-März: So 14:00-17:00) können Sie sich mit einer Mahlzeit versorgen.

✞ Wallfahrtskirche Maria Martental

Maria Martental blickt auf eine 800 Jahre währende Klostertradition zurück. Vermutlich wurde das Kloster bereits um 1141 vom Augustiner-Chorherrenstift Springiersbach gegründet. Die Geschichtsschreibung überliefert, dass der Trierer Erzbischof Johann I. im Jahr 1211 eine „Ewige Lampe" für den Hochaltar stiftete. Ab 1212 sind nur noch Augustinerinnen im „valle martirum" nachgewiesen. Da zu Beginn des 14. Jh. nur noch zwei Chorfrauen in Martental lebten, wurde das Stift wenige Jahre später durch den Papst aufgehoben. Weiterhin beliebt für Wallfahrten blieb jedoch die Kapelle der 10.000 Märtyrer. Sie wurde allerdings im Laufe der Zeit baufällig und stürzte 1817 ein.

1927 übernahmen die Herz-Jesu-Priester das Kloster und belebten ab 1934 mit dem Bau einer neuen Kirche die Wallfahrt neu. Bis in die 70er-Jahre des vergangenen Jahrhunderts war auch das Noviziat des Ordens in Martental beheimatet. Die Kommunität zählt heute zehn Ordensleute, die sich dem Dienst an den Pilgern und Besuchern des Wallfahrtsortes widmen. Neben der Pieta „Königin der Märtyrer im Tal der Märtyrer“ (Ende 15. Jh.) gibt es noch ein weiteres Überbleibsel aus früherer Zeit, nämlich die Jakobusglocke aus dem Jahr 1647, die nach der Säkularisierung im benachbarten Müllenbach als Schul- und Gemeindeglocke ihren Dienst verrichtete. Seit 1983 hat sie ihren Platz im Dachreiter der Wallfahrtskirche und erklingt täglich um 11:00 zum Gedenken an die Passion Jesu und um 15:00 zur Sterbestunde des Herrn.

Der Pilgerweg zieht sich von hier aus links an der Kirche und an einem von der St.-Matthias-Bruderschaft aufgestellten, großen Pilgerstein vorbei. Auf einem schmalen Waldweg am Sesterbach entlang gehen Sie einen Teil eines Kreuzweges. Nach einem kurzen Anstieg, an dem sich zu Ihrer Rechten ein altes Wegekreuz befindet, verläuft der Kreuzweg weiter nach rechts, während Sie auf dem Eifel-Camino linker Hand bleiben. Ab hier ist der Weg bis zu einer Holzbrücke sehr schmal und mit Schieferbruch versehen (☞ Fahrradpilger sollten die circa 500 m schieben). An der Brücke, die über einen kleinen Wasserfall – „Die Rausch“ genannt – führt, biegen Sie nach rechts auf einen breiten Waldweg in das Endert-tal ab. Sie pilgern durch Mischwald entlang des Endertbaches bis zur L52.

Fahrradpilgern wird aufgrund der Beschaffenheit des folgenden Abschnittes empfohlen, über die L52 nach Alflen zu fahren.

An der L52 müssen Sie Straße und Bach mittels einer Brücke überqueren und gleich dahinter nach links abbiegen. Sie befinden sich nun im Kondelwald. Nach einer Weile gehen Sie links über eine hölzerne Brücke über den Bach und an Rastbänken vorbei eine kurze Anhöhe hinauf und dann rechts weiter. Sie gelangen an einen befestigten Waldweg, dem Sie links folgen, und durchlaufen das Naturschutzgebiet **Wacholderheide Nassenberg**. Von nun an gewinnt der Camino ständig an Höhe.

An der kommenden Gabelung halten Sie sich rechts, ebenso an einer T-Kreuzung circa 200 m hinter einer umzäunten Teichanlage. Nach einer steilen Rechtskurve beschreibt der Weg eine 180-Grad-Linkskurve, den rechten Abzweig ignorieren Sie.

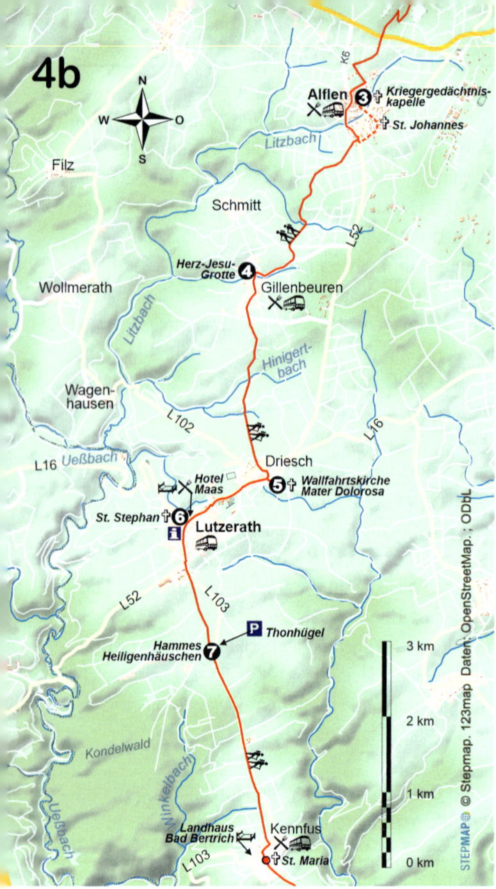

Am Ende des Anstieges wandern Sie geradeaus vorsichtig über die B259 in einen abwärtsführenden, asphaltierten Wirtschaftsweg. Vor einer Scheune biegen Sie nach links in eine Straße ab, die mit Bäumen gesäumt ist. An der nächsten Kreuzung gehen Sie nach rechts durch die Gartenstraße bis zur K6, dem Moselweg, und sind mitten in **Alflen** (800 Ew., ✉ 56828, ✕ BANK 🚌). Sie biegen nach links in die K6 ein und bleiben bis zum Ortsausgang auf dieser Straße. Unterwegs passieren Sie die ✝ ⊙ Kriegergedächtniskapelle ❸, wo sich der Pilgerstempel und eine Informationstafel befinden. Alflen führt übrigens im Gemeindewappen die Jakobsmuscheln der Metternicher Grafen.

🛏 ✕ Hotel Wilhelmshöhe, Wilhelmshöhe 4, 56766 Auderath, 3 km vom Weg (Hol- und Bringservice), ☎ 026 76/260, ✉ mail@hotel-wilhelmshoehe.de, 💻 www.hotel-wilhelmshoehe.de, EZ ab € 71, DZ ab € 103, inkl. Frühstück, 🐕 1 Hund € 10

✝ Kriegergedächtniskapelle

Es wird vermutet, dass die kleine Kirche bereits um 800 errichtet wurde. Nachweise hierfür konnten bisher jedoch nicht gefunden werden. Dennoch gibt es einiges Kurioses aus der Geschichte zu berichten. Nachdem die Franzosen bei ihrem

Feldzug im 18. Jh. die Kirche stark zerstört hatten, wurde sie anschließend als Spritzenhaus verwendet. Nach dem Ersten Weltkrieg plante die Bevölkerung von Alflen, allen voran Pastor Jung und Lehrer Dreiser, ein Denkmal zu Ehren der Gefallenen zu errichten. Auf einer Versammlung im Sommer 1919 erfolgte der Beschluss, dass hierfür nur die Kapelle infrage käme. Ein gutes Jahr später beschloss der Gemeinderat den Umbau des Spritzenhauses zur Gedenkkapelle. Nach einigem Hin und Her, auch durch Einsprüche der Baubehörden, konnte die Gedenkkapelle im August 1921 doch noch eingeweiht werden.

Einen weiteren Stempel erhalten Sie in Alflen in der katholischen Pfarrkirche St. Johannes der Täufer. Sie erreichen die Pfarrkirche, wenn Sie an der Kriegerkapelle rechts vorbei in die Kapellenstraße gehen, dieser geradeaus folgen und die L52 unterqueren. Nach der Unterführung gelangen Sie in die Kirchstraße, an deren Ende sich die Kirche befindet.

Katholische Pfarrkirche St. Johannes der Täufer

Eine Pfarrkirche in Alflen wurde erstmals um 1100 urkundlich genannt. In den folgenden Jahrhunderten wurde in verschiedenen Registern öfter das Patrozinium Johannes des Täufers erwähnt. Als die Truppen Ludwigs XIV. von Frankreich in die Eifel eindrangen, wurden die örtlichen Urkunden und Kirchenbücher zum Schutz in das Kapuzinerkloster in Cochem gebracht. Das Kloster fiel jedoch einem Feuer zum Opfer und damit auch die aufgezeichnete Historie der Pfarrei Alflen. Aufgrund der Armut der Bevölkerung wurde die Kirche baufällig und musste erneuert werden. Erst nach 20 Jahren Bautätigkeit konnte 1736 die Einweihung durch den Trierer Weihbischof Lothar Friedrich von Nalbach erfolgen. Die Kirche wurde zeitgenössisch im barocken Stil bestückt. Bewundernswert sind die inzwischen restaurierten Deckengemälde aus dieser Zeit von Heinrich Alken mit Darstellungen der sieben Sakramente. Zu Beginn des 20. Jh. wurde das barocke Inventar aus der Kirche entfernt und erst nach der Restaurierung 1950 bis 1954 wurden der barocke Altar und weitere Gegenstände aus anderen Kirchen nach Alflen gebracht.

Um wieder auf den markierten Eifel-Camino zu gelangen, wenden Sie sich nach rechts in den Pfarrweg und biegen nach rechts in die Straße Im Bungert in Richtung Grundschule ab. Die Straße wird zur Schulstraße und Sie erreichen die L52, die Sie nach rechts überqueren. Ab dort finden Sie wieder die gewohnten Markierungen.

Kurz vor der Einmündung der K6 in die L52 orientieren Sie sich nach rechts in eine Sackgasse und laufen vor einem Heiligenhäuschen erneut nach rechts an einer Schreinerei vorbei durch landwirtschaftliche Flächen. An der ersten Gabelung bleiben Sie links und laufen auf dem asphaltierten Wirtschaftsweg auf ein Wäldchen zu, an dem Sie gleich darauf links vorbeilaufen. Vor einem weiteren Waldstück wird der Wirtschaftsweg zu einem Feldweg, der sich durch Wiesen und Ackerland schlängelt. Schließlich erreichen Sie eine Landstraße, die Sie geradeaus überqueren. Es geht nach links an dem Unterstand einer Bushaltestelle vorbei auf die Zubringerstraße nach **Gillenbeuren** (220 Ew., ✉ 56825, 🚌 🍴), danach rechts weiter. Obwohl hier zumeist wenig Verkehr herrscht, seien Sie bitte wachsam und nutzen den linken Fahrbahnrand. Das Dorf mit seiner hübschen Herz-Jesu-Grotte ❹ liegt in einer Senke, was sich auch bei Ihrem Weg bemerkbar machen wird, denn nachdem Sie auf der Hauptstraße das Dorf durchlaufen haben, erwartet Sie noch ein kurzer, aber schweißtreibender Anstieg. Wenn die Straße nach links weiterführt, gehen Sie auf dem Wirtschaftsweg geradeaus. Nachdem Sie auf Höhe des Berghofes angekommen sind, geht es eine Weile abwärts.

Eifellandschaft

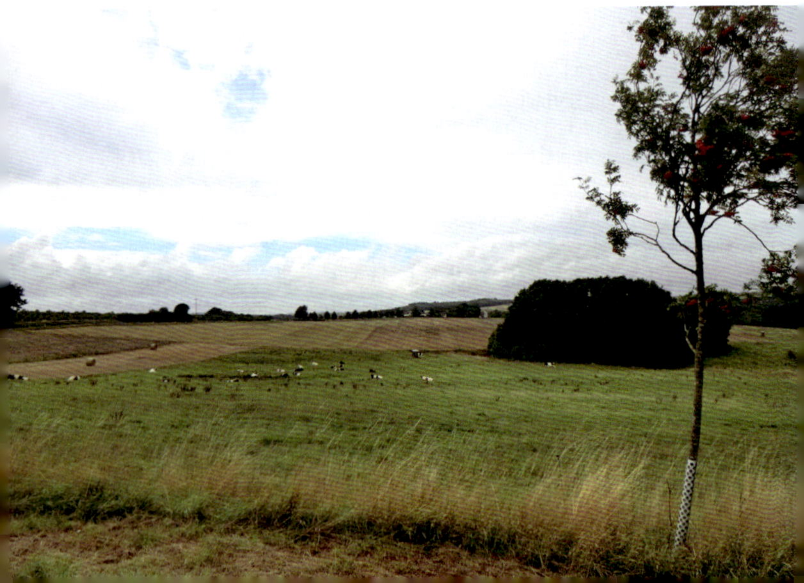

Von der Höhe können Sie bereits am Horizont bei guter Sicht die Kirchturmspitze von Driesch sehen. Sie durchlaufen erneut eine Senke und erklimmen einen kurzen Anstieg. Auch auf diesem Abschnitt ignorieren Sie sämtliche Abzweige. Erst an einer Schutzhütte biegen Sie rechts ab und überqueren den kaum noch sichtbaren Hinigertbach. An einer kleinen Wegkapelle hinter einem Gehöft können Sie nach dem gerade absolvierten Anstieg noch einmal durchatmen. Noch ein kurzes Stück aufwärts und Sie befinden sich in der Kapellenstraße des Lutzerather Ortsteils **Driesch**. Überqueren Sie die Koblenzer Straße und gehen Sie geradeaus weiter in die Oberdorfstraße. Dieser folgen Sie zunächst links, bevor sie einen Rechtsbogen beschreibt und auf die Driescher Straße stößt. Hier gehen Sie nach rechts, um an der nächsten Kreuzung nach links in die Rudolf-Schneiders-Straße abzubiegen und zur ✝ ⊙ Wallfahrtskirche Mater Dolorosa (💻 www.kirche-lutzerath.de, 🚪 täglich 10:00-17:00) ❺ zu gelangen.

✝ ⊙ Wallfahrtskirche Mater Dolorosa

In Lutzerath-Driesch wartet ein kostbares Meisterwerk des Barocks auf Sie: der Bitter-Leidens-Altar in der Wallfahrtskirche Mater Dolorosa. Die Kirche wurde Mitte bis Ende des 15. Jh. von Rittern der Umgebung erbaut, um der Verehrung eines Gnadenbildes aus der Zeit um etwa 1380-1430 einen würdigeren Rahmen zu geben. Schon beim Betreten der Kirche fällt der Blick auf den imposanten dunklen Hochaltar. Der dreigestaffelte Schnitzaltar wurde vermutlich im ausgehenden 17. Jh. durch den sehr gläubigen Schreinermeister Bartholomäus Hammes aus Alflen geschaffen. Er soll für die Fertigstellung des filigranen Kunstwerkes annähernd 30 Jahre benötigt haben.

In Richtung Lutzerath brauchen Sie nur noch zurück bis zur letzten Kreuzung und dort durch die Unterdorfstraße bis zur L16 zu wandern. Nehmen Sie den Fußgängerweg zu Ihrer Linken, der Sie am Schulzentrum vorbei und in die Trierer Straße führt.

Lutzerath 1.475 Ew., ✉ 56826, 🛏 ✕ 🛒 BANK ⚕ 🚌

ℹ Verkehrsverein Lutzerather Höhe e.V., Trierer Straße 36, ☎ 026 77/91 00 33, ✉ touristinfo.lutzerath@t-online.de, 💻 www.lutzerath.de, 🚪 Apr-Okt: Mo-Fr 9:30-11:00, Nov-März: Mo-Do 9:30-11:00

🛏 ✕ ⊙ Hotel Maas, Trierer Straße 30, am Weg, ☎ 026 77/936 30, ✉ service@hotel-maas.de, 💻 www.hotel-maas.de, EZ ab € 52, DZ ab € 96, inkl. Frühstück

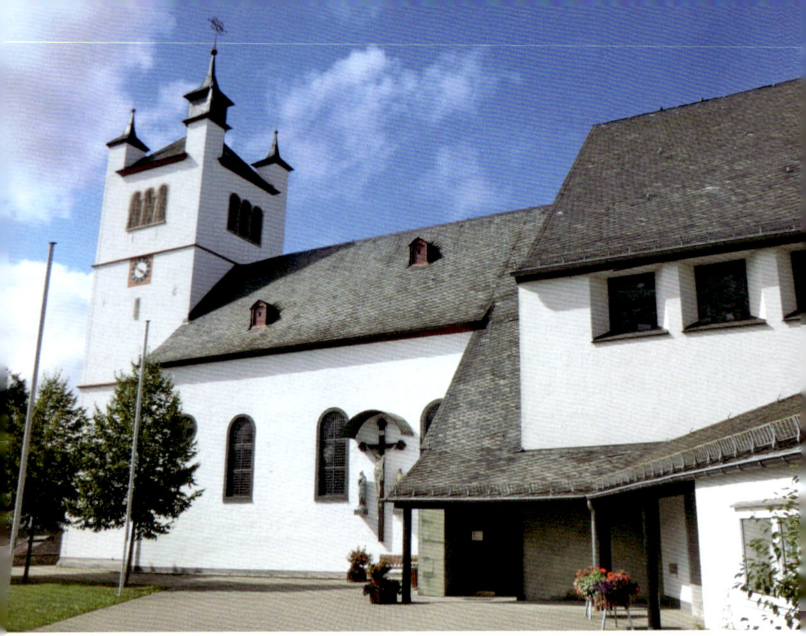

Katholische Pfarrkirche St. Stephanus

✝ Katholische Pfarrkirche St. Stephanus

Die Kirche wurde bereits 1097 in einer Urkunde des Simeonstiftes in Trier erwähnt. Es folgt eine wechselhafte Geschichte. Sie wurde als Pfarrkirche St. Stephan in einem Register in Trier im Jahr 1552 aufgeführt. Über die mittelalterliche Kirche ist leider nur wenig bekannt. Im Jahr 1657 muss sie sich in einem elendigen Zustand befunden haben. Nach Brand und Zerstörung wurde die Kirche ab 1775 wiederaufgebaut und 1781 eingeweiht. Der Glockenturm wurde 1818/1819 neu erbaut und gilt heute als Wahrzeichen von Lutzerath. Bereits im Jahr 1889 bestanden Pläne, die Kirche zu erweitern. Ein schon 1892 gegründeter und 1955 wieder aktivierter Kirchenbauverein nahm es in die Hand, die Kirche umzubauen. Im Oktober 1962 erfolgte der erste Spatenstich und am 8. August 1964 konsekrierte Weihbischof Karl Schmidt aus Trier die Pfarrkirche und den Altar. Eine schöne Zeltdecke aus Lärchenholz verbindet nun das alte mit dem neuen Schiff. Die geschnitzte Kanzel im Rokokostil stammt ebenso wie das Gemälde des Wandbrettes und zwei Beichtstühle aus der Zeit um 1775. Der Altar aus Juramarmor bildet den Mittelpunkt im neuen Chorraum. Der in Aachen gefertigte Tabernakel stellt ein weithin sichtbares Juwel im rechten Chorraum dar.

Es geht weiter an der ✝ katholischen Pfarrkirche St. Stephanus ❻, wo sich ein von der St.-Matthias-Bruderschaft Mayen gestifteter Pilgerstein befind vorbeiet. Auf dem Weg zum Ortsausgang kommen Sie an einer kleinen Kapelle vorbei. Sie überqueren vor einem Supermarkt eine Straße und stehen vor einer Pilgerstele. Nun folgen Sie dem rechts von der L103 abzweigenden, asphaltierten Feldweg in Richtung Kennfus. Hier hat die Gemeinde etwas für die Artenvielfalt getan: Zu beiden Seiten des Weges wurden breite Streifen mit bienenfreundlichen Pflanzen angelegt. An einer Gabelung mit Ruhebank gehen Sie weiter geradeaus bis zum Parkplatz Thonhügel, wo sich Hammes Heiligenhäuschen ❼ mit der Darstellung einer Schmerzhaften Muttergottes befindet. Folgen Sie dem Weg an einem Hundeplatz vorbei und überqueren Sie vorsichtig die stark befahrene L103. Auf der anderen Seite nutzen Sie den Fahrradweg nach rechts. Erst hinter dem Lucienhof wechseln sie erneut die Seite und laufen leicht aufwärts zur Kennfuser Höhe, auf deren Spitze Sie eine Marienkapelle erwartet. Am Horizont erscheint bereits die Silhouette von Kennfus. Der Fahrradweg verlässt die Straße und bringt Sie durch Felder und an einem Gehöft vorbei nach Kennfus (500 Ew., ✉ 56864, 🛏 ✕ 🚌), ein eingemeindeter Ortsteil von Bad Bertrich, das Sie am nächsten Tag erreichen werden.

Biegen Sie nun an der Hauptstraße nach rechts ab und laufen an der nächsten Kreuzung nach links bis zur ✝ ⦿ katholischen Filialkirche St. Maria, ein bunt ausgestalteter neugotischer Saalbau von 1904.

🛏 ⦿ Landhaus-Pension Bad Bertrich, Hauptstraße 42, 300 m vom Weg,
☎ 026 74/546, ✉ info@landhaus-bad-bertrich.de,
💻 www.landhaus-bad-bertrich.de, EZ und DZ von € 40 bis € 50 p. P., inkl. Frühstück

5. Etappe: Von Kennfus nach Wittlich

24,6 km, 6 Std., ↑ 333 m, ↓ 583 m, 162-412 m

0,0 km	⇧ 401 m	Kennfus (St.-Maria-Kirche) 🛏 ✕ 🚌
2,9 km	⇧ 164 m	Bad Bertrich (Tourist-Info) ℹ 🛏 ✕ ☕ BANK ⚕ ✚ 🚌
6,5 km	⇧ 388 m	Hontheim (St.-Margaretha-Kirche) ✕ BANK 🚌
8,8 km	⇧ 408 m	Wispelt 🛏 🚌
13,6 km	⇧ 188 m	Olkenbach (Kapelle) 🚌
14,7 km	⇧ 177 m	Bausendorf (St.-Servatius-Kirche) BANK 🚌
19,4 km	⇧ 202 m	Neuerburg (St.-Nikolaus-Kirche) 🚌
24,6 km	⇧ 162 m	Wittlich (St.-Markus-Kirche) ℹ 🛏 ✕ ☕ 🛒 BANK ⚕ ✚ 🚆 🚌

Heute geht es zunächst abwärts zu der in einem Vulkankessel gelegenen Kurstadt Bad Bertrich. Versorgen Sie sich spätestens hier mit Getränken und Verpflegung, denn es gibt bis Wittlich kaum Einkaufsmöglichkeiten. Es schließt sich ein schweißtreibender Anstieg nach Hontheim an, danach haben Sie überwiegend ein bequemes Höhenprofil vor sich. Für die Fahrradpilger gibt es zwei Ausweichrouten für unpassierbare Abschnitte.

Nach dem Kirchenbesuch verlassen Sie Kennfus über die Moselblickstraße. Sie laufen direkt auf eine Schutzhütte zu. Nehmen Sie den rechts davon beginnenden asphaltierten Weg, der steil abwärts führt. Bald passieren Sie die Falkenlay-Hütte mit Grillplatz. Circa 100 m dahinter, am zweiten Abzweig zu Ihrer Linken an einer Basaltstele mit gelber Jakobsmuschel, gehen Sie nach links auf einen Waldpfad an der Hangkante mit zum Teil felsigem Untergrund. Auf dem unterhalb des Palmberges verlaufenden Pfad verbleiben Sie bis Bad Bertrich. Unterwegs bietet sich an einem Aussichtspunkt ein erster Blick ins Tal. Achten Sie auch einmal auf die Vegetation am Wegesrand, denn kurz vor dem Kurort finden Sie größere Vorkommen von natürlichem Buchsbaum. Am Ende des Pfades erreichen Sie an einem Kreisverkehr die ℹ ⊙ Tourist-Information ❶, die gleichzeitig Stempelstelle ist.

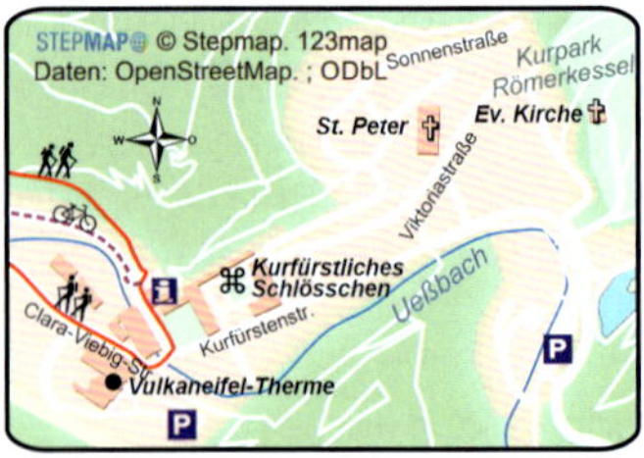

Weg durch Bad Bertrich

Bad Bertrich 620 Ew., 56864,

ℹ ⊙ GesundLand Tourist-Information, Kurfürstenstraße 32, ☏ 026 74/93 22 22, bad-bertrich@gesundland-vulkaneifel.de, www.bad-bertrich.de, April-Okt: Mo-Fr 9:00-17:00, Sa 10:00-13:00, Nov-März: Mo-Fr 9:00-17:00

Pension Entersburg, Kurfürstenstraße 2, 250 m vom Weg, ☏ 026 74/902 59, pensionentersburg@gmail.com, www.pension-entersburg.business.site, DZ ab € 60, inkl. Frühstück

Bad Bertrich liegt in einem geschützten Talkessel und ist seit jeher als Kurort bekannt. Die römischen Kaiser des ausgehenden 4. Jh. hatten die heilenden Kräfte der Glaubersalzquelle erkannt und errichteten in Bertriacum bereits prächtige Badehäuser.

In einer Urkunde des Erzbischofs von Trier, Egilbert von Rothenburg, wurde 1097 erstmals eine Kirche in Bertriche erwähnt. Nach der französischen Herrschaft im ausgehenden 18. Jh. wurde Bad Bertrich auf dem Wiener Kongress den Preußen zugeschrieben und zum Staatsbad erhoben. Noch heute bestimmt der Kurbetrieb das Leben, obwohl einige Rehabilitationskliniken ein weiteres wirtschaftliches Standbein darstellen. Während der Fußball-Weltmeisterschaft 2006 bezog die Schweizer Nationalmannschaft in Bad Bertrich ihr Quartier.

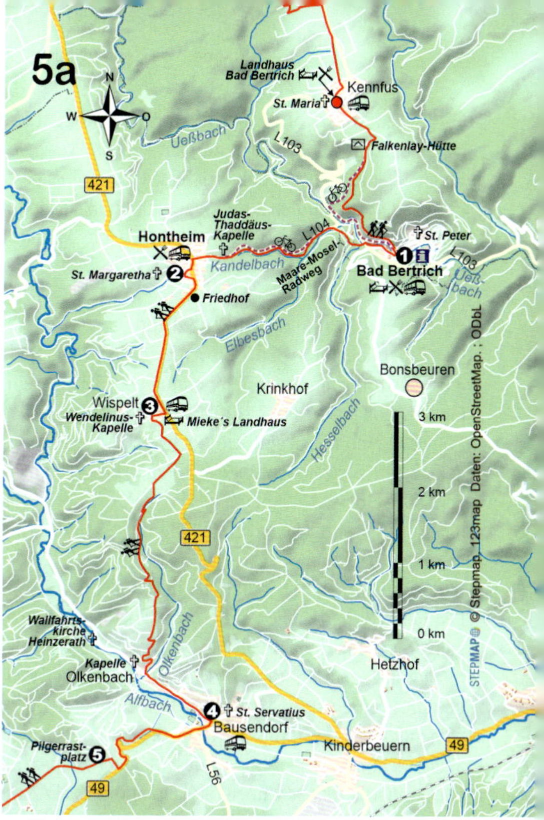

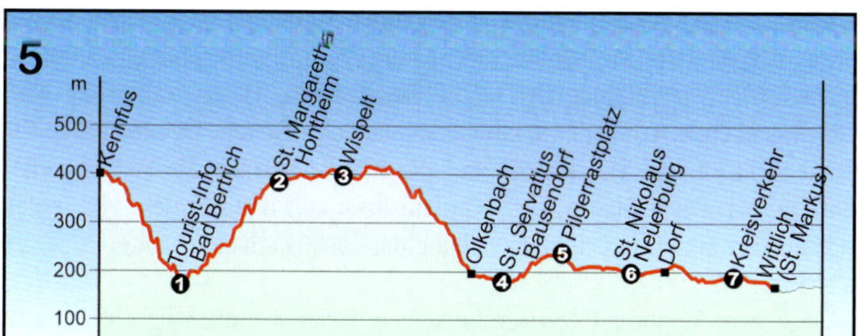

⌘ Kurfürstliches Schlösschen und Kurpark Römerkessel

Das Gebäude wurde von Kurfürst Clemens Wenzeslaus 1787 im Barockstil als Sommer- und Jagdresidenz errichtet. Heute ist es das Wahrzeichen von Bad Bertrich und bietet mit den ausgedehnten Kuranlagen mit Kurgarten, Kursaalgebäude, Naturpark Römerkessel und Alleegarten die Möglichkeit zur Entspannung und Erholung.

⌘ Glaubersalz-Trinkbrunnen

Die Bergquelle von Bad Bertrich, eine Natrium-Hydrogencarbonat-Sulfat-Therme, entströmt mit einer Temperatur von 32° C dem vulkanischen Gebirge der Eifel. Schon vor rund 2.000 Jahren wurde diese wertvolle Heilquelle von den Römern erkannt, mit großem Sachverstand gefasst und gesichert. Schon in den damaligen Badeeinrichtungen konnte das Thermalmineralwasser heilwirksam genutzt werden. Auch heute wird das Wasser der Glaubersalz-Therme mit Erfolg für Vorsorge und Wiederherstellung der Gesundheit verwendet.

✞ Katholische Pfarrkirche St. Peter

Die heutige Pfarrkirche wurde unter Pastor Jakob Schneider an Stelle einer Vorgängerkirche in den Jahren 1868/1869 im neoromanischen Stil erbaut. Sie konnte allerdings erst im Mai 1897 durch den Trierer Weihbischof Karl Ernst Schrod geweiht werden. König Friedrich Wilhelm IV. regte persönlich den Bau des frei stehenden Glockenturms an. Über dessen Portal ist ein Stein von der alten Kirche angebracht, der das Wappen des Mainzer Erzbischofs Emmerich Joseph zeigt. Dieser hatte, damals noch als Dompropst, 1773 den zerstörten Chorraum erneuern lassen.

Im Laufe der Zeit traten an dem Gotteshaus erhebliche Schäden auf. Zudem erwies sich die Kirche durch den ansteigenden Kurbetrieb als zu klein. So wurde in den Jahren 1969 bis 1971 unter der Regie von Pastor Nikolaus Flesch eine umfassende Umgestaltung der Kirche durchgeführt. Hierzu wurde die hintere Längswand entfernt und der Kirchenraum deutlich erweitert. Der ehemalige Chorraum dient jetzt als Taufkapelle und die frühere Sakristei als Seitenkapelle zu Ehren des heiligen Blasius, des Schutzheiligen von Bad Bertrich. Hier befindet sich auch eine viel besuchte Darstellung der „Schmerzhaften Mutter".

☺ Bevor Sie Ihren Pilgerweg fortsetzen, bietet sich die Möglichkeit zu einer Pause in einem der zahlreichen gemütlichen Cafés in der Kurfürstenstraße.

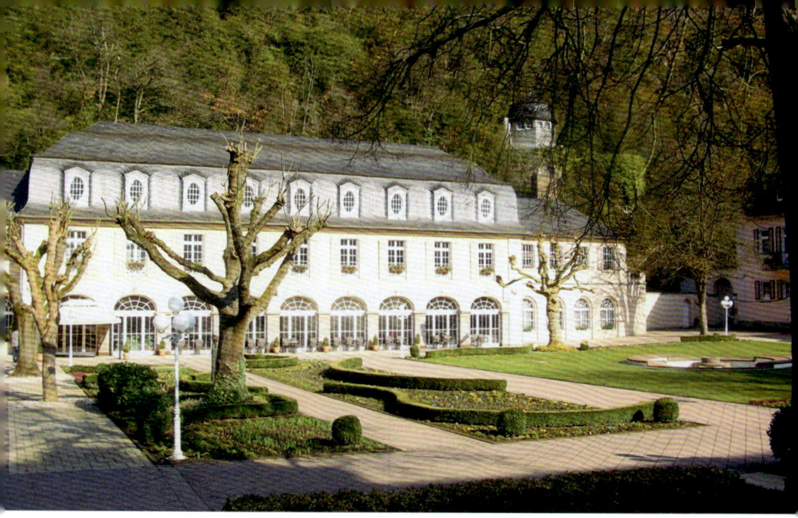

Kurfürstliches Schlösschen

Der Eifel-Camino biegt an der Vulkaneifel-Therme nach rechts in die Clara-Viebig-Straße ab und führt an einer der zahlreichen Rehakliniken vorbei. Kurz hinter einer kleinen Marienkapelle biegen Sie nach rechts auf einen schmalen Weg oberhalb des Ueßbaches ab. An dessen Ende unterqueren Sie die L103 und gehen am inzwischen geschlossenen Diana-Freibad vorbei. Dahinter müssen Sie rechter Hand ein kurzes Steilstück überwinden und erreichen eine weitere Klinik. Den dazugehörigen Parkplatz lassen Sie rechts liegen und bleiben auf der Zufahrtsstraße bis zur L104. Ab der dortigen Pilgerstele begleiten Sie die Straße zunächst auf einem Grünstreifen neben der Fahrbahn. Schon bald dürfen Sie nach links in einen abfallenden Waldweg abbiegen, der als Maare-Mosel-Radweg gekennzeichnet ist.

☺ 🚲 Aufgrund seiner Beschaffenheit und einiger nicht beseitigter Sturmschäden ist der Weg für Fahrradfahrer nicht zu empfehlen. Bleiben Sie besser bis Hontheim auf der leider ansteigenden L104.

An der ersten T-Kreuzung und an der folgenden Gabelung biegen Sie jeweils nach rechts ab. Sie wandern hier entlang des Kandelbaches leicht bergauf und treffen mitten im Wald auf eine Kläranlage. Ab dort erwartet Sie ein circa 500 m langer, steiler Anstieg auf einem asphaltierten Wirtschaftsweg bis zur L104.

Auf der anderen Straßenseite befindet sich die Judas-Thaddäus-Kapelle aus dem Jahr 1849. Bleiben Sie erneut auf dem Grünstreifen links neben der Straße, bis Sie in **Hontheim** (830 Ew., 54538, BANK) eine Kreuzung erreichen, an der Sie links weitergehen.

Wechseln Sie nun die Straßenseite und gehen Sie an einem Brunnen und einem Unterstand rechts in die Kirchstraße und bis zur katholischen Pfarrkiche St. Margaretha ❷. Bei der Kirche handelt es sich um einen sechsachsigen Saalbau aus der Mitte des 19. Jh., der noch Reste des barocken Vorgängerbauwerks mit spätgotischem Chor enthält. Der Pilgerstempel befindet sich am Schriftenstand.

Von der Kirche aus gehen Sie links über die Straße Im Allen weiter bis zur B421, der Sie rechts bis Wispelt folgen müssen. Zunächst pilgern Sie auf einem schmalen, abgetrennten Streifen direkt neben der Fahrbahn. Auf der anderen Straßenseite erkennen Sie eine kleine, sehenswerte Kapelle mit einer Mariengrotte, direkt dahinter liegt der Hontheimer Friedhof. An der nächsten Linkskurve treffen Sie auf eine weitere Kapelle. Ab hier können Sie einen Grünstreifen unterhalb der Fahrbahn begehen. Es folgen noch zwei weitere Kapellen unmittelbar an der Straße. Im Hontheimer Ortsteil **Wispelt** (50 Ew., 54538) ❸ biegen Sie hinter dem Haus mit der Nummer 8 rechts ab in die Dorfstraße und folgen ihr bis zur nächsten Kreuzung, an der sich eine Garage mit Holztoren befindet.

Mieke´s Landhaus, Dorfstraße 3, 100 m vom Weg, 026 74/395, info@miekeslandhaus.de, www.miekeslandhaus.de, EZ ab € 49, DZ ab € 78, inkl. Frühstück, 1 Hund € 7,50

Ab hier könnten Sie auch noch ein paar Schritte weiter geradeaus gehen bis zur Wendelinus-Kapelle, die aber meistens verschlossen ist.

Orientieren Sie sich an dieser Kreuzung nach links und an der folgenden mit Ruhebank nach rechts, um das landwirtschaftlich geprägte Dorf über einen asphaltierten Feldweg zu verlassen. Sie gehen hier durch ausgedehnte Weideflächen bis zu einem bereits von Weitem sichtbaren Jakobuspilgerstein der St.-Matthias-Bruderschaft Mayen am Waldrand. Nehmen Sie den in den Wald führenden geteerten Weg rechts neben dem Stein und bleiben Sie auf diesem. Am Ende des Zaunes einer Weide werden Sie auf einen Wiesenweg nach links in den Wald geleitet.

Hier befindet sich ein vom Eifelverein Bausendorf gesetzter Pilgerstein aus Granit mit gelber Jakobsmuschel und Richtungspfeil, weitere folgen bis Bausendorf.

Aufgrund mangelnder Alternativen sollten Fahrradfahrer auf den folgenden circa 500 m mit holprigem und weichem Untergrund ihr Rad besser schieben.

Bleiben Sie bis zur ersten Möglichkeit zum Linksabbiegen auf dem eingeschlagenen Weg. Sie stoßen nach einer 180-Grad-Linkskurve auf einen breiten Waldweg, dem Sie nach rechts folgen. An den nächsten drei Weggabelungen nehmen Sie zunächst den rechten, dann den linken und abschließend erneut den rechten Abzweig. An einer umzäunten Schonung treffen Sie auf eine Kreuzung, an der Sie links abwärts weitermarschieren. Schauen Sie hin und wieder auch einmal in die Höhe: Sie werden dort Vogelnistkästen und Fledermausquartiere entdecken, die zusätzlich mit den Wegmarkierungen versehen sind. Diese wurden im Rahmen des Projektes „Artenschutz am Pilgerweg“ aufgehängt. Halten Sie sich rechts, bis an einer eingezäunten Schonung eine Asphaltstraße beginnt. Sie erreichen die ersten Häuser vom Bausendorfer Ortsteil **Olkenbach** und stehen nach einigen Serpentinen in der Heinzerather Straße.

Bei Interesse können Sie der ✝ Wallfahrtskirche Heinzerath einen Besuch abstatten. Die erreichen Sie, indem Sie nach rechts gehen (circa 800 m). Das Kirchlein ist jedoch im Regelfall verschlossen. Unterwegs (nach circa 200 m) kommen Sie zudem noch an der Olkenbacher Kapelle vorbei.

✝ Kapelle Olkenbach

Laut kirchlichen Aufzeichnungen wurden im Jahr 1856 dreihundertfünfzig Taler zum Bau einer Betkapelle in Olkenbach aus dem Vermögen der Heinzerather Kirche entnommen. Über dem Kapellenraum, der Zimmerhöhe hatte, wurde ein Bürgersaal errichtet. Nach dem Ersten Weltkrieg, als die Soldaten aus dem Krieg zurückkehrten und neue Familien gründeten, herrschte allgemeine Wohnungsnot. Der Bürgersaal und der darunterliegende Kapellenraum wurden als Wohnungen genutzt. Im Mai 1927 brach in der oberen Wohnung (Bürgersaal) ein Feuer aus. Durch das Feuer wurden der Bürgersaal, der Dachstuhl und die seitlich angebaute private Scheune vernichtet. Die Kapelle wurde ohne Bürgersaal wieder aufgebaut. Seit dieser Zeit dient sie nur noch zum Gebet. Sie ist inzwischen im Besitz der Gemeinde.

✝ Wallfahrtskapelle Heinzerath

Heinzerath war ein Ort, der wohl durch den Dreißigjährigen Krieg und seine Folgen ausgestorben ist. Die Kapelle selbst hat eine weit zurückreichende Geschichte. Das Kirchenschiff wurde in romanischer Bauform errichtet, was darauf hindeutet, dass es im 12. oder 13. Jh. entstanden ist. Um 1709 wurde der Chor im spätgotischen Stil angebaut. Der Altar stammt aus der Werkstatt des berühmten Bildhauers Carl Ruprecht Hoffmann und wurde auf Wunsch einiger Stifter um 1610 erschaffen. Erwähnt wurde die Kapelle Heinzerath bereits 1475 in einem Visitationsbericht, in dem es heißt: „Auch ist eine Kapelle in Heinzerath, und die gehört zur Pfarrkirche Hontheim." Die Kirche gehörte bis zum Jahr 1803 zur Pfarrkirche Hontheim und diente den Bürgern aus Heinzerath und Olkenbach als Gotteshaus. Dann wurde sie aus der Pfarrei Hontheim gelöst und der Pfarrei Bausendorf zugeteilt.

Gehen Sie circa 1 km nach links durch die Wyttenbachstraße bis zu einer großen Kreuzung im Zentrum von **Bausendorf** (1.350 Ew., ✉ 54538, ✕ BANK 🚌), an der sich auch die ✝ ⊙ katholische Pfarrkirche St. Servatius ❹ befindet.

✝ Katholische Pfarrkirche St. Servatius

Es wird vermutet, dass es bereits im 8. Jh. eine Kapelle in Bausendorf gegeben hat. Aber erst aus dem Jahr 1220 gibt es eine erste urkundliche Erwähnung in dem Buch der Bischöflichen Rechte mit einem Steuervermerk für die Kapelle Bausendorf. Gut 300 Jahre später wurde nach dem Bau mehrerer Nachfolgekirchen über eine größere Kirche mit drei Altären berichtet. Im 17. und 18. Jh. schien das Gotteshaus in einem sehr schlechten baulichen Zustand zu sein. 1719 wurden Schiff und der noch heute bestehende Turm neu errichtet. Rund 100 Jahre später wurde die Kirche wohl aus Kapazitätsgründen erneuert. Ein Brand am 10. Juli 1865 zerstörte das Kirchenschiff völlig. Vom Inventar konnten nur einige wenige Gegenstände gerettet werden. Nur zwölf Monate später konnte aber bereits die neue Kirche eingesegnet werden. In den Jahren 1925 bis 1941 wurden die einfachen Fenster gegen bunte Glasfenster mit biblischen Darstellungen aus der Werkstatt der Glasmalerei Binsfeld aus Trier ausgetauscht. Die Kirche wurde danach noch mehrfach umgebaut und erscheint heute in einem sehr nüchternen Stil. Die drei neogotischen Altäre des Bausendorfer Altarbauers Paul Raskob wurden zu Beginn der 1960er-Jahre als „minderwertig und schlecht" angesehen und aus der Kirche entfernt. Heute schmückt den Altarraum ein Mosaik aus der Emmaus-Geschichte. Weitere sehenswerte Einrichtungsstücke sind eine aus Fatima stammende Marienstatue und ein großes Kruzifix.

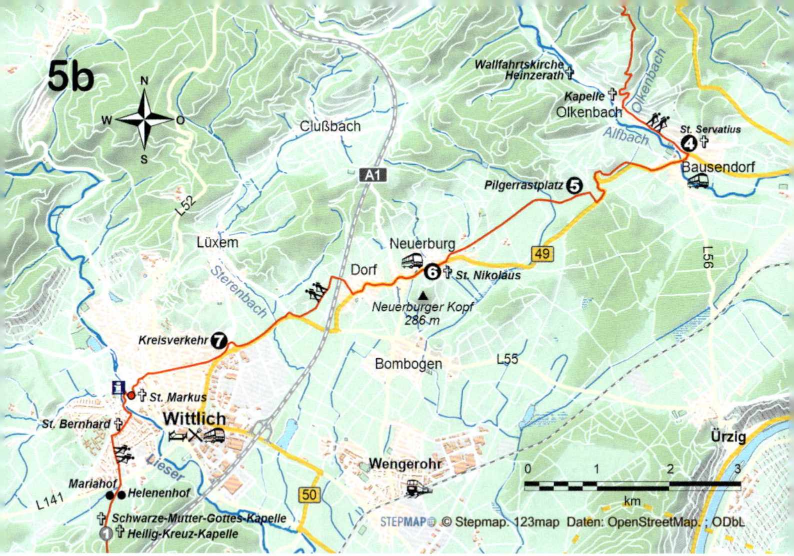

Die Kirche im Rücken gehen Sie in die Trierer Straße in Richtung Wittlich. Hinter den letzten Häusern beginnt ein Fahrradweg parallel zur B49 und bringt Sie auf die Höhe. Am Ende des Fahrradweges biegen Sie in einen Feldweg in Richtung eines Strommastes ein und nehmen direkt den nächsten Abzweig nach links. Hier befindet sich auch ein Pilgerrastplatz ❺ mit einem Wegweiser aus Sandstein, der von der Stadt Wittlich eingerichtet wurde. Diese Steine werden Ihnen bis hinter Wittlich immer wieder helfen, den richtigen Weg zu finden. Ab hier laufen Sie auf einem breiten Wirtschaftsweg geradewegs auf den Wittlicher Stadtteil Neuerburg zu.

Schon von Weitem wird Ihnen der 286 m hohe, kegelförmige Neuerburger Kopf ins Blickfeld kommen. Zunächst gehen Sie an einem Bolzplatz vorbei, dann über die Akazienstraße rechts in die Eichenstraße (B 49). Dort befindet sich die katholische ✞ Filialkirche St. Nikolaus, eine vierjochige neugotische Saalkirche aus den Jahren 1872/73 ❻. Sie bleiben an der Bundesstraße und durchqueren den Stadtteil Dorf bis zur Straße Weißer Weg. Hier biegen Sie rechts ab. Am Ende der Straße nutzen Sie die Unterführung der Autobahn. Jetzt ist es nicht mehr weit bis ins Zentrum von Wittlich. Zunächst durchlaufen Sie eine Weihnachtsbaumkultur und biegen danach auf dem Asphaltweg links ab. Auf diesem Asphaltweg, der durch Ackerland führt, erreichen Sie die B49. An dieser bleiben Sie nun eine Weile auf dem kombinierten Fuß- und Fahrradweg bis zu einem Kreisverkehr ❼, den Sie umlaufen. In der Nähe befindet sich ein großer Supermarkt.

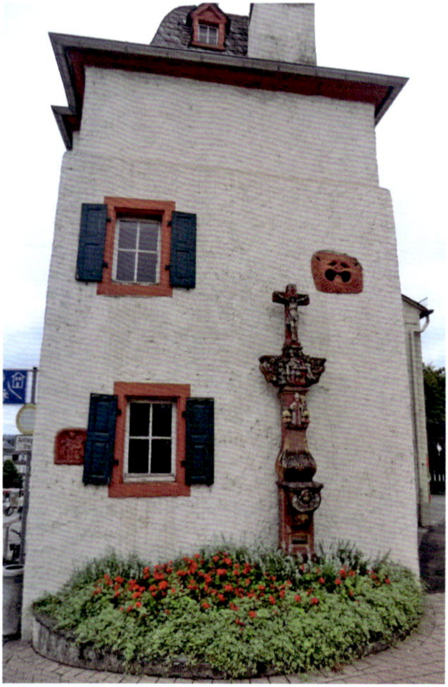

Historisches Türmchen in Wittlich

Schließlich befinden Sie sich in der Friedrichstraße, die zu beiden Seiten von Gewerbebetrieben flankiert ist. Kurz hinter einem weiteren Kreisverkehr stehen Sie in der Burgstraße vor dem historischen Türmchen mit seiner markanten Löwenfratze auf Höhe des ersten Obergeschosses. Es stellt gleichzeitig den Eingang in die Altstadt von Wittlich dar. Sie bleiben geradeaus auf der Burgstraße bis zu einem kleinen Platz, auf dem sich am Boden ein Mosaik des Wittlicher Stadtwappens befindet. Hier biegen Sie nach links in die Karrstraße und nach wenigen Schritten auf Höhe eines auf der linken Seite stehenden Backsteinhauses nach rechts in eine kleine Gasse ab. Dort erreichen Sie Ihr heutiges Etappenziel, die ✝ ⊙ barocke Pfarrkirche St. Markus und eine Infotafel zum Eifel-Camino. Den Pilgerstempel finden Sie in der Kirche an einer Info-Säule oder erhalten ihn nebenan im Pfarrbüro (täglich Mo-Mi u. Fr 8:00-12:15 u. 14:00-16:00, Do 14:00-16:00).

Wittlich 17.760 Ew., 54516

ⓘ ⊙ Moseleifel Touristik e.V., Marktplatz 5, ☎ 065 71/40 86, info@moseleifel.de, www.moseleifel.de, Mo-Fr 9:00-13:00 u. 14:00-17:00, Sa 9:00-13:00

⊙ Gästehaus La Roseraie, Trierer Landstraße 7, 100 m vom Weg, ☎ 065 71/37 54, teusch-martins@t-online.de, www.laroseraie-forsthaus.de, EZ ab € 50, DZ ab € 70, inkl. Frühstück

✕ ⊙ Restaurant Daus, Karrstraße 19, ☎ 026 71/916 20, info@restaurant-daus.de, www.restaurant-daus.de, täglich 11:00-14:30 u. 17:00-22:00, Mi nur 11:00-14:30

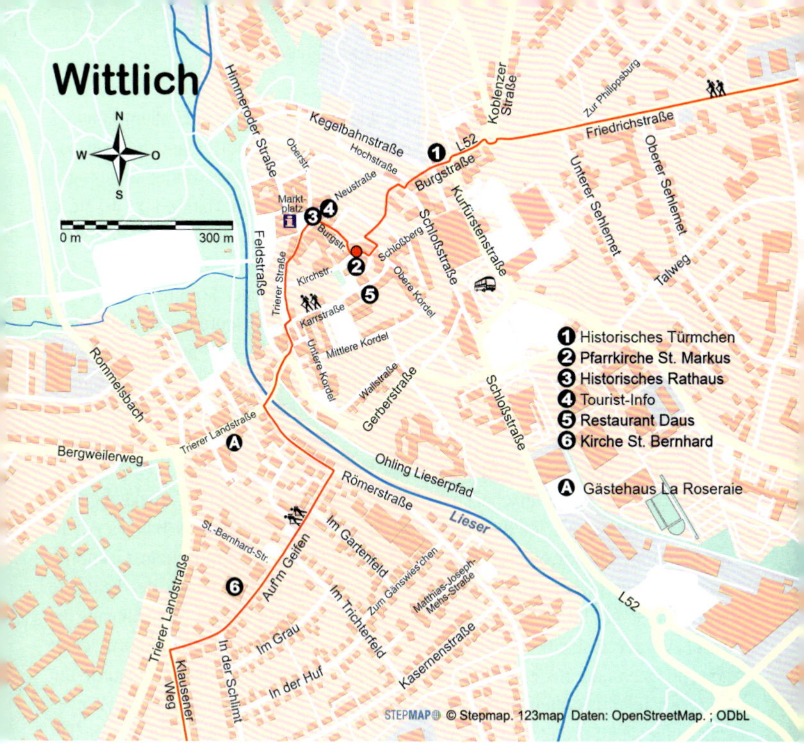

Das Wittlicher Becken wurde aufgrund seiner exponierten Lage schon sehr früh besiedelt, was durch Funde von Steinwerkzeugen aus der Zeit um 3000 v. Chr. belegt ist. Nach dem erfolgreichen Feldzug von Julius Caesar (58-51 v. Chr.) wurde die Region Bestandteil der römischen Provinz Gallica Belgica. Schon bald wurde mit dem Bau der Verbindungsstraße zwischen Trier und Andernach begonnen. Rund 450 Jahre später endete die große Zeit der Römer, die von den Franken abgelöst wurden. Im Laufe der Zeit fielen Teile der Region unter die Herrschaft des Erzbistums Trier und der Grafschaft Luxemburg, was immer wieder zu Konflikten führte. Der erste urkundliche Nachweis von Wittlich stammt aus dem Jahr 1065.

Im Jahr 1397 wurde die Stadt von Friedrich von Ehrenburg belagert, eingenommen und schließlich niedergebrannt. Eine Sage erzählt, wie es den Belagerern gelang, die Befestigung zu durchbrechen: Der Torwächter konnte einmal den Riegel zum Verschließen eines Stadttores nicht finden.

Als Ersatz nahm er eine Rübe und verriegelte so das Tor. Zu allem Unglück brach eine Sau aus ihrem Stall aus, fand die Rübe am Stadttor und fraß sie auf. Daraufhin stürmten die Angreifer die Stadt. Nachdem diese wieder abgezogen waren, trieben die Wittlicher vor lauter Zorn alle Säue zum Marktplatz, wo sie in einem lodernden Feuer bei lebendigem Leib verbrannt wurden. Noch heute wird im August die Säubrennerkirmes gefeiert. Ende des 18. Jh. wurde Wittlich in das französische Verwaltungssystem integriert, bis beim Wiener Kongress die Zugehörigkeit zur preußischen Rheinprovinz festgelegt wurde. Heute hat sich vor allem Industrie rund um die Kreisstadt angesiedelt, vornehmlich aus den Sparten Lebensmittel, Autoreifen und Technik. Zudem befinden sich in Wittlich das älteste deutsche Jugendgefängnis (1912 errichtet) und eine Justizvollzugsanstalt.

⌘ Historisches Türmchen mit Wegkreuz

Das Türmchen ist der ansehnlichste Rest der auf das Jahr 1317 zurückgehenden Stadtbefestigung. Als Teil der ehemaligen Burgtoranlage diente der Bau als Wächterwohnung. Der zweigeschossige Putzbau auf etwa quadratischem Grundriss trägt eine geschweifte Haube. Die sandsteingerahmten Fenster an der Feldseite wurden erst im 19. Jh. eingesetzt. Das kleinere Fenster über dem Eingang ist älter. An der Ostseite befinden sich ein ehemaliges Guckloch in Form einer Löwenfratze und ein kleines Pieta-Relief. Das Schaftkreuz an der Seite wurde um 1970 anstelle des alten Burgtorkreuzes aufgestellt. Das ursprünglich in Wengerohr aufgestellte Kreuz wurde 1703 von Bernhardt Otto gestiftet. Auf dem Schaft ist der heilige Bernhard als Namenspatron des Stifters dargestellt.

⌘ Historisches Rathaus und Posthalterei am Marktplatz

Der Marktplatz ist ein kunstgeschichtliches Kleinod mit den schönsten unter den vielen über die Stadt verstreuten Patrizierhäusern. Gegenüber vom Alten Rathaus steht der prächtige Renaissancebau „Zum Wolf“, heute ein Hotel. Diese Schöpfung der bedeutenden Wittlicher Steinmetz-Architekten Conrad und Sebastian Wolf wurde Ende des 17. Jh. für den Ersteren als Wohnhaus erbaut. Daneben befindet sich ein schlichter Barockbau des 18. Jh., das ehemalige Haus Neuerburg. Das Alte Rathaus ist ein imposanter, nach dem Stadtbrand von 1647 errichteter Renaissancebau. Es wurde 1922 durch eine stilgleiche Seitenfassade verlängert. Für die Fenster im Treppenhaus schuf Georg Meistermann die Glasgemälde „Die Apokalyptischen Reiter“ zur Erinnerung an die Kriegszerstörungen. Im Alten Rathaus befindet sich heute die Städtische Galerie für moderne Kunst.

Das stattliche Barockgebäude auf der Längsseite des Marktplatzes wurde als Posthalterei 1753 von der Posthalterfamilie Fier errichtet. Es diente bis 1854 als Poststation für die Thurn & Taxis'sche Postroute Koblenz-Wittlich-Trier. Heute befindet sich darin ein Restaurant.

✝ Katholische Pfarrkirche St. Markus

Die Kirche wurde nach dem großen Brand in den Jahren 1709 bis 1723 vom Hofbaumeister Philipp Johann Honorius von Ravensteyn als dreischiffige Hallenkirche in frühbarocker Form erbaut. Sie ist ein Denkmal für den Trierer Kurfürsten Johann Hugo von Orsbeck, dessen Wappen sich sowohl über den Portalen als auch im Gewölbe finden. Aber auch der Bürgerstolz der Wittlicher Bevölkerung wurde durch den mächtigen Turm mit seiner barocken „Welschen Haube" in Szene gesetzt. Der Hochaltar stammt aus der Dominikanerkirche in Koblenz und wurde im 18. Jh. nach Wittlich überführt. Das Chorgestühl und die Seitenaltäre sind reich verzierte Schnitzarbeiten des 18. Jh. Nach dem Zweiten Weltkrieg wurden die zerstörten Fenster im Zeitraum von 1949 bis 1952 durch Werke des renommierten Glaskünstlers Georg Meistermann ersetzt.

Historisches Rathaus

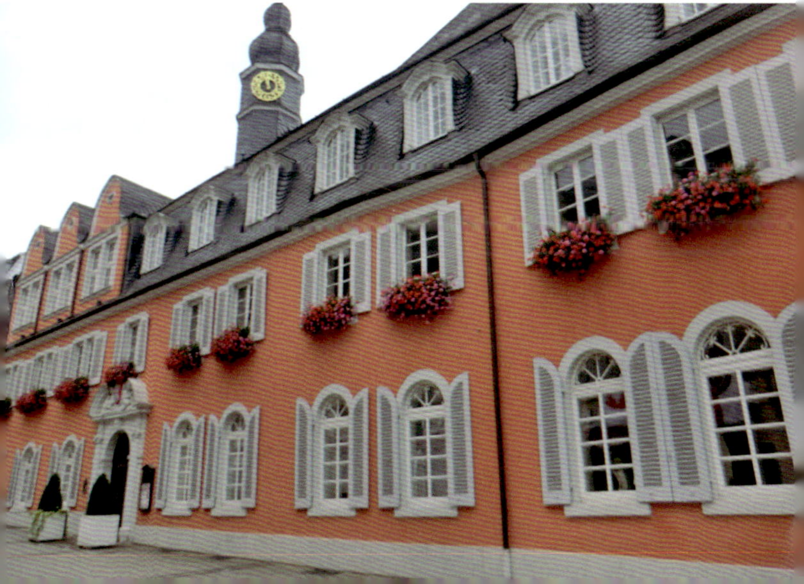

6. Etappe: Von Wittlich nach Klüsserath

➲ *22,5 km, ⌛ 5 Std. 30 Min., ↑ 381 m, ↓ 421 m, ⇧ 120-402 m*

0,0 km	⇧ 162 m	Wittlich (St.-Markus-Kirche)
10,3 km	⇧ 182 m	Pohlbach (Infotafel)
12,0 km	⇧ 243 m	Klausen (Wallfahrtskirche Maria Heimsuchung)
13,0 km	⇧ 230 m	Krames (Blasiuskapelle)
16,6 km	⇧ 315 m	Waldkapelle
22,5 km	⇧ 120 m	Klüsserath (Pfarrkirche Rosenkranzkönigin)

Die heutige Etappe führt Sie von Wittlich über den Wallfahrtsort Klausen an die Mosel nach Klüsserath. Dabei müssen Sie erneut einige Höhenmeter überwinden. Für die Fahrradpilger gibt es ab Klausen eine Alternative über Landstraßen durch das Salmtal nach Klüsserath.

Sie beginnen Ihre Pilgerwanderung an der gegenüberliegenden Seite zum Haupteingang der ✞ katholischen Pfarrkirche St. Markus in der Kirchstraße, der Sie zunächst nach rechts folgen. Kurz darauf biegen Sie nach links in die Burgstraße ein, überqueren geradeaus einen kleinen Platz mit einer Basaltskulptur und erreichen den Marktplatz mit vielen historischen Gebäuden. Halten Sie sich hier links und durchlaufen die Trierer Straße und den Pariser Platz. Sie gelangen an eine Straßenkreuzung, die Sie geradeaus überqueren. Dabei laufen Sie auf einer Brücke über das Flüsschen Lieser. Hinter der Brücke wenden Sie sich nach links in die Römerstraße. Nur ein kurzes Stück weiter biegen Sie rechts in die Straße Auf´m Geifen ein und passieren die ✞ katholische Kirche St. Bernhard. Am Ende der Straße gehen Sie wiederum nach links in den Klausener Weg, der in einer Linkskurve geradeaus weiter und anschließend durch die Unterführung L141 verläuft. An der folgenden Kreuzung laufen Sie geradeaus. An der Weggabelung dahinter halten Sie sich rechts und laufen zwischen dem Helenenhof und dem Mariahof auf den Wald zu. Auf der rechten Seite befinden sich kurz hintereinander die ✞ Schwarze-Mutter-Gottes-Kapelle, die im Gedenken an die Pest im Dreißigjährigen Krieg Mitte des 17. Jh. errichtet wurde, und die ✞ Heilig-Kreuz-Kapelle aus dem Jahr 1712 ❶. Sie gehen nun an einem Marienbildstock weiter konsequent geradeaus auf dem ansteigenden Hauptweg durch den Wald und ignorieren sämtliche Abzweige, bis Sie die A1 erreichen.

Gehen Sie rechts weiter und nutzen Sie die Unterführung. Dahinter biegen Sie nach rechts ab. An einer T-Kreuzung mit einem Gedenkkreuz aus dem Jahr 1845 (dem sogenannten Possekreuz) ❷ sowie einer Ruhebank folgen Sie rechts dem Asphaltweg entlang des Autobahnzauns, der nun eine lang gezogene Linkskurve beschreibt. Sie gelangen an einen aufwärtsführenden Schotterweg, der mit drei rot-weißen Sperrpfosten versehen ist. Bleiben Sie weiterhin am Zaun, gehen Sie über die Wildbrücke und danach rechts in einigen Serpentinen abwärts. Auf einem Asphaltweg in der Nähe eines Strommastes laufen Sie geradeaus über eine kurze Brücke mit Geländer in den Wald hinein. Dort gehen Sie an den ersten beiden Abzweigen vorbei und biegen an einer Kreuzung nach links in einen Waldweg ab. Sie treten aus dem Wald heraus und laufen auf einen Hochsitz und einen Strommast zu. Entlang der Bahntrasse nach Trier nähern Sie sich wieder der Autobahn, nun erneut auf einem asphaltierten Wirtschaftsweg.

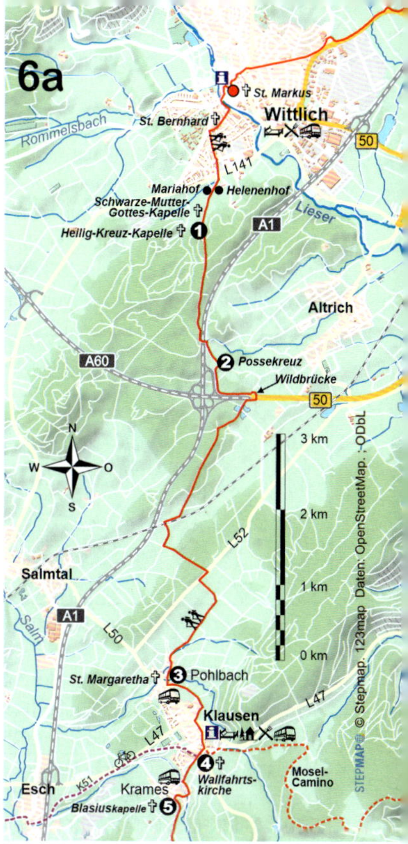

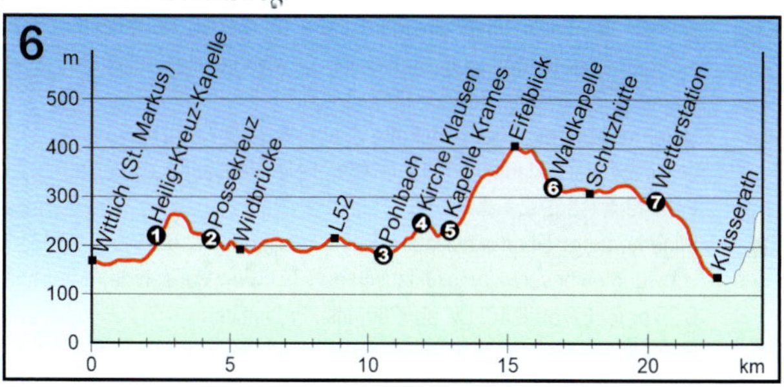

Kurz vor einer Unterführung überqueren Sie nach links die Bahnlinie und wandern weiter geradeaus an einer großflächigen Fotovoltaikanlage vorbei. Sie erreichen nach einem Rechtsbogen am Ende einer eingezäunten Weide einen von Bäumen gesäumten Weg, der links in den Wald bis zur ehemaligen Römerstraße führt, der heutigen L52. Wechseln Sie die Straßenseite, gehen Sie an der Straße nach rechts und anschließend 200 m weiter nach links in einen Feldweg mit einem ersten Blick auf die Silhouette von Klausen.

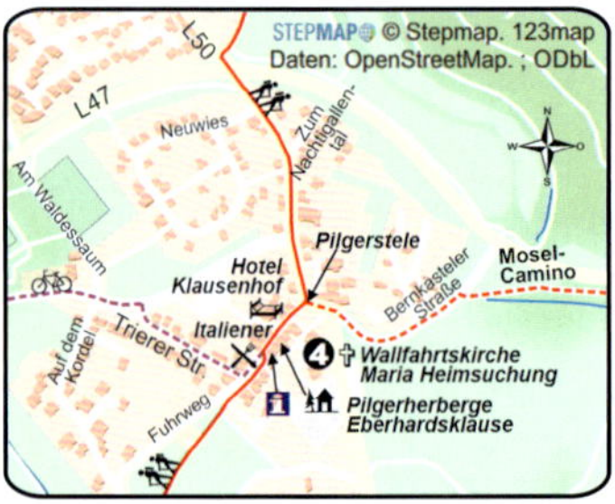

Weg durch Pohlbach-Klausen

Der Weg knickt kurz darauf nach rechts auf einen Wirtschaftsweg ab, der Sie direkt in den Klausener Ortsteil Pohlbach (🚌) ❸ in die Straße Zum Rosenthälchen bringt, wo sich eine Infotafel zum Eifel-Camino befindet. Auch hier gilt wieder: Ignorieren Sie sämtliche Abzweige. In Pohlbach halten Sie sich an einer Straßengabelung links und überqueren danach eine Kreuzung. Weiter geht es über eine kleine Holzbrücke und anschließend nach links in den Wiesenweg, der Sie um Pohlbach herumleitet. Sie gelangen automatisch zur Wittlicher Straße (L 50), die Sie links unmittelbar nach Klausen führt. Von hier aus sehen Sie bereits die markante Silhouette der ✞ Wallfahrtskirche Maria Heimsuchung ❹. Vor der Pforte des ehemaligen Dominikanerinnenklosters weist eine 2009 installierte Pilgerstele darauf hin, dass die Routen des Eifel-Caminos und des Mosel-Caminos ab hier gemeinsam verlaufen.

Klausen 1.380 Ew., ✉ 54524, ℹ 🛏 ⛺ ✕ 🚌

ℹ Tourist-Info im Dorfladen, Eberhardstraße 10, ☏ 065 78/98 58 59, ✉ gemeindeverwaltung@klausen.de, 💻 www.klausen.de, 🚪 Mo 7:30-13:00, Di-Sa 7:30-18:00, So 7:30-11:00 u. 14:00-18:00

🛏 Hotel Klausenhof, Eberhardstraße 6, am Weg, ☏ 065 78/275, ✉ info@hotel-klausenhof.de, 💻 www.hotel-klausenhof.de, EZ ab € 42, DZ ab € 60, Frühstück € 5 p. P.

⛺ ⊙ Pilgerherberge Eberhardsklause, Eberhardsstraße 10, am Weg, ☏ 065 78/10 29 05, ✉ gemeindeverwaltung@klausen.de, 💻 www.klausen.de, Mehrbettzimmer ab € 25 p. P., EZ ab € 40, DZ ab € 60, inkl. Frühstück

✕ Pizzeria Der Italiener, Eberhardstraße 16, am Weg, ☏ 065 78/985 89 88, 🚪 Mi-Sa 17:00-22:00, So 12:00-14:00 u. 17:00-22:00, Mo u. Di Ruhetag

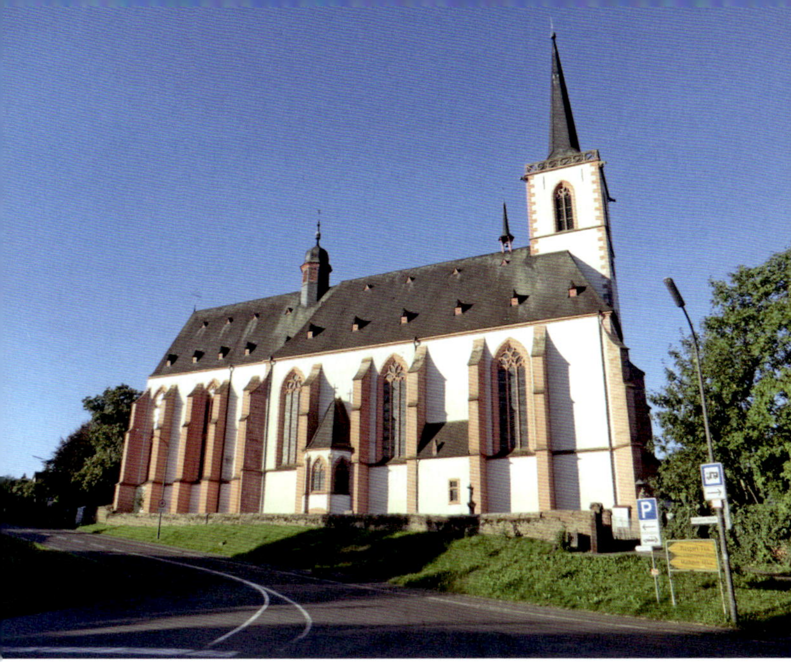

Spätgotische Wallfahrtskirche Maria Heimsuchung

✝ Spätgotische Wallfahrtskirche Maria Heimsuchung

Die Menschen, die heute Jahr für Jahr nach Klausen pilgern und den idyllischen Ort im Herzen der Moseleifel zu einem der weithin bekanntesten Wallfahrtsorte in Rheinland-Pfalz machen, zieht es zu einem spirituellen Kraftort mit einer über 500-jährigen Geschichte. Diese nahm ihren Anfang im Kleinen: Der Marienverehrer Eberhard stellte um das Jahr 1440 am Ort der heutigen Wallfahrtskirche eine Figur der „Schmerzhaften Muttergottes" auf. Neben dem Bildstock errichtete er 1442 ein Heiligenhäuschen mit einer Wohnklause („Eberhardsklause"), in die er sich als Einsiedler zurückzog.

In der Folgezeit gewann der Ort durch Berichte über Gebetserhörungen an Bekanntheit und Zuspruch, sodass das Marienhäuschen des Klausners Eberhard 1444 durch eine größere Kapelle ersetzt wurde. Heute findet sich im Hauptschiff eine Nachahmung der ursprünglichen Eberhardsklause. Nach dem Tod Eberhards (1451) gründeten Augustiner-Chorherren der Windesheimer Kongregation vor Ort im Jahr 1456 ein Kloster, das über 300 Jahre lang die Geschicke in Klausen prägen sollte.

Die heutige Wallfahrtskirche Maria Heimsuchung wurde 1502 eingeweiht. Mit ihren stattlichen Dimensionen ist sie der bedeutendste Bau der Spätgotik in der Südeifel und im Moseltal. Das lichtdurchflutete Innere besitzt im Langhaus, Seitenschiff und Chor ein reiches Netzgewölbe. Besonders beeindruckendes und kunsthistorisch kostbarstes Inventarstück des Kircheninneren ist der 6,20 m hohe Antwerpener Hochaltar (um 1480) mit Szenen aus der Passion Christi. Am Westende des nördlichen Seitenschiffes liegt die Gnadenkapelle, die auf das 15. Jh. zurückgeht und 1902 umgestaltet wurde, wobei die sterblichen Überreste Eberhards wiederentdeckt wurden. Im mittleren Altarbereich haben die beiden Gnadenbilder mit Darstellungen der „Schmerzhaften Muttergottes" ihren Platz – Tag für Tag umflutet vom Licht der Kerzen derer, die dort Hilfe, Kraft und Stille suchen. Jüngstes Glanzstück der Klausener Wallfahrtskirche ist die klanggewaltige Rieger-Orgel, die 2007 eingeweiht wurde.

Eingangsbereich der Pilgerherberge in Klausen

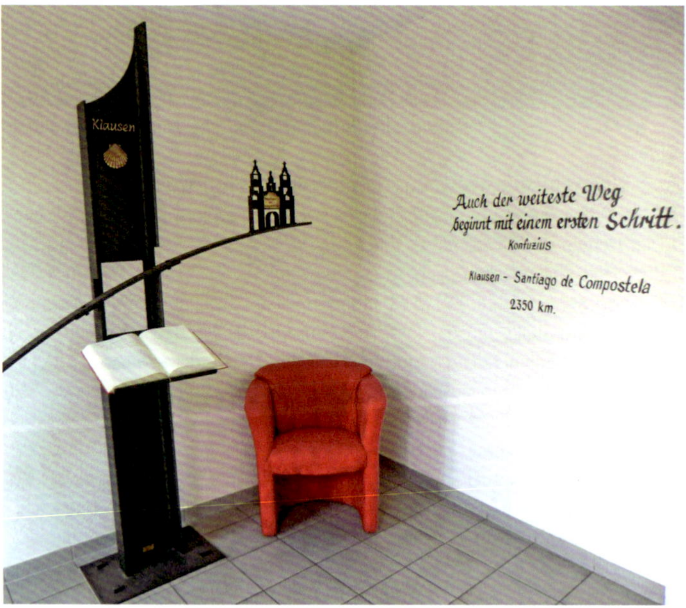

⌘ Historische Klosterbibliothek

Die Räume der Klosterbibliothek der Augustiner-Chorherren in Klausen wurden gegen Ende des 15. Jh. erbaut und liegen direkt über der Sakristei der Wallfahrtskirche. Die Bibliothek war nach der Auflösung des Klosters 1802 für viele Jahre in Vergessenheit geraten. Seit 1999 wurden die spätgotischen Wandmalereien wieder aufgearbeitet, während der Buchbestand zum großen Teil noch seiner Restaurierung entgegensieht. Unter den Büchern befinden sich wahre Kostbarkeiten der Buchkunst. So gibt es neben einer spätmittelalterlichen Handschrift auch einige Werke aus der Frühzeit des Buchdrucks, sogenannte Inkunabeln. Zu den wertvollsten Schriften aus dem Bestand der Klosterbibliothek zählt eine Gesamtausgabe der Schriften des heiligen Augustinus aus dem Jahr 1571, die nach ihrer Restaurierung zu einem Kernstück der Bibliothek werden soll. 2006 konnte die Klosterbibliothek mit ihrer für das Rheinland einzigartigen malerischen Ausgestaltung der Spitzbogenfelder nach 200-jährigem Dornröschenschlaf in neuem Glanz wiedereröffnet werden.

🚲 Fahrradfahrer bewegen sich zunächst von der Wallfahrtskirche in Richtung Krames und biegen nach rechts in die Trierer Straße ab. Am Ende der Trierer Straße geht es links auf der K51 weiter. Sie unterqueren die Autobahn und durchfahren das Örtchen Esch auf der Brunnenstraße. Hinter Esch wird die K51 in einer Linkskurve zur K41. Nach circa 1,5 km – auf Höhe der Deponie Sehlem – biegen Sie nach links auf die K48 in Richtung Rivenich und unterqueren erneut die Autobahn. Bleiben Sie bis zu einer großen Kreuzung auf der Moselstraße und folgen Sie der Vorfahrtsstraße, die nun zur K49 wird, nach rechts. Sie passieren im weiteren Verlauf ein Klärwerk und radeln parallel zur Salm talabwärts. Mit Eintritt in ein Waldgebiet wird die K49 zur K41, auf der Sie letztendlich nach Klüsserath gelangen. An einer Kreuzung im Ort – kurz vor der Salmbrücke – fahren Sie halb links in die Hauptstraße, die Sie zur ✝ katholischen Pfarrkirche Rosenkranzkönigin bringt.

Nachdem Sie der Wallfahrtskirche und den Sehenswürdigkeiten von Klausen einen Besuch abgestattet haben, bleibt noch ein Wegstück bis zu Ihrem Tagesziel Klüsserath. Hierzu gehen Sie zunächst durch die Eberhardstraße und biegen hinter der Mauer des Klostergartens und einer modernen Pilgerstele auf einen schmalen Weg nach links ab. Darüber erreichen Sie rasch den Ortsteil Krames (🚌) und gelangen über die Brunnenstraße, die nach circa 100 m nach links aufwärts und an der folgenden Kreuzung nach rechts abzweigt.

Dabei passieren Sie den Blasiusbrunnen, der nach dem Schutzheiligen von Krames benannt ist. An einer weiteren Kreuzung gehen Sie links in die Blasiusstraße und folgen kurz darauf an einer Holzbank links der Straße Im Gartenfeld.

Blasiusbrunnen

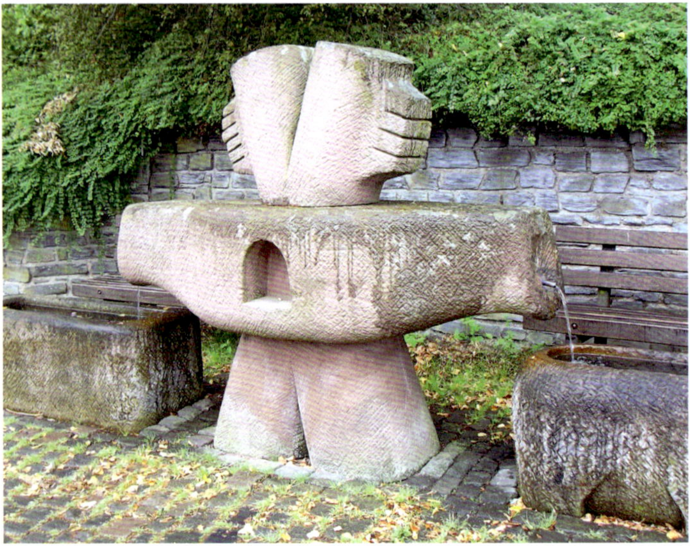

Jetzt wird es für heute noch einmal richtig anstrengend, denn Sie müssen – beginnend an der Blasiuskapelle ❺ – ein knapp 2 km langes, steiles Wegstück erklimmen. Das Kirchlein wurde 2002 grundsaniert und ist leider nur während der Gottesdienstzeiten geöffnet. Nach einem ersten starken Anstieg passieren Sie links, ein paar Schritte hinter einem Drahtzaun, eine Tafel, der Sie unbedingt Ihre Aufmerksamkeit schenken sollten – nicht nur, um noch einmal tief durchzuatmen. Zwischendurch treten Sie aus dem Wald heraus und sehen vor sich eine große Wiesenfläche und eine eingezäunte Schonung. Hier und auch an der folgenden Kreuzung laufen Sie geradeaus weiter, bis Sie schließlich mit dem Eifelblick den höchsten Punkt mit Ruhebank und Baum erreichen. Hier haben Sie einen schönen Ausblick auf die Wittlicher Senke und die Höhen der Vulkaneifel. Ab hier geht es heute nur noch abwärts.

Wandern Sie weiter geradeaus auf eine Buschgruppe zu und bleiben Sie auf dem Wiesenweg rechts davon, der schon bald mit Ihnen im Wald verschwindet. Sie bewegen sich hier überwiegend durch die schattigen östlichen Ausläufer des Meulenwaldes und treffen hinter einem Hochbehälter auf einen breiten, zunächst asphaltierten Weg. Dort befinden sich die kleine Kapelle „Maria hinterm Wald“ ❻ und ein Wanderparkplatz mit Rastmöglichkeit. Danach wandern Sie auf der im Sommer oftmals staubigen Waldpiste weiter.

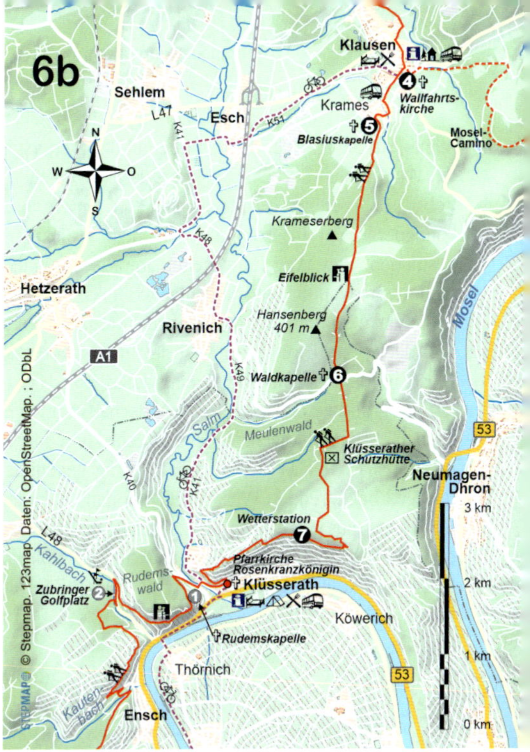

Kurz bevor der Bodenbelag in Asphalt ändert, biegen Sie nach rechts ab, und kommen an der Klüsserather Grillhütte vorbei. Nach circa 100 m zweigt der Weg an einer lichten Kreuzung nach links ab und Sie treten schon bald aus dem Wald heraus. Auf einem Wiesenweg setzen Sie Ihre Pilgerwanderung fort und halten auf ein paar Bäume zu, an denen Sie anschließend rechts vorbeilaufen. Am Ende des Wiesenweges stoßen Sie auf einen geteerten Wirtschaftsweg, dem Sie nach rechts folgen. Bereits 200 m weiter, im Knick einer Rechtskurve, geht es nach links weiter auf einen Hochsitz am Waldrand zu. Dort wenden Sie sich nach links. Nach circa 600 m entlang des Waldrandes müssen Sie hinter einem weiteren Hochsitz rechts abbiegen und erreichen kurz darauf einen leicht zu übersehenden Pfad, der nach rechts abzweigt und Sie an den oberen Rand der Weinlage Klüsserather Bruderschaft geleitet. Hier haben Sie erstmals einen Ausblick auf die wunderschöne Mosellandschaft – genau unter Ihnen befindet sich das Dörfchen Köwerich.

Bei gutem Wetter starten an dieser Stelle Drachenflieger. Es geht weiter nach rechts, wo Sie an einer Schutzhütte mit der Wetterstation Klüsserath ❼ den rechten Weg wählen und eine schöne Aussicht genießen können. Hinter den letzten Rebstöcken beginnt wieder asphaltierter Untergrund und auf der rechten Seite können Sie ein Insektenhotel aus dem Projekt „Artenschutz am Pilgerweg" bestaunen. Der Weg führt weiter abwärts auf einen Rastplatz zu, an dem Sie rechts vorbeilaufen, und kurz danach links auf einen etwas geschotterten Weg abbiegen. Während Sie die folgende Kreuzung geradeaus queren, wenden Sie sich danach nach rechts und an der Informationstafel zum früheren Verlauf der Mosel wieder nach links bis zu einer Relaxbank. Hier geht es steil auf losem Schieferuntergrund zu einem weiteren Wirtschaftsweg, dem Sie zuerst nach rechts und danach nach links folgen. Vor einer Rechtskurve marschieren Sie geradeaus weiter bis zum nächsten Wirtschaftsweg. Schräg gegenüber nehmen Sie den an einer Bank vorbeiführenden Wiesenweg, um danach hinter einem Rastplatz rechts an das erste Haus von Klüsserath zu gelangen. Hier biegen Sie links ab und folgen dem Wirtschaftsweg nach links, bis Sie auf Höhe der katholischen Pfarrkirche Rosenkranzkönigin über eine Treppe in das Zentrum von Klüsserath absteigen können.

Klüsserath 1.060 Ew., ✉ 54530, ℹ 🛏 ✕ 🛒 BANK ⌘ 🚌

ℹ ⊙ Tourist-Information „Alte Ökonomie", Kirchstraße 3, am Weg, ☏ 065 07/30 99, ✉ kluesserath@roemische-weinstrasse.de, 💻 www.roemische-weinstrasse.de, 🚪 Mai-Okt Mo-Mi, Sa 9:00-11:00, Do u. Fr 15:00-17:30, Nov-April Mo-Mi, Sa 9:00-11:00, Do u. Fr 15:00-17:00

🛏 Pension Hildegard Lex, Mittelstraße 5, 200 m vom Weg, ☏ 065 07/46 89, EZ ab € 40, DZ € 60, inkl. Frühstück

♦ Weingut Fuchs, Hauptstraße 4, am Weg, ☏ 065 07/46 95, 💻 www.fuchs-weingut.de, ✉ mail@fuchs-weingut.de, € 35 p. P., ohne Frühstück, 🐕 1 Hund € 5

♦ Privatzimmer Manfred Heinsdorf, Hauptstr. 119, 600 m vom Weg, ☏ 065 07/45 99, DZ ab € 60 inkl. Frühstück

✕ Restaurant-Pizzeria Trentaquattro, Salmstraße 8, 200 m vom Weg, ☏ 065 07/998 82 62, 💻 www.trentaquattro34.de, ✉ ristorante@trentaquattro34.de, 🚪 Di-Fr 11:30-14:00 u. 17:30-22:30, Sa 17:00-22:30, So 12:00-21:00

⛺ ✕ Campingplatz Moselblick mit Speisegaststätte, An der B53, 500 m vom Weg, ☏ 065 07/46 67, 🚪 April-Nov

⌘ ⊙ Haus der Krippen – Domus Praesepiorum, Hauptstraße 83, ☏ 065 07/93 92 04, ✉ info@krippenverein.de, 💻 www.krippenmuseum.info, 🚪 2. Mai-1. Advent Sa u. So 14:00-18:00, 1. Advent - 15. Januar Do-Sa 14:00-18:00, Eintritt € 4 p. P.

Ursprünglich wurde die Ansiedlung wohl von den in der Region verbreitet anzutreffenden Angehörigen des keltischen Stammes der Treverer angelegt. Nachdem die Franken von dem Land Besitz ergriffen hatten, kam Klüsserath im 7. Jh. in den Besitz der Abtei Echternach. Aber auch die Abtei Gorze und das Erzbistum Trier hatten Besitztümer im „Dorf Cluserado". Klüsserath ist durch seine besondere Lage in einem weit gezogenen Moselbogen mit einem der größten zusammenhängenden Südhänge („Klüsserather Bruderschaft") ein bevorzugtes Weinanbaugebiet. Der Ort ist ein typisches Straßendorf, das sich rund 2 km entlang des Hanges hinzieht. Im Laufe des Jahres werden einige Veranstaltungen durchgeführt, die Besucher aus nah und fern anlocken: Fischessen, Weinfest, Internationale ADAC-Rallye Deutschland, Seifenkistenrennen sowie die alle fünf Jahre stattfindenden Passionsspiele (letztmalig 2015, nächste Aufführung 2022).

Westlich von Klüsserath befindet sich der Rudemswald, in dem das Rudemsmännchen spuken soll. Vor einiger Zeit stritten sich die Gemeinden Klüsserath und Thörnich, wem denn dieser Rudemswald gehöre. Vor einem Schiedsgericht in besagtem Wald sollte eine Entscheidung gefällt werden. Dabei zeigte sich der Thörnicher Bürgermeister besonders listig. Er füllte in seine Schuhe Thörnicher Erde und verbarg unter seinem Hut einen Schöpflöffel. Vor dem Gericht schwor er folgenden Eid: „Ich schwore unter meinem Schöpfer, dass ich mit den Füssen auf Thörnicher Boden stehe." So sprach das Gericht aufgrund der überzeugenden Argumente den Thörnichern den Wald zu. Jedoch wurde der Bürgermeister durch seinen wahren Schöpfer dazu verbannt, auf ewige Zeiten als Geist im Rudemswald zu hausen. Erst viel später setzten die Klüsserather dem Rudemsmännchen am Rande des Waldes ein Denkmal.

✞ Katholische Pfarrkirche Rosenkranzkönigin

Die Gründung der heutigen Pfarrkirche geht auf eine Initiative der Klüsserather Bürger zurück: 1304 baten sie den Burgherren Theoderich von Bruch um die Überlassung eines Grundstücks für den Bau einer neuen Kirche mit Friedhof. Von der Kirche, die auf diesem Gelände entstand, ist heute noch der gotische Chor gegenüber dem Eingang mit seinen Maßwerkfenstern und dem Rippengewölbe erhalten.

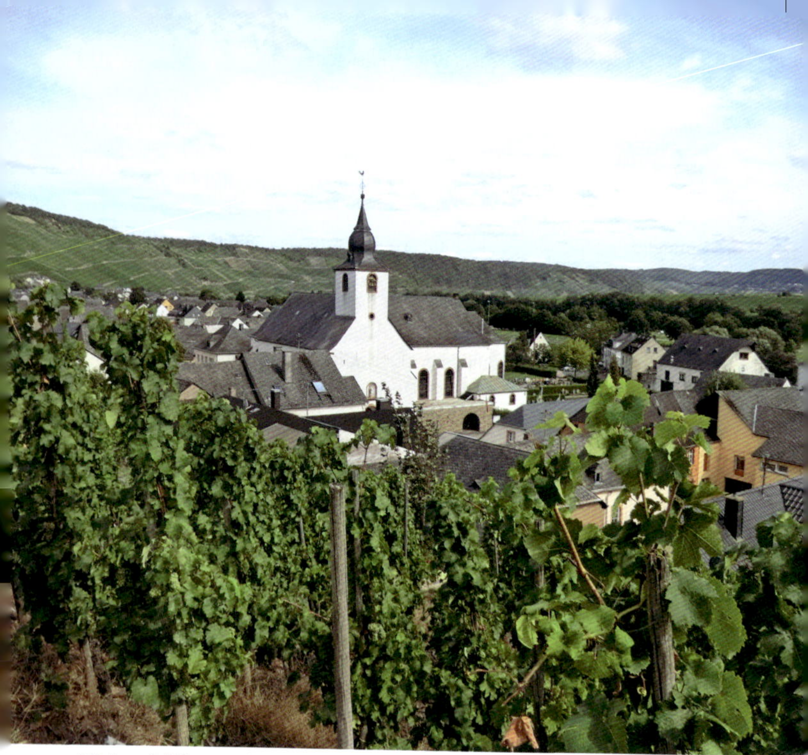

Blick auf Klüsserath mit der katholischen Pfarrkirche Rosenkranzkönigin

Der Kirchenbau selbst wurde im späten 18. Jh. abgerissen und durch einen barocken Neubau ersetzt. Zu ihm gehört auch der Turm mit seiner markanten barocken Haube und der merkwürdigen Bekrönung durch ein Weinfass, welches das eigentliche Turmkreuz trägt. Bedeutendstes Ausstattungsstück der Kirche ist der wertvolle Spätrenaissance-Hochaltar – einer der größten seiner Art im gesamten Moselraum – aus dem Jahr 1622, der heute im weiträumigen Chor des 1934 angefügten Erweiterungsbaus steht. In einem aufwendig aus Kalkstein und Marmor gestalteten, triumphbogenförmigen Aufbau zeigt er eine Darstellung der Kirchenpatronin in der Form der Pieta. Genauso beachtenswert, wenn auch etwas versteckt, ist die 1558 entstandene Grabplatte des Burgherren Richard von Hagen in der rechten Wand des alten gotischen Chores.

⌘ Echternacher Hof

Ehemaliges Hofgut der Abtei Echternach im heutigen Luxemburg, die seit dem ausgehenden 8. Jh. Ländereien in Klüsserath besaß. Ein solches Hofgut bildete die von einem klösterlichen Beamten, dem Meier, geleitete Verwaltungs- und Wirtschaftszentrale des landwirtschaftlichen Betriebs. Hier wurden auch alle Abgaben wie Wein, Getreide, Eier und andere Naturalien abgeliefert und gelagert. Alle Gebäude des heutigen Echternacher Hofes sind im frühen 18. Jh. entstanden. Zusammen bilden sie eine komplexe Wirtschaftseinheit, die das schmale Grundstück zwischen Straße und Weinberg optimal nutzt. Im Zentrum steht das rechtwinklig zur Straße errichtete Wohn- und Verwaltungsgebäude, in dem der Meier mit seiner Familie lebte. Links liegt eine Küferwerkstatt, hinter der ein idyllischer Innenhof zum Haupteingang des Gebäudes führt. Rechts an den Hauptbau schließt sich ein niedriger Stalltrakt an. Dahinter führt ein äußerer Wirtschaftshof zur ebenerdigen Einfahrt der Scheune, die über dem in den Hang gegrabenen Weinkeller liegt. In direkter Nachbarschaft steht ein Bildstock mit einer Figur des heiligen Jakobus, was auf eine frühere Station auf dem Jakobsweg hinweisen könnte.

♜ Burg Klüsserath

Die ehemalige Wasserburg wurde zum ersten Mal 1270 erwähnt. Aus dieser Zeit stammt der mächtige Gewölbekeller. Doch schon im 5. Jh. dürften hier fränkische Siedler gelebt haben, deren Gräber teilweise etwas oberhalb des Burghofes gefunden wurden. Der Wohnbau darüber mit seinen dicken Außenmauern aus Schieferbruchstein zeigt die typische Form eines hoch aufragenden befestigten Wohnturms, der anfangs durch einen breiten Wassergraben mit Zugbrücke zusätzlich geschützt war. Der gesamte Bereich der Burg war ursprünglich von einer Mauer umgeben. In der Burg, die ab dem 14. Jh. den Erzbischöfen von Trier gehörte und weltliches Zentrum des mittelalterlichen Dorfes war, lebten die Herren von Klüsserath, die im Auftrag des geistlichen Landesherren die Gerichtsbarkeit über die Dorfbewohner ausübten. Als die Zeit der Burgen mit der Erfindung der Feuerwaffen im 17. Jh. endgültig zu Ende ging, wurde auch die Wehrhaftigkeit der Klüsserather Burg allmählich aufgegeben: Der Wassergraben wurde verfüllt, 1744 über ihn hinweg das heute noch erhaltene Kelterhaus angebaut und gegen Ende des 18. Jh. das barocke Walmdach aufgesetzt und die Fenster vergrößert. Seit 1804 in Privatbesitz, ist die Anlage heute in Wohnungen unterteilt. Der Keller kann auf Anfrage besichtigt werden.

7. Etappe: Von Klüsserath nach Schweich

14,4 km, 4 Std., 484 m, 468 m, 119-400 m

0,0 km	120 m	Klüsserath (Pfarrkirche Rosenkranzkönigin)
7,9 km	302 m	Zitronenkrämerkreuz
10,3 km	399 m	Landwehrkreuz
14,4 km	133 m	Schweich (St.-Martin-Kirche)

Heute steht nur eine sehr kurze Etappe an, die jedoch ein anspruchsvolles Höhenprofil besitzt. Sie werden unterwegs mit wunderschönen Ausblicken auf Klüsserath und später ins Moseltal belohnt. Unterwegs gibt es keine Einkaufsmöglichkeiten, nehmen Sie sich Verpflegung und Getränke für den Tag mit.

Fahrradpilger fahren von Klüsserath zunächst auf der Mittelmoselstraße (B 53) und überqueren die Mosel auf der Thörnicher Brücke. Ab Thörnich geht es weiter über den Mosel-Fahrradweg über Detzem, Mehring, Riol, Longuich und Kirsch. Nachdem Sie die A1 unterquert haben, fahren Sie auf die L141 und auf die Moselbrücke nach Schweich ab. Sie überqueren zwei Verkehrskreisel und erreichen kurz darauf die katholische Pfarrkirche St. Martin (circa 17,3 km).

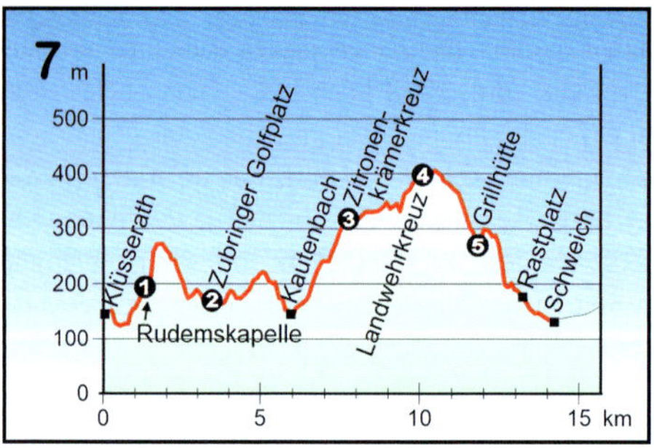

Sie lassen die Kirche hinter sich und gehen in die Hauptstraße. An deren Ende stoßen Sie auf die K41, biegen nach links ab und überqueren das Flüsschen Salm über eine Brücke bis zur Hetzerather Straße (= K40). Auf der gegenüberliegenden Straßenseite befindet sich das Standbild des Rudemsmännchens. Hier wenden Sie sich nach rechts und bleiben an der Straße, bis Sie nach links einen asphaltierten Weg mit Kreuzwegstationen aufwärts gehen können.

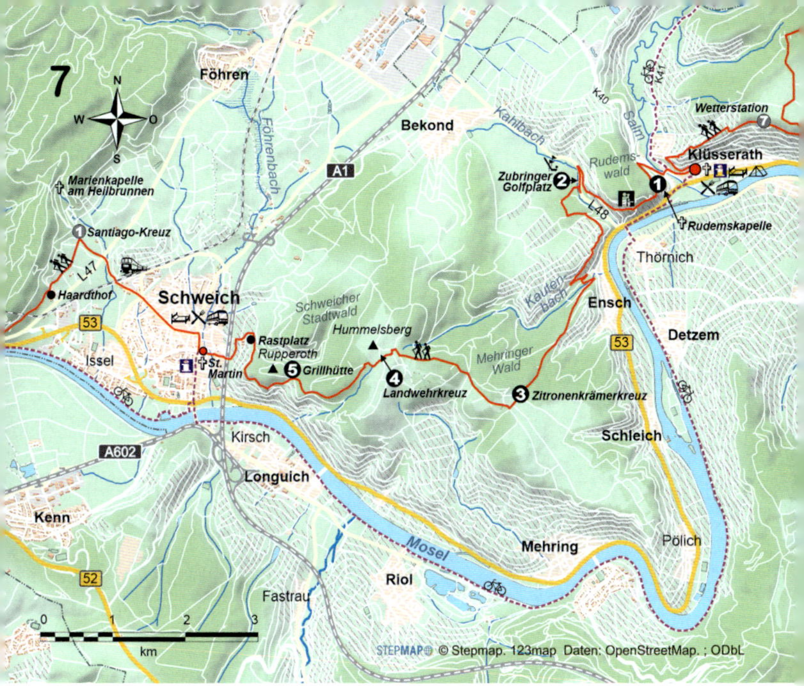

Nach einem scharfen Linksknick erreichen Sie auf der rechten Seite die etwas oberhalb liegende Rudemskapelle ❶ aus dem Jahr 1957 mit der Darstellung einer Schutzmantelmadonna. Von hier haben Sie einen traumhaften Blick auf Klüsserath.

Sie laufen einen Rechtsbogen mit einem kurzen, aber knackigen Anstieg und halten sich links unterhalb des Waldrandes. Hinter einem Aussichtspunkt mit Rastplatz wählen Sie den linken Weg, der an der Hangkante entlangführt. Nun durchqueren Sie ein kurzes Waldstück und pilgern auf der Höhe parallel zur Mosel weiter.

Es folgt das tief eingeschnittene Kahlbachtal mit der Weinlage Thörnicher Ritsch, das Sie auf Wirtschaftswegen umlaufen müssen. Als Nächstes erwartet Sie die L48, die Sie vorsichtig überqueren. Wandern Sie zu Ihrer eigenen Sicherheit hinter der Leitplanke abwärts entlang. Circa 150 m hinter dem ersten Abzweig - das ist der Zubringer zum Golfplatz – ❷ überqueren Sie den Kahlbach und gehen rechts in den Wald hinein.

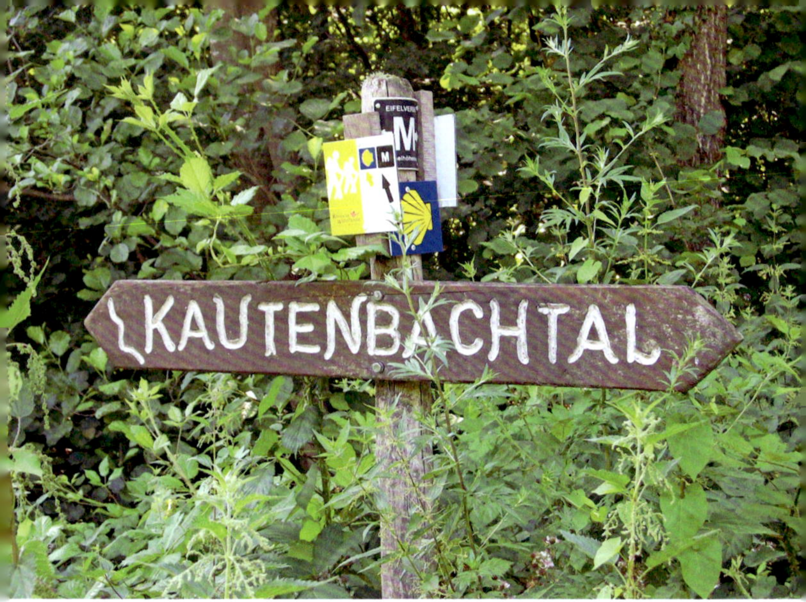

Wegweiser Kautenbachtal

Der Weg beschreibt nun einen weiten Linksbogen. Den ersten Abzweig ignorieren Sie, an der nächsten Weggabelung biegen Sie nach links ab. Im weiteren Verlauf beschreibt der Weg eine Rechtskurve und Sie erreichen einen Abzweig nach links, dem Sie bis zum Waldrand folgen. Hier gehen Sie geradeaus über eine Kreuzung, wandern zwischen Weinfeldern in Richtung Mosel und schwenken dann auf demselben Weg nach rechts. Nach einem kurzen felsigen Stück nehmen Sie den linken Weg, wo Sie mitten durch den Weinberg mit Blick auf die Mosel und an der Hangkante abwärts in das Kautenbachtal oberhalb von Ensch geführt werden.

Sie stoßen auf einen Wirtschaftsweg, auf dem Sie nach links abwärts gehen. An der nächsten Kreuzung biegen Sie nach rechts ab, laufen einen weiten Rechtsbogen und nehmen an der kommenden Weggabelung mit Haus den rechten Abzweig. Ab hier steht Ihnen ein circa 4 km langer Anstieg durch Waldgebiet bevor. Bleiben Sie immer auf dem Hauptweg, bis Sie das Zitronenkrämerkreuz ❸ am Waldrand erreichen, an dem Sie sich auf einer Ruhebank ein wenig erholen können. Hier soll im Jahr 1687 ein italienischer Zitronenkrämer aus Lenno am Comer See auf dem Wege nach Trier einen gewaltsamen Tod erlitten haben. Das Kreuz aus Sandstein wurde von seinen Angehörigen hier aufgestellt.

Gehen Sie geradeaus weiter auf den Wald vor Ihnen zu, um unmittelbar davor nach rechts auf einen Kiesweg abzubiegen. Es geht am Waldrand weiter aufwärts und Sie bleiben auch hier immer auf dem Hauptweg. Sie tauchen erneut in den Wald ein und nehmen hinter einer Ackerfläche im Scheitel einer Linkskurve den rechten Weg bis zu einer Wiesenlandschaft. Hier wenden Sie sich nach rechts und gehen danach links auf einem Pfad unter der Hochspannungsleitung hindurch auf einen Baumstreifen zu. Sie befinden sich hier auf dem Hummelsberg, der höchsten Stelle des heutigen Tages. Dort steht im Schatten der Bäume das Landwehrkreuz ❹. Oftmals weidet hier oben eine Schafherde.

Hinter der Baumreihe tauchen Sie wiederum in den Wald ein und biegen direkt nach rechts ab. An der nächsten Kreuzung folgen Sie dem linken Weg abwärts und verlassen ihn nicht, bis Sie die Grillhütte Rupperoth ❺ erreichen. Zwischen den Bäumen lugt hin und wieder schon mal die A1 in Richtung Saarbrücken durch. Hinter der Hütte wandern Sie nun zwischen Waldrand und Weinbergen. Auf der anderen Moselseite ist das Örtchen Longuich zu sehen, weiter rechts die Autobahnbrücke über die Mosel und die ersten Häuser von Schweich. Es geht immer weiter abwärts, vorbei an einem Rastplatz bis zu einem Hof. Direkt dahinter biegen Sie nach links ab und gehen auf die Autobahn zu. Vor sich sehen Sie ein Geländer, an dem einige Treppenstufen hinab zu einem unbeleuchteten Tunnel führen, der Sie unter der A1 hindurch nach Schweich in die Bergstraße bringt. Hier halten Sie sich links und gehen geradeaus auf eine kleine Kapelle zu, an der Sie links vorbei durch die Kirchstraße Ihr heutiges Tagesziel – die ✞ katholische Pfarrkirche St. Martin – erreichen.

⊙ Den Pilgerstempel erhalten Sie in der Tourist-Info, im katholischen Pfarrbüro (Klosterstraße 1, am Weg, Mo- Fr 9:00-12:00, Mo, Di, Do, 14:00-17:00) oder in der Bäckerei Braunshausen (Brückenstraße 89, Mo-Fr 6:00-18:00, Sa 6:00-13:00, So 8:00-11:00).

Schweich 6.560 Ew., 54338,

Tourist-Info Römische Weinstraße, Brückenstraße 46, ☎ 065 02/933 80, info@roemische-weinstrasse.de, www.roemische-weinstrasse.de, Mai-Okt: Mo-Fr 9:00-12:30 u. 13:00-18:00, Sa 9:00-12:00, Nov-April: Mo-Fr 9:00-12:30 u. 13:00-17:00

Weingut-Pension Schiff, Schaumbach, 500 m vom Weg, ☎ 065 02/27 87, info@weingut-pension-schiff.de, www.weingut-pension-schiff.de, € 29-33 p. P. inkl. Frühstück

Hotel Grefen, Brückenstraße 31, 300 m vom Weg, ☏ 065 02/924 00, info@hotel-grefen.de, www.hotel-grefen.de, EZ ab € 35, DZ ab € 65, Frühstück € 8,50 p. P., Lunchpaket € 5 p. P.

Durch seine Lage am Rande des Meulenwaldes und unmittelbar an der Mosel ist Schweich schon immer ein interessantes Gebiet für die Ansiedlung von Menschen gewesen, was durch Funde aus der Römerzeit sowie fränkische Gräber nachgewiesen wurde. In einer Schenkungsurkunde aus dem Jahr 721, mit der eine fränkische Edeldame und ihr Sohn dem von ihnen gegründeten Kloster Prüm einen Hof übertrugen, wurde die Stadt erstmals als Sarainga erwähnt. Rund 50 Jahre später war der gesamte Ort im Besitz des Klosters. In dem noch heute als Kulturzentrum genutzten, 1706 erbauten Prümer Hof wurde der Verwaltungssitz eingerichtet. Schweich war im Mittelalter ein wichtiger Fährübergang auf der Straße von Koblenz nach Trier. Das Wahrzeichen der Stadt, der Fährturm, stammt noch aus dieser Zeit. Schon seit der französischen Besetzung im 18. Jh. war Schweich Sitz einer kommunalen Verwaltung, zunächst einer Mairie und eines Kantons sowie später einer preußischen Bürgermeisterei. 1968 entstand die Verbandsgemeinde Schweich.

Marienkapelle in Schweich

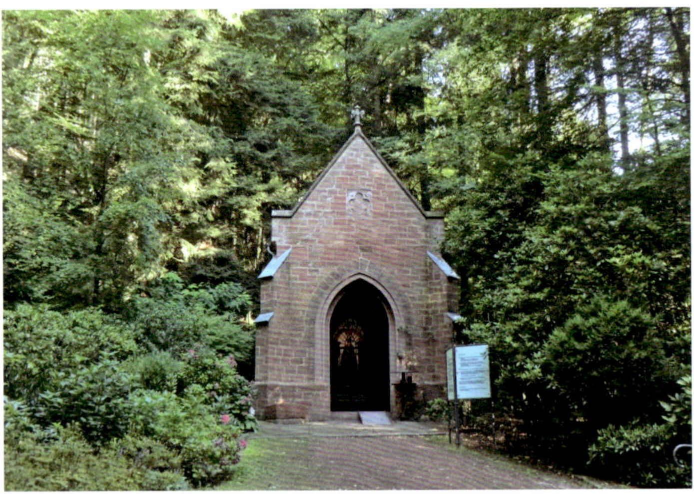

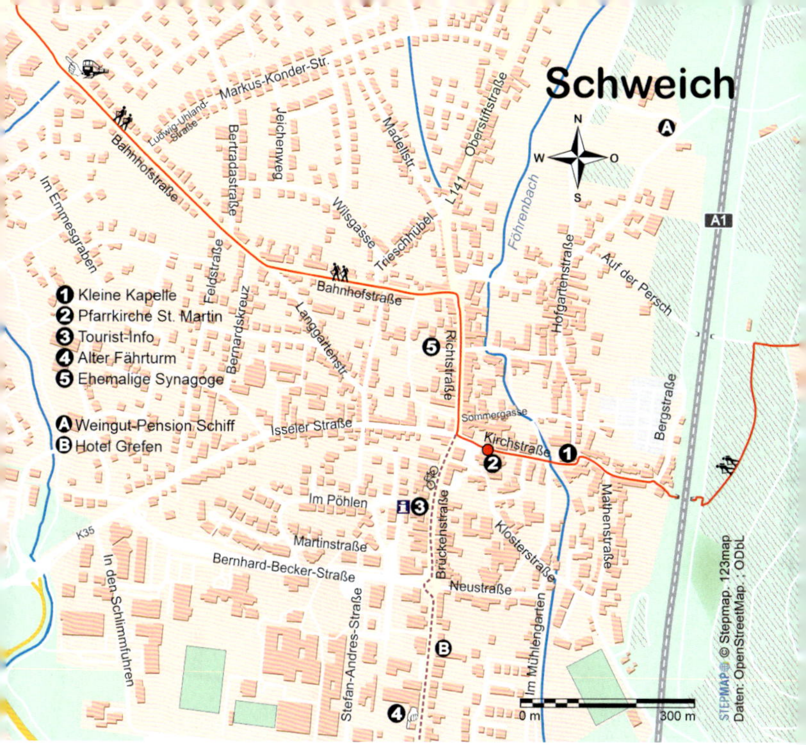

✝ Katholische Pfarrkirche St. Martin

Die katholische Pfarrkirche St. Martin wurde in den Jahren 1894 bis 1897 unter der Aufsicht des Saarbrücker Architekten Wilhelm Hector an Stelle einer Vorgängerkirche von 1821/1822 erbaut. Die erste Pfarrkirche aus dem Jahr 1570 befand sich an einem anderen Standort. Das heutige Gotteshaus ist eine dreischiffige Stufenhalle im neugotischen Stil. Der klassizistische Westturm wurde von der früheren Kirche übernommen. Die Ausmalung aus dem Jahr 1903 wurde im Zuge von Renovierungsmaßnahmen 1982 freigelegt. Die reiche neugotische Ausstattung ist noch komplett erhalten. Alle drei Altäre sind baldachinartig gestaltet und werden von Reliefdarstellungen und Figurenschmuck bestimmt. Der Aufsatz des Hochaltars zeigt biblische und heilsgeschichtliche Szenen von der Darstellung Jesu über Abendmahl und Kreuztragung bis zur himmlischen Krönung Mariens. Die beiden Seitenaltäre sind Maria und Josef geweiht. Sehenswert sind unter anderem auch die Fenstergemälde im Chor mit Darstellungen kirchlicher Feste, die Glasfenster in den Querarmen, Taufstein und Kanzel.

⌘ Ehemalige Synagoge

Spätestens seit dem 17. Jh. gab es in Schweich eine jüdische Gemeinde. Diese besaß 1820 eine jüdische Schule und eine Synagoge. 1862 wurde eine neue Synagoge errichtet, die 1989 nach einer umfassenden Renovierung wieder als Kulturstätte und Tagungsstätte eingeweiht wurde. Der Innenraum des ehemaligen Gotteshauses ist ein großer Saal, dem im Westen ein Raum vorgelagert ist. Von dort aus führt eine Treppe zur Frauenempore hinauf. Das Rundfenster über dem Thoraschrein lässt die aufgehende Sonne einfallen. Vor dem Thoraschrein hing früher ein Lüster mit Glasketten von der Decke herab. Heute sind in dem Gebäude Ausstellungen zum Judentum zu sehen.

Ehemalige Synagoge

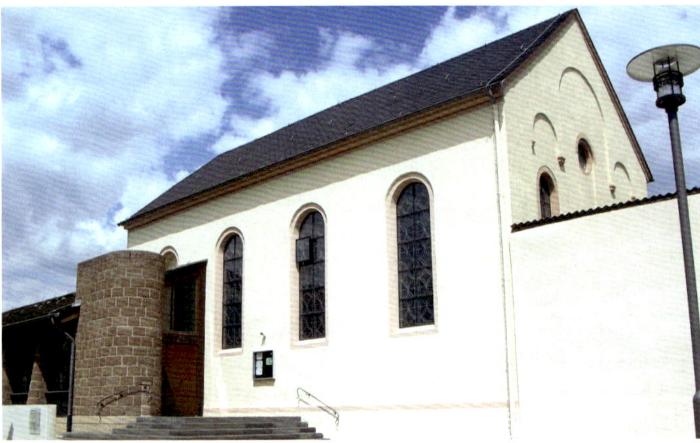

Als weitere Unterkunftsmöglichkeit ist die circa 20 km von Schweich entfernt gelegene Pilgerherberge Casa de Peregrinos in Speicher sehr zu empfehlen, die u. a. auch einen Abhol- und Bringservice ab Schweich oder Trier-Quint anbietet.

⊙ Pilgerherberge Casa de Peregrinos, Elli und Karl Franzen, Bei den Tongruben 4, 54462 Speicher, ☏ 0 65 62/93 05 15, herberge@casadeperegrinos, www.casadeperegrinos.de, 1 DZ, 2 EZ, 1 Schlaflager mit Komfortmatratzen (3 Personen), Spendenbasis, Abendessen und Frühstück, eigener Pilgerstempel vorhanden,

8. Etappe: Von Schweich nach Trier

22,8 km, 6 Std., ↑ 527 m, ↓ 525 m, ⇧ 125-254 m

0,0 km	⇧ 133 m	Schweich (St.-Martin-Kirche)
5,6 km	⇧ 154 m	Quint (Bahnhof)
8,6 km	⇧ 129 m	Ehrang (St. Peter-Kirche)
13,4 km	⇧ 132 m	Biewer (Jakobus-Brunnen)
16,2 km	⇧ 184 m	Weisshaus
19,1 km	⇧ 136 m	Trier (Dom)
22,8 km	⇧ 136 m	Trier (Abtei St. Matthias)

Auf dem letzten Abschnitt Ihrer Pilgerwanderung auf dem Eifel-Camino nach Trier erwartet Sie noch einmal ein anspruchsvolles Profil. In der alten Römerstadt haben Sie die Möglichkeit, zahlreiche Zeugen der Vergangenheit zu besichtigen, allen voran den Dom und die Abtei St. Matthias mit dem einzigen Apostelgrab nördlich der Alpen.

Heidekapelle in Schweich

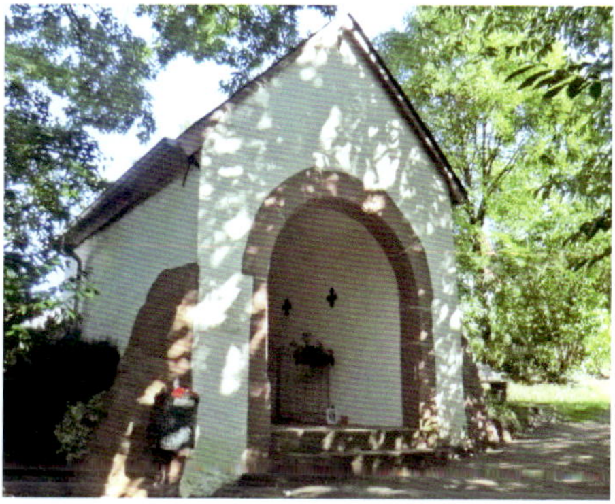

Auch am heutigen Tag bleiben die Fahrradfahrer in der Nähe der Mosel auf dem Mosel-Fahrradweg. Hierzu fahren Sie zum zweiten Kreisel in Richtung Moselbrücke. Von dort gelangen Sie auf den Fahrradweg und bleiben auf diesem bis zur Trierer Kaiser-Wilhelm-Brücke. Dort treffen Sie wieder auf den markierten Weg der Fußpilger.

Sie beginnen an der ✝ St.-Martin-Kirche in der Kirchstraße. Von dort wenden Sie sich nach rechts in die Richtstraße. Dabei passieren Sie nach wenigen Schritten die ehemalige Synagoge. Dahinter gehen Sie nach links in die lang gezogene Bahnhofstraße, die Sie zum außerhalb von Schweich gelegenen Bahnhof bringt.

Auf dem Weg dorthin wandern Sie über den Portishead-Kreisel – benannt nach der Schweicher Partnerstadt in Großbritannien – und schließlich unter der Bahntrasse hindurch. Nachdem Sie noch ein Stück an der Straße entlanggelaufen sind, überqueren Sie vorsichtig die L47 und gehen bis zu einer Kreuzung auf den Wald zu, wo Sie eine Pilgerrast mit einem Keltenkreuz und aufgesetzter Jakobsmuschel ❶ vorfinden. Ab hier soll die Entfernung nach Santiago de Compostela noch 2.395 km betragen.

↳ ☺ Von hier aus können Sie einen kleinen Abstecher zur 1883 errichteten neugotischen Marienkapelle machen (zusätzliche Wegstrecke ca. 1,5 km). Dazu gehen Sie auf dem asphaltierten Weg geradeaus und halten sich nach 200 m rechts, bleiben auf dem Waldweg und erreichen eine Allee mit 14 Kreuzwegstationen, an deren Ende sich die Kapelle befindet.

Rechts neben der Kapelle ist der Heiligen-Born, ein Heilbrunnen, an dem Sie Ihre Wasservorräte auffüllen können. Eine Inschrift erzählt von einem Mann, der mit „rudige Händ über den Born zu drinken" kam und den Ort geheilt verließ. Von da an setzte ein reger Kurbetrieb ein und noch heute bedienen sich Einheimische an dem heilbringenden Wasser.

In Richtung Trier müssen Sie über den Parkplatz weiterlaufen, danach weiter auf einem Feldweg. Sie passieren eine Scheune aus Wellblech, überqueren hinter dem Haardthof und weiteren Häusern eine Kreuzung und gehen geradeaus, leicht ansteigend, in den Wald hinein. Bleiben Sie auf diesem angenehmen Waldweg – parallel und oberhalb der L47 – und halten sich an einer Gabelung rechts. Folgen Sie dem eingeschlagenen Weg abwärts, bis Sie im weiteren Verlauf den Waldparkplatz Rothenberg erreichen.

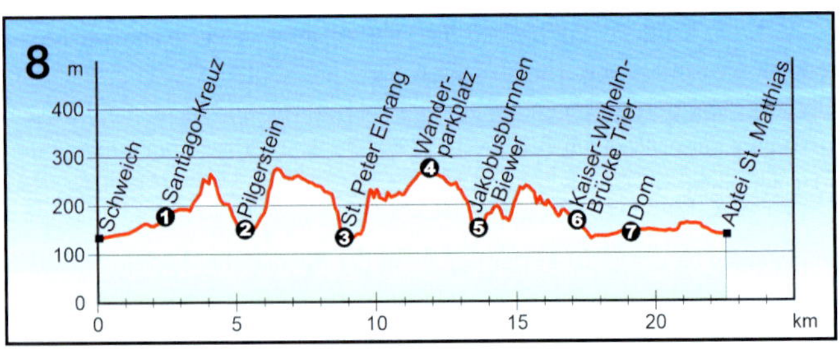

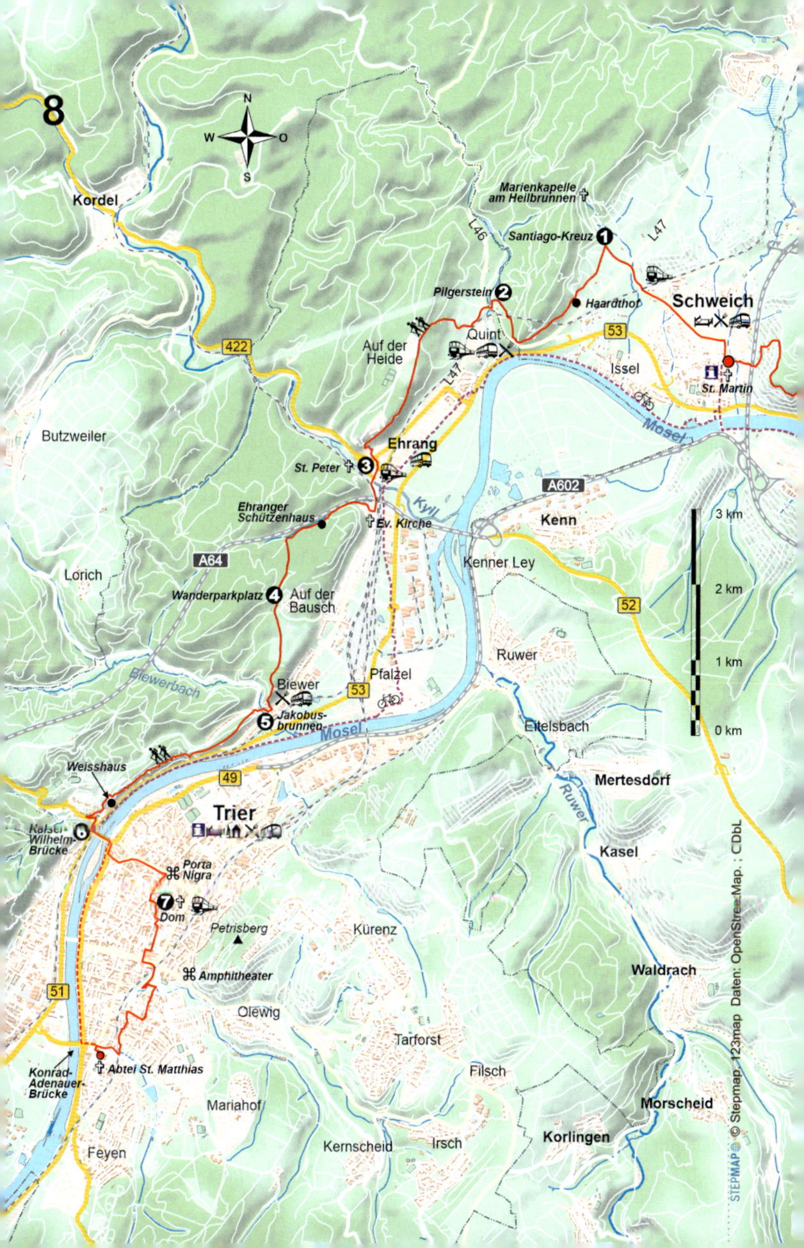
8
N
W
O
S
Kordel
Marienkapelle am Heilbrunnen
Santiago-Kreuz
1
L46
L47
Pilgerstein
2
Haardthof
Schweich
Quint
53
Auf der Heide
Issel
St. Martin
422
L47
Mosel
Butzweiler
Ehrang
St. Peter
3
A602
Kyll
Ehranger Schützenhaus
Ev. Kirche
Kenn
A64
Lorich
Kenner Ley
3 km
Wanderparkplatz
4
Auf der Bausch
2 km
52
Ruwer
Biewerbach
Pfalzel
1 km
Biewer
53
5
Jakobus-brunnen
Mosel
Eitelsbach
0 km
Weisshaus
49
Mertesdorf
Trier
Kaiser-Wilhelm-Brücke
6
Ruwer
Kasel
Porta Nigra
7
Dom
Petrisberg
Kürenz
Amphitheater
Waldrach
51
Olewig
Tarforst
Konrad-Adenauer-Brücke
Abtei St. Matthias
Filsch
Mariahof
Morscheid
Korlingen
Feyen
Kernscheid
Irsch
STEPMAP © Stepmap, 123map Daten: OpenStreetMap ; CDbL

Hier wenden Sie sich nach rechts, pilgern an einer Ruhebank und einer Informationstafel für den barrierefreien Baum-Welt-Pfad des Forstamtes Trier vorbei und nehmen an der nächsten Gabelung den linken Abzweig. An dessen Ende erreichen Sie eine Straße im Trierer Stadtteil **Quint** (1.250 Ew., 54293,) und sehen rechts das städtische Forsthaus und einen von der St. Matthias-Bruderschaft Mayen gesetzten Pilgerstein ❷.

Folgen Sie der Straße nach links bis zur L47, überqueren Sie diese vorsichtig und bleiben Sie auf dem Fußweg bis zur Brücke über die Bahnlinie. Hier überqueren Sie erneut die L47, gehen nach rechts in den Adolf-Krämer-Weg (in einem umgebauten Vogelnistkasten finden Sie einen Pilgerstempel) und am Friedhof vorbei an den Waldrand. Dort laufen Sie auf eine Schranke zu, biegen aber davor in einen steil aufwärts führenden Pfad rechts ein. An dessen Ende erreichen Sie rechter Hand eine kleine Straße, der Sie nach links bis zu einer rot-weißen Schranke folgen. Hier befinden Sie sich am Rande des Ehranger Ortsteils Auf der Heide, wo Sie den Fußweg links neben dem kleinen Parkplatz nutzen. Der Weg führt Sie zunächst hinter einigen Häusern her. Nach einem guten Kilometer gelangen Sie zu dem 2007 eingesegneten, 10 m hohen Kreuz auf den Heidestuben und haben von dort einen wunderschönen Ausblick auf die Mosel, den Ehranger Hafen und den Bahnhof. Im weiteren Verlauf erreichen Sie die Heidekapelle von 1375, von der ein Kreuzweg mit Bronzereliefs über unzählige Treppenstufen abwärts nach **Ehrang** führt (7.900 Ew., 54293, BANK). Unten angekommen gelangen Sie über die Fröhlicherstraße direkt zur ✞ ⊙ katholischen Pfarrkirche St. Peter ❸, in der Sie am Schriftenstand einen Pilgerstempel vorfinden.

✞ Katholische Pfarrkirche Sankt Peter

Die Ursprünge der Pfarrei Ehrang sind mit der frühen Geschichte des Ortes verbunden. Dass Ehrang zu den ältesten Besitzungen der Trierer Bischöfe gehört, darf man annehmen, denn um 760 verunglückte Bischof Milo in den Ehranger Wäldern. Im Zeitraum von 1214 bis 1507 hatte die Ehranger Kirche zwei Schutzpatrone: Petrus und Maria. Später wurde Petrus zum einzigen Patron der Kirche. Im Laufe der Jahrhunderte wurde die Kirche mehrfach neu- und umgebaut. Die in den Jahren 1732/1733 erbaute war die dritte seit 973 bekannte Pfarrkirche. Ab Mitte des 19. Jh. erwog man Pläne, die Kirche durch eine neue große zu ersetzen, da die alte einfach zu klein wurde. So wurde die Kirche 1872 abgebrochen. Das heutige Bauwerk St. Peter wurde in den Jahren 1872 bis 1875 nach Plänen des Luxemburger Architekten Carl Arend erbaut.

Die Kriegsschäden wurden rasch beseitigt und ab 1959 fanden umfangreiche Umbaumaßnahmen und Neugestaltungen statt. Von der ursprünglichen Ausstattung ist so gut wie nichts mehr vorhanden. Die Chorfenster und der Kreuzgang sind Arbeiten des Trierer Künstlers Jakob Schwarzkopf. Eine große Petrus-Statue aus Sandstein von dem Mayener Bildhauer Franz Moog können Sie im rechten Seitenschiff bewundern.

Weiter geradeaus verlassen Sie Ehrang über die Kyllstraße, die nach der Kyllbrücke in die Ehranger Straße einmündet, der Sie parallel zu den Bahngleisen folgen. Kurz darauf biegen Sie vor der ✞ evangelischen Kirche nach rechts ab in die Wallenbachstraße. Bevor Sie den nun auf Sie zukommenden lang gezogenen Anstieg in Angriff nehmen, können Sie sich an einem kleinen Brunnen mit Sitzbank (Peter´s Ruh) noch einmal etwas abkühlen. Sie laufen auf einem Waldweg zunächst parallel zur nicht sichtbaren Autobahn nach Luxemburg bis hinter das Ehranger Schützenhaus, wo Sie an einer größeren Kreuzung links und danach an einer Weggabelung noch einmal links abbiegen.

Brücke über die Kyll

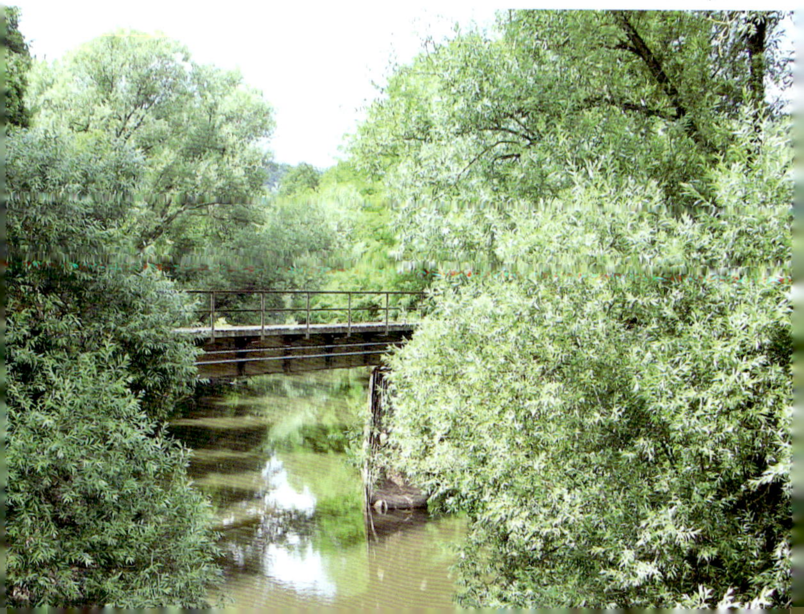

Bleiben Sie so lange auf dem breiten Weg, bis Sie an einer Kreuzung zunächst geradeaus und 100 m dahinter nach rechts unterhalb eines Waldparkplatzes ❹ weiterlaufen können. An der nächsten Weggabelung halten Sie sich links und laufen durch Weideflächen, bis Sie wieder in den Wald eintauchen. Schließlich gelangen Sie nach einer Abwärtspassage an eine kleine Lichtung, wo Sie einen kurzen Abstecher nach links zum Maria-Hilf-Kapellchen machen können. Hinter der Kapelle werden Sie an einem Funkmast vorbei wieder auf den ursprünglichen Weg gebracht. Im Scheitel einer 180-Grad-Kurve gehen Sie geradeaus und danach steigen Sie linker Hand über steile, natürliche Stufen (die bei Feuchtigkeit rutschig sein können) nach **Biewer** (2.000 Ew., 54293, BANK) hinab.

Infotafel an der St.-Jakobus-Kirche in Biewer

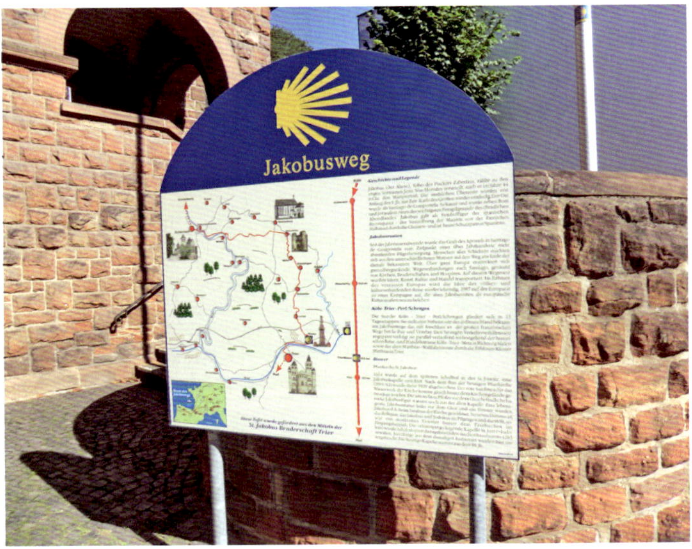

Über die Biewerer Straße können Sie nach links der circa 200 m entfernten ✝ St.-Jakobus-Kirche einen Besuch abstatten. Wenn Sie Glück haben, ist die Kirche sogar geöffnet. Eine Infotafel davor gibt Erläuterungen zum Jakobusweg und zur Kirche. Außerdem vereinigen sich hier Eifel-Camino, Mosel-Camino und die von Köln bzw. Bonn ausgehende Via Coloniensis.

✞ Katholische Pfarrkirche St. Jakobus

Biewer hat einen besonderen Bezug zum Apostel Jakobus, ist er doch bereits seit dem Mittelalter Schutzpatron der Gemeinde. Erstmals ist 1017 eine Jakobuskapelle urkundlich erwähnt worden. 1664 wurde ein Nachfolgebau fertiggestellt, der aber im ausgehenden 19. Jh. für die ansteigenden Bevölkerungszahlen zu klein wurde. Ein 1885 gegründeter Kirchenbauverein sammelte in den Jahren 1885 und 1912 die stattliche Summe von 55.000 Mark. 1896 wurde der Bauplatz gekauft und 1910 erfolgte der erste Spatenstich. Nach den Plänen des Trierer Architekten Peter Marx wurde die heutige St.-Jakobus-Kirche als romanisierende dreischiffige Hallenkirche erbaut, die am 21. Juli 1912 eingesegnet wurde. Anlässlich des 50-jährigen Bestehens wurde die Kirche am 25. Juli 1962 durch den Trierer Weihbischof Bernhard Stein konsekriert und zu Ehren des heiligen Apostels Jakobus geweiht.

Der Eifel-Camino geht nach rechts weiter und am Jakobusbrunnen ❺ noch einmal nach rechts in die Donaustraße. Wenn Sie der Biewerer Straße noch 100 m folgen, können Sie sich im ⦿ ✕ Gasthaus Crames (Biewerer Straße 70, ◨ Di-Sa 12:00-24:00, So 12:00-22:00) einen Pilgerstempel abholen. In der Donaustraße passieren Sie den Hof der Grundschule Biewer und queren die Talstraße. Gehen Sie links an dem Haus Nr. 30 vorbei und nehmen Sie den links steil ansteigenden, durch einen rot-weißen Pfosten gesperrten Weg. Ignorieren Sie zunächst den linken, danach den rechten Abzweig und bleiben Sie auf dem Hauptweg. Wenn es wieder flacher wird, folgen Sie dem rechten Weg.

Sie befinden sich nun auf dem 2,5 km langen Felsenpfad, auf dem Sie von mehreren Punkten wunderschöne Ausblicke auf Trier genießen können. Sie bleiben immer an der Hangkante und müssen manchmal einen beschwerlichen Auf- oder Abstieg in Kauf nehmen.

Schließlich erreichen Sie das Weisshaus mit Parkplatz (✕ ☕ ◨ Mo-Do 11:00-00:00, Fr-Sa 11:00-01:00, So 9:00-00:00), gehen rechts davon abwärts und biegen nach 50 m auf einen mit Holzgeländer versehenen Treppenweg ab. Nachdem Sie ein weißes Eisentor durchschritten haben, laufen Sie auf dem zweiten linken, geschotterten Weg weiter. Sie passieren den Rosengarten mit dem dahinterliegenden Drachenhaus mit der Revierförsterei und einem Wildgehege. Am Ende des Weges wandern Sie links an einer meist offenen Schranke vorbei auf einem asphaltierten Weg weiter und erreichen eine abwärtsführende Treppe. An der stark befahrenen Bitburger Straße (B51) wenden Sie sich nach links und werden direkt auf die Kaiser-Wilhelm-Brücke ❻ geführt.

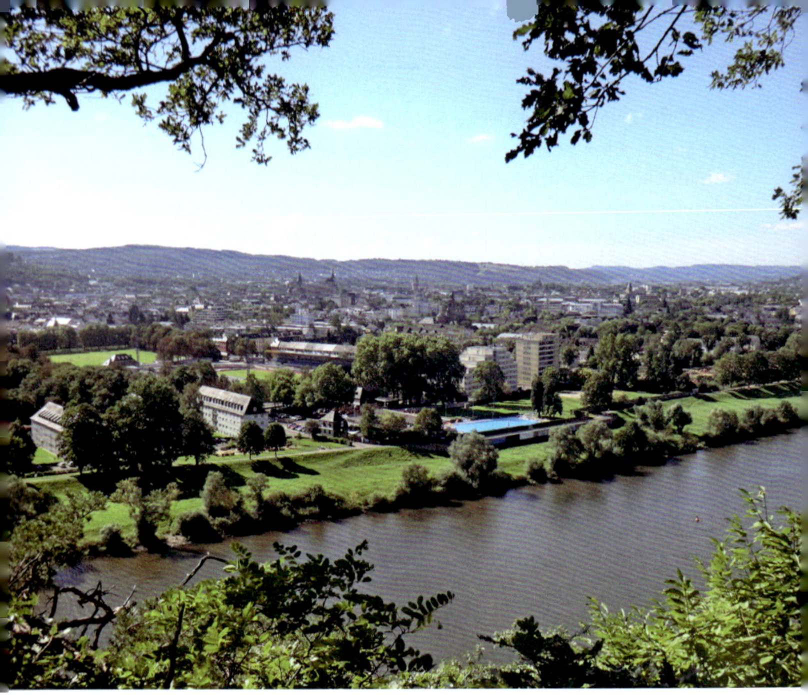

Blick auf Trier

Nach der Überquerung der Mosel haben Sie nun die Wahl zwischen zwei Möglichkeiten. (☞ Stadtplan Seite 145)

↳ ☺ Der kürzeste Weg zur Abtei St. Matthias führt in Richtung Osten auf dem Leinpfad an der Mosel entlang. Dabei passieren Sie circa 200 m vor einem deutlich sichtbaren Zollkran die Vereinigten Hospitien (☞ Seite 149), an deren Eingang am moselseitigen Krahnenufer eine moderne Jakobusstatue die Eintretenden begrüßt (vom Moselufer nicht einsehbar, bitte rechtzeitig den Uferweg zur höher gelegenen B49 verlassen). Im weiteren Verlauf sehen Sie einen weiteren Zollkran sowie die historische Römerbrücke. Vor der Konrad-Adenauer-Brücke verlassen Sie den Uferweg über den linken, leicht ansteigenden Pfad zum Pacelliufer. Gehen Sie zur Brücke hinauf, überqueren Sie auf dem Zebrastreifen die Fahrbahn und halten Sie sich links an der B49. Überqueren Sie die nächste Kreuzung nach rechts in die Matthiasstraße. Dort haben Sie Ihr Ziel erreicht.

Entscheiden Sie sich jedoch, zunächst der Trierer Innenstadt und dem Dom einen Besuch abzustatten, kreuzen Sie hinter der Kaiser-Wilhelm-Brücke am Georg-Schmitt-Platz die B49 und halten sich auf der anderen Straßenseite am Martinsufer rechts. Nach circa 200 m biegen Sie an einer Kreuzigungsgruppe des ehemaligen Martinsklosters nach links in die Ausoniusstraße ab. Anschließend geht es links weiter durch die Grüngürtel der Friedrich-Ebert-Allee und der Nordallee. Sie erreichen nach circa 700 m die Porta Nigra und gehen durch diese hindurch in die Trierer Fußgängerzone (Simeonstraße) und auf den historischen Hauptmarkt zu. Vor dem Marktkreuz wenden Sie sich nach links und erblicken vor sich den Dom St. Peter ❼. In der gegenüberliegenden Dom-Information mit dem Pilgerbüro der St. Jakobusbruderschaft Trier (☞ Seite 143) bekommen Sie Ihren ⦿ Pilgerstempel und die Trierer Pilgerurkunde.

Von hier aus gehen Sie an der Liebfrauenkirche vorbei durch die Liebfrauenstraße, an deren Ende nach links in die Straße An der Meerkatz. Vor Ihnen befinden sich auf der anderen Straßenseite die Konstantin-Basilika und direkt dahinter die Kurfürstliche Residenz. Durch den Palastgarten erreichen Sie die Kaiserthermen, biegen davor nach rechts ab und an der Weberbach nach links. Überqueren Sie danach die Kaiserstraße und die Südallee. Vor dem Stadtbad wenden Sie sich nach links, laufen an der Polizeiinspektion Trier vorbei und überqueren die Bahnlinie in die Straße Spitzmühle.

Unmittelbar hinter der Brücke gehen Sie rechts weiter durch die Kleingartenanlage Tempelbezirk. An der ersten Gabelung wählen Sie den linken Kohlmeisenweg, der Sie bis zum Festsaal am Bach geleitet. Dahinter folgen Sie linker Hand dem Fahrweg entlang des Altbaches bis zu einer Kreuzung. Hier überqueren Sie den Altbach und treffen auf den Heiligkreuzer Kreuzweg mit Sieben Fußfällen und folgen diesem nach rechts. Nach einigen Treppenstufen geht es weiter auf der Bernhardstraße. An deren Ende können Sie der nur wenige Schritte zu Ihrer Linken entfernten Heiligkreuz-Kapelle und -Kirche einen Besuch abstatten. Der Jakobsweg führt Sie jedoch nach rechts in die Heiligkreuzer Straße bis zur Reckingstraße, wo Sie nach links in den Caspary-Park eintreten, in dem sich das Trierer Schönstatt-Heiligtum befindet. Am Ende des Parks pilgern Sie geradeaus in die Friedensstraße, anschließend ein paar Schritte nach rechts, dann nach links in die Weiherstraße. Dort werden Sie zum Teil von der benachbarten Bahntrasse begleitet, bis Sie an die Aulbrücke gelangen. Jetzt ist es nicht mehr weit bis zum Ziel, die Abteikirche St. Matthias ist bereits seit einiger Zeit zu sehen.

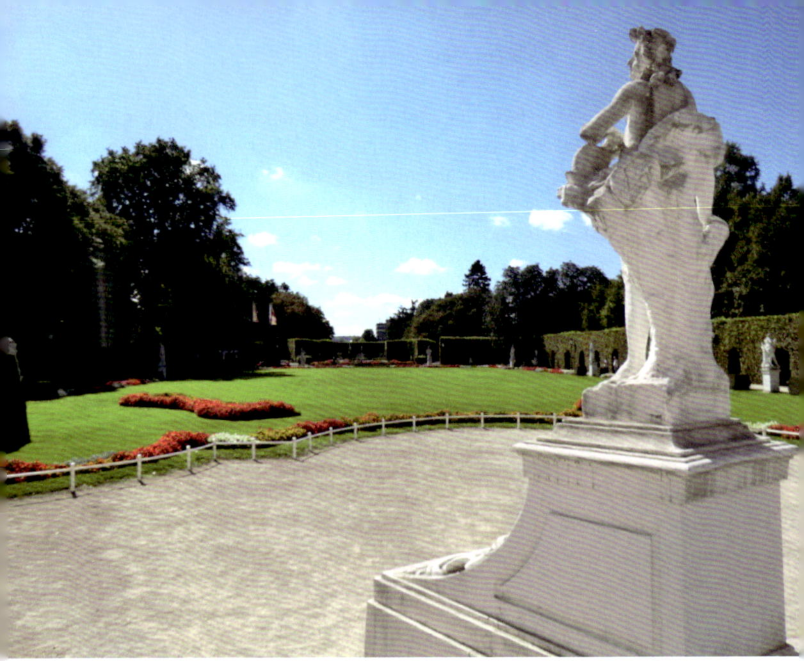

Palastgarten an der Kurfürstlichen Residenz

Biegen Sie nach rechts in die Aulstraße ein, wo Sie an der Mauer des Mattheiser Friedhofes entlanglaufen. Schließlich erreichen Sie die Medardstraße, wo Sie linker Hand den Abteiplatz von St. Matthias erblicken. Am Schrein des Apostels Matthias in der Krypta der Basilika endet Ihr Eifel-Camino an dem einzigen Apostelgrab nördlich der Alpen.

☺ Ihren letzten Pilgerstempel erhalten Sie im ⊙ Klosterladen (⍈ Mo-Fr 14:00-17:45, Sa 9:30-12:00, So 11:00-12:45), im Pfarrbüro (⍈ täglich 10:00-12:00 u. 15:00-18:00, Mi geschlossen) oder an der Abteipforte.

☺ Ab Trier haben Sie die Möglichkeit, auf überwiegend markierten Wegen über Konz, Perl und Schengen sowie von dort über Metz, Nancy, Toul und Vézelay zum Beginn des Camino Francés nach St. Jean-Pied-de-Port zu pilgern. Zur Planung ist hier der Führer „Jakobsweg Trier – Vézelay“ von Norbert Rother und Ingrid Retterath (🕮 OutdoorHandbuch Band 194, ISBN 978-3-86686-688-1) zu empfehlen.

Trier

100.000 Ew., 54290,

Tourist-Information, An der Porta Nigra, 06 51/97 80 80, info@trier.de, www.trier-info.de, täglich 10:00-17:00

Dom-Information, Liebfrauenstraße 12, 06 51/979 07 90, info@dominformation.de, www.dominformation.de, April-Okt: werktags 10:00-18:00, So, Fei 11:30-18:00, Nov-März: werktags 10:00-17:30, So, Fei 11:30-18:00. Hier gibt es auch die Trierer Pilgerurkunde sowie eine Liste mit privaten Pilgerunterkünften.

Barbara Longen, Bonnerstr. 38, 06 51/892 24 oder 01 72/771 90 62, FeWo ab € 40 1 P., 50 € 2 P., mehr P. auf Anfrage,

Römerstadt-Jugendherberge, An der Jugendherberge 4, 750 m vom Weg, 06 51/14 66 20, trier@diejugendherbergen.de, www.diejugendherbergen.de, ab € 24,40 p. P. inkl. Frühstück

♦ Tagungs- und Gästehaus der Barmherzigen Brüder Trier, Nordallee 1, am Weg, 06 51/208 10 26, info@bb-gaestehaus.de, www.bb-gaestehaus.de, EZ ab € 30, DZ ab € 55 (nur nach Vorlage eines Pilgerausweises), Möglichkeit zum Frühstück vorhanden

♦ Kolping Hostel im Warsberger Hof, Dietrichstraße 42, 150 m vom Weg, 06 51/97 52 50, info@kolping-hostel.de, www.kolping-hostel.de, im Mehrbettzimmer (mit Etagenbetten) ab € 23, im EZ ab € 39, im DZ ab € 35 p. P., Frühstück € 8,20 p. P.

Kreuz am Portal der Heiligkreuz-Kapelle

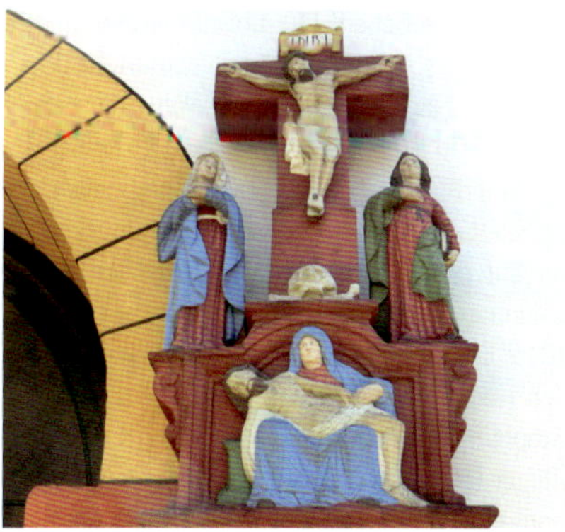

Auf dem Petrisberg errichteten die Römer 30 v. Chr. ein Militärlager, das bald aber wieder aufgegeben wurde. 16 v. Chr. gründeten die Römer die Stadt Augusta Treverorum (Stadt des Augustus im Land der Treverer). Reichtum und Bedeutung von Trier verdeutlichen die 6,4 km lange Stadtmauer mit dem bis heute erhaltenen Stadttor, der Porta Nigra, die

Barbarathermen, die Kaiserthermen oder das Amphitheater. Bischofssitz wurde Trier bereits in der zweiten Hälfte des 3. Jh., der erste Bischof soll nach alten Quellen Eucharius gewesen sein, obwohl letztlich der Nachweis über seine Existenz fehlt. Sein Sarkophag befindet sich in der Basilika St. Matthias. 275 n. Chr. fielen die Alemannen in Trier ein und zerstörten die Stadt.

Der Wiederaufbau fand unter Konstantin dem Großen (römischer Kaiser von 306 bis 337) statt. Trier war Regierungssitz des Weströmischen Reiches und mit circa 100.000 Einwohnern die größte Stadt nördlich der Alpen.

In den folgenden Jahrhunderten wurde Trier von den Franken, den Hunnen unter Attila und den Wikingern erobert, ausgeraubt und zerstört. Zu Beginn des 10. Jh. ging die Grafengewalt auf den Erzbischof von Trier über, trotzdem strebte man den Status einer reichsunmittelbaren Stadt an. Ab 1149 durfte die Stadt ein Siegel führen und 1212 erhielt sie von Kaiser Otto IV. einen Freibrief. Knapp 100 Jahre später fiel sie jedoch wieder unter die Gerichtsbarkeit des Erzbischofs, in Person des einflussreichen Balduin von Luxemburg. Im Dreißigjährigen Krieg wurde Trier 1634 von den Spaniern und 1645 von den Franzosen erobert und dann 1673 erneut von den Franzosen unter Ludwig XIV. In dieser Zeit wurden fast alle Klöster und Stifte – mit Ausnahme der entfernt gelegenen Benediktinerabtei St. Matthias – zerstört. 1675 wurde die Stadt von den Besatzern befreit, doch immer wieder gelang es den Franzosen, Trier einzunehmen.

1801 gehörten die linksrheinischen Gebiete durch den Frieden von Lunéville völkerrechtlich zu Frankreich, die Bewohner Triers wurden Franzosen. Nahezu alle Klöster und Stifte wurden in dieser Zeit aufgehoben und teilweise abgerissen. Nach den Befreiungskriegen wurde Trier auf dem Wiener Kongress von 1815 Preußen zugesprochen. Die tiefkatholische Stadtbevölkerung und die protestantischen preußischen Herrscher verspürten über Jahrzehnte wenig Sympathie füreinander. Nach dem Ersten Weltkrieg erfolgte eine erneute französische Besatzung von 1918 bis 1930. Im Dezember 1944 erlebte Trier drei schwere Bombenangriffe mit circa 1.300 t Bombenlast und zahlreichen Schäden. Heute ist die Stadt ein hochmodernes Verwaltungszentrum und Sitz einer angesehenen Universität. Seit 1986 haben die römischen Baudenkmäler sowie Dom und Liebfrauenkirche den Status eines Weltkulturerbes inne.

2012 jährte sich der Tag, an dem der „Heilige Rock" zum ersten Mal gezeigt worden war (1512), zum 500. Mal. Aus diesem Anlass lud der Trierer Bischof Dr. Stephan Ackermann zur 19. Heilig-Rock-Wallfahrt ein. Rund eine halbe Million Pilger folgten der Einladung unter dem Leitwort „Und führe zusammen, was getrennt ist" nach Trier.

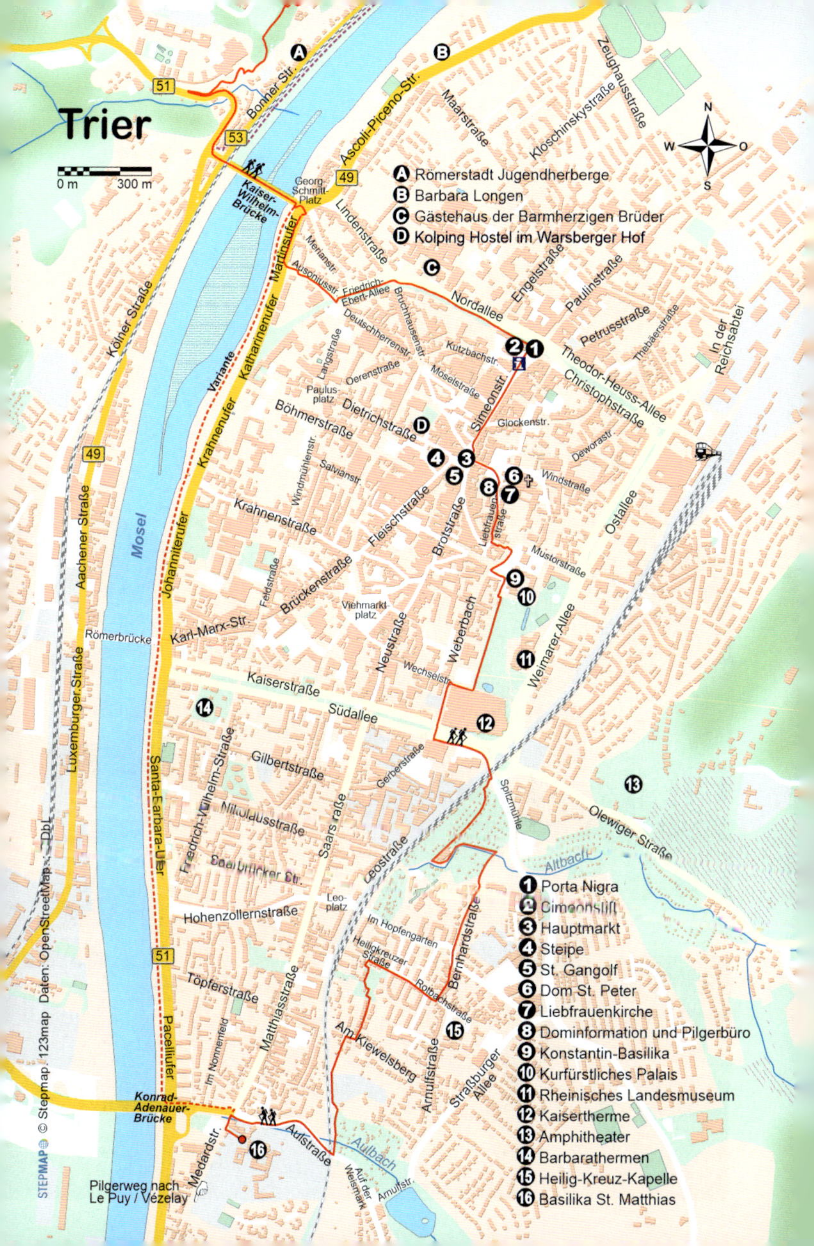

Trier
0 m
300 m
N
W
O
S
A Römerstadt Jugendherberge
B Barbara Longen
C Gästehaus der Barmherzigen Brüder
D Kolping Hostel im Warsberger Hof
1 Porta Nigra
3 Hauptmarkt
4 Steipe
5 St. Gangolf
6 Dom St. Peter
7 Liebfrauenkirche
8 Dominformation und Pilgerbüro
9 Konstantin-Basilika
10 Kurfürstliches Palais
11 Rheinisches Landesmuseum
12 Kaisertherme
13 Amphitheater
14 Barbarathermen
15 Heilig-Kreuz-Kapelle
16 Basilika St. Matthias
Mosel
Kaiser-Wilhelm-Brücke
Konrad-Adenauer-Brücke
Römerbrücke
Variante
Pilgerweg nach Le Puy / Vézelay
Bonner Str.
Ascoli-Piceno-Str.
Georg-Schmitt-Platz
Lindenstraße
Maarstraße
Kloschinskystraße
Zeughausstraße
Engelstraße
Paulinstraße
Petrusstraße
Thebäerstraße
In der Reichsabtei
Nordallee
Theodor-Heuss-Allee
Christophstraße
Martinsufer
Katharinenufer
Krahnenufer
Johanniterufer
Santa-Barbara-Ufer
Pacelliufer
Kölner Straße
Aachener Straße
Luxemburger Straße
Simeonstr.
Dietrichstraße
Böhmerstraße
Fleischstraße
Brotstraße
Krahnenstraße
Brückenstraße
Karl-Marx-Str.
Kaiserstraße
Südallee
Weberbach
Neustraße
Viehmarktplatz
Weimarer Allee
Ostallee
Olewiger Straße
Gilbertstraße
Friedrich-Wilhelm-Straße
Saarstraße
Hohenzollernstraße
Leoplatz
Töpferstraße
Matthiasstraße
Am Kiewelsberg
Bernhardstraße
Rotbachstraße
Arnulfstraße
Straßburger Allee
Aulstraße
Aulbach
Altbach
Medardstr.
© Stepmap, 123map Daten: OpenStreetMap - DbL

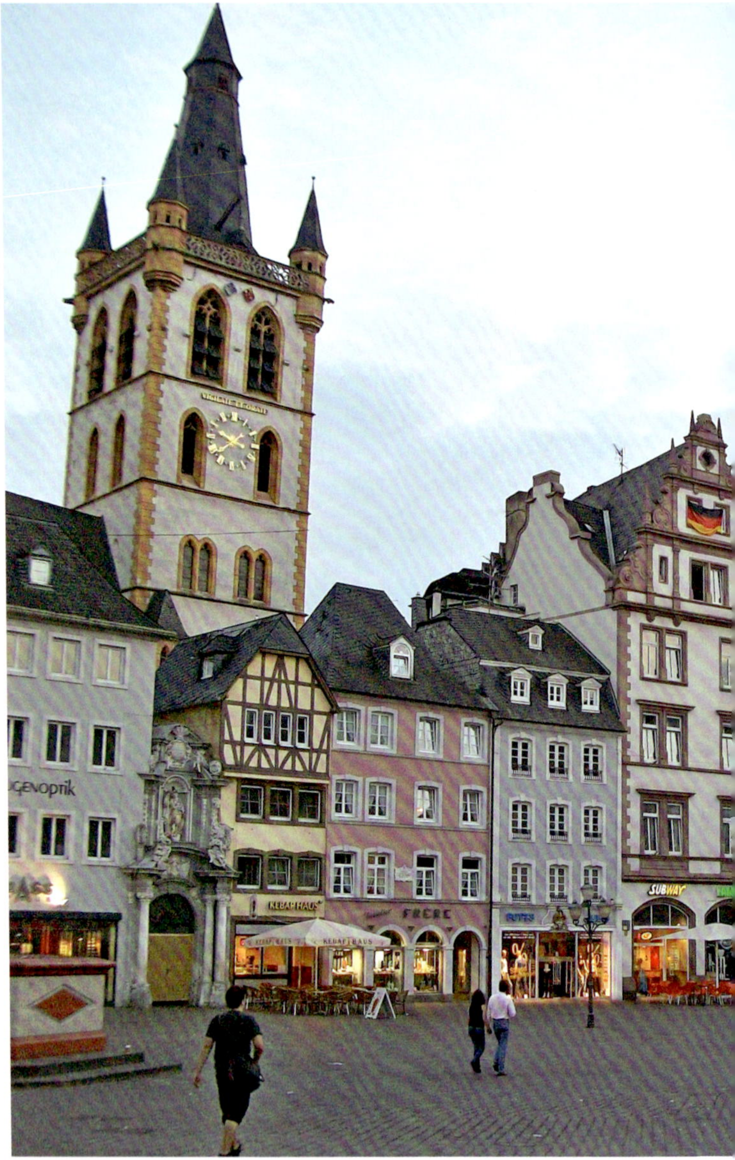
KEBAP HAUS
SUBWAY

Trier Marktplatz mit St.-Gangolf-Kirche. Marktkreuz und Steige (v. l. n. r.)

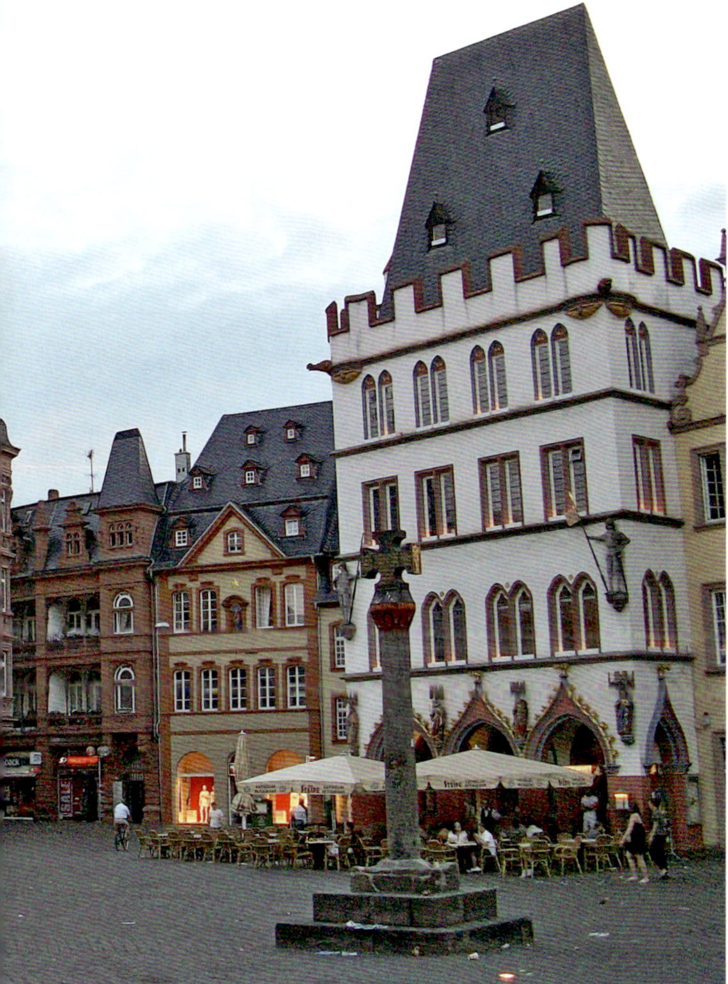

⌘ Porta Nigra

Das Schwarze Tor – Porta Nigra – ist der bedeutendste Bau der Römerzeit in Deutschland. Das heutige Wahrzeichen Triers und eines der bekanntesten Bauwerke Deutschlands wurde gegen Ende des 2. Jh. als nördliches Tor der römischen Stadtmauer errichtet und blieb infolge innerrömischer Wirren und Kampfhandlungen unvollendet, war aber voll funktionstüchtig. Die Porta Nigra ist aus im Kylltal gebrochenen, gewaltigen Sandsteinblöcken mörtellos und passgenau zusammengesetzt und hat imposante Ausmaße. Mit 29,3 m Höhe, 36 m Breite und 25,5 m Tiefe kennen wir kein größeres Stadttor aus römischer Zeit.

Porta Nigra

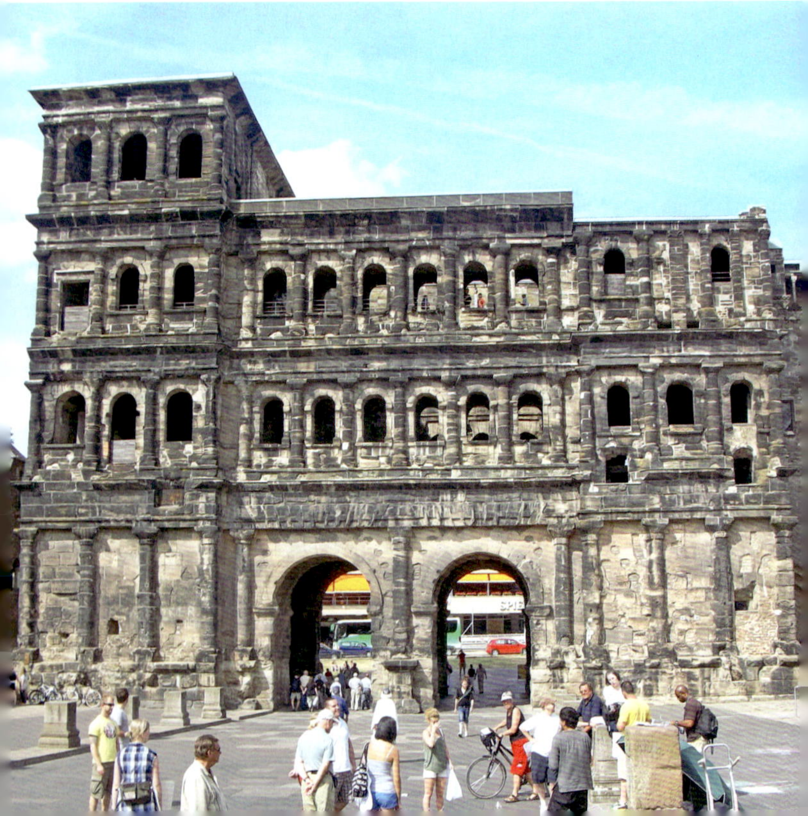

Im Gegensatz zu anderen Toren der Römerstadt blieb die Porta Nigra im Mittelalter von Zerstörung verschont, unter anderem auch, weil der Eremit St. Simeon, ein Mönch aus dem Katharinenkloster am Berg Moses im Sinai, hier den letzten Teil seines Lebens verbrachte und sein Freund und Gönner, der Trierer Erzbischof Poppo von Babenberg, kurz nach dessen Tod um 1035 das Bauwerk zu einer Doppelkirche um- und ausbauen ließ. Zur französischen und preußischen Zeit wurden diese Kirchenanbauten zum größten Teil wieder entfernt.

⌘ Hauptmarkt

Der Hauptmarkt, Triers gute Stube, ist heute einer der schönsten mittelalterlich geprägten Marktplätze Deutschlands, überragt von dem gewaltigen Turm der ✞ St.-Gangolf-Kirche. Nach dem Normannensturm von 882 verlegte der Erzbischof den Marktplatz vom Fluss auf den heutigen Standort. Das Marktkreuz von 958, das älteste in Deutschland, erinnert daran. Der Marktbrunnen von 1595 zeigt den heiligen Petrus, Schutzpatron sowohl des Doms als auch der Stadt. Er ist umgeben von den vier Kardinaltugenden des guten Stadtregiments: Gerechtigkeit, Stärke, Mäßigkeit und Klugheit. Die Steipe mit einer Jakobusstatue, das Fest- und Trinkhaus der Ratsherren in Sichtweite des Doms mit trutzigen Zinnen, wurde um 1430 errichtet. Eine besondere Atmosphäre breitet sich beim Weihnachtsmarkt aus.

⌘ Vereinigte Hospitien

Bis zu Beginn des 19. Jh. existierten in Trier verschiedenste eigenständige Hospitäler und Sozialeinrichtungen, die auf Befehl Napoleons in den Jahren 1804 bis 1806 unter eine gemeinsame Verwaltung gestellt wurden. Seinen Sitz fand der Zusammenschluss im Katharinenkloster nahe dem Kloster St. Irminen.

Zu dem Zusammenschluss gehören das St.-Jakobs-Hospital (13. Jh.), das St.-Elisabeth-Hospital der früheren Abtei St. Maximin (gestiftet 1240), das St.-Nikolaus-Hospital der früheren Abtei St. Matthias (gestiftet 12. Jh.), das St.-Nikolaus-Hospital beim Stift St. Simeon (Stiftungsjahr unbekannt), ein Knabenwaisenhaus (gestiftet 1676), ein Mädchenwaisenhaus (gestiftet 1754) und weitere. Die Krankenpflege wird seit 1811 durch Borromäerinnen aus deren Mutterhaus in Nancy wahrgenommen. Nach dem Zweiten Weltkrieg erfolgten der Wiederaufbau und die Erweiterung der Anlage. Den Eingangsbereich am moselseitigen Krahnenufer ziert eine große Jakobusfigur. Auf dem Gelände befinden sich zahlreiche Sehenswürdigkeiten, allen voran die Rokokokirche St. Irminen. Dort entdecken Sie bestimmt rechts vom Altar die prachtvolle Jakobusstatue.

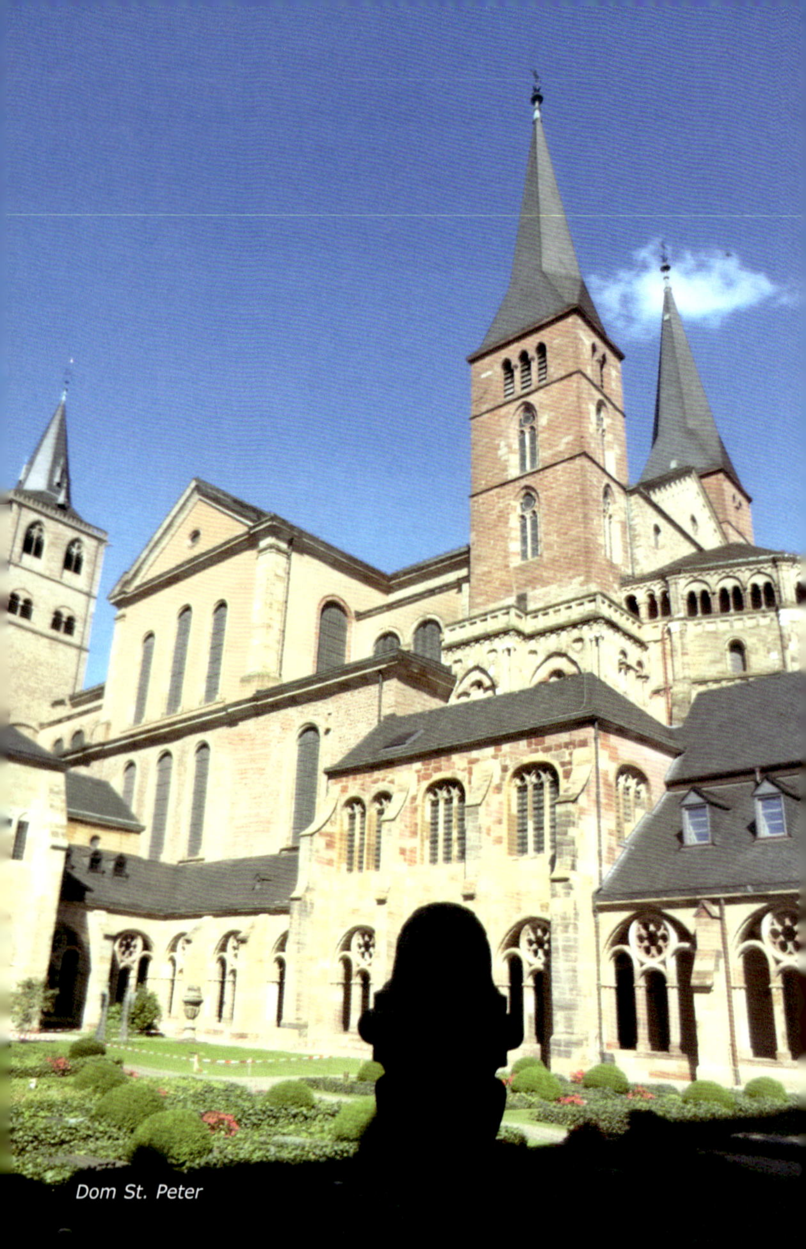

Dom St. Peter

✞ Dom St. Peter

Der Trierer Dom ist die älteste Bischofskirche in Deutschland. Die Ursprünge gehen auf die Zeit des römischen Kaisers Konstantin des Großen (306-337 n. Chr.) zurück, der das Christentum nach den starken Verfolgungen nun tolerierte und förderte. Auf einer einplanierten Palastanlage – der Trierer Legende nach das „Haus der Helena“ – wurde ein riesiger Kirchenkomplex errichtet, aus dem sich nach Zerstörungen und Wiederaufbau schließlich nach etwa 1.700 Jahren der Dom in seiner heutigen Gestalt entwickelte. Prägnant ist heute noch seine staufische Fassade in romanischem Stil, die, teilweise in Anlehnung an die Architektur der Porta Nigra oder der Kaiserthermen, von Erzbischof Poppo von Babenberg und seinen Nachfolgern errichtet wurde. Charakteristisch ist der erhöhte Südturm, der auf einen mittelalterlichen Streit zwischen Stadtbürgertum und Erzbischof zurückgeht. Immer wieder war und ist der Trierer Dom Ziel vieler Pilger, weil hier nach langer Tradition der „Heilige Rock“, das bei seiner Kreuzigung getragene, ungenähte Gewand Jesu, aufbewahrt und seit 1512 immer wieder gezeigt wird. Die letzte Heilig-Rock-Wallfahrt fand im Frühling 2012 statt.

✞ Liebfrauenkirche

Ungewöhnlich ist, dass sich mit der gotischen Liebfrauenkirche aus dem 13. Jh. direkt neben der Domkirche eine weitere Kirche befindet. Dom wie Liebfrauenkirche gehen auf den spätantiken Kirchenkomplex aus der Zeit zurück, als das Christentum unter Kaiser Konstantin dem Großen und seinen Nachfolgern zunächst gefördert und schließlich von Kaiser Theodosius zur Staatsreligion erhoben wurde (392 n. Chr.). Auf den Ruinen des mehrfach zerstörten Kirchenkomplexes ließ ab etwa 1235 Erzbischof Theoderich von Wied eine neue Kirche errichten, ein Juwel gotischer Architektur. Sie ist außerdem eines der frühesten und bedeutendsten Bauwerke der frühen Gotik auf deutschem Boden. Ausdrucksvoll und sehenswert ist der Figurenschmuck der Westfassade. Hier wird die Heilsgeschichte des Alten und Neuen Testaments verständlich und bildhaft auch den schriftunkundigen Gläubigen erläutert.

✞ Römische Palastaula-Basilika (Konstantin-Basilika)

Seit den Ausgrabungen der 80er-Jahre des vorigen Jahrhunderts steht fest: Der gewaltige Ziegelbau von circa 71 m Länge, 32 m Breite und 33 m Höhe war die Empfangs- und Audienzhalle der römischen Kaiser, die zwischen 286 und dem Ende des 4. Jh. in Trier residierten.

Das Zentrum der kaiserlichen Residenz wurde auf dem abgerissenen Vorgängerpalast des Finanzverwalters mehrerer römischer Provinzen errichtet und ist der größte stützenlose Raum aus der antiken Welt. Das Innere des von zwei Fensterreihen geprägten, heizbaren Riesenbaus war verschwenderisch mit Bodenplatten, Mosaiken und Wandmalereien ausgestattet – mit nur einem Möbelstück: dem Thron des Kaisers, auf den sich alles konzentrieren sollte. Nach der Römerzeit, im frühen Mittelalter, verfiel der Bau. Später wurde er aber die Residenz der Trierer Erzbischöfe und ab dem 17. Jh. unter dem Kurfürst Lothar von Metternich teilweise in die neu gestaltete Palastanlage integriert (und zum Teil abgerissen). In der preußischen Zeit wurde dieser Eingriff in die römische Bausubstanz wieder rückgängig gemacht. Seit 1856 ist die Basilika der evangelischen Gemeinde Trier zur Nutzung übergeben und ist heute die evangelische Erlöserkirche. Sie ist außerhalb der Gottesdienstzeiten für Besichtigungen zugänglich.

Benediktinerabtei St. Matthias

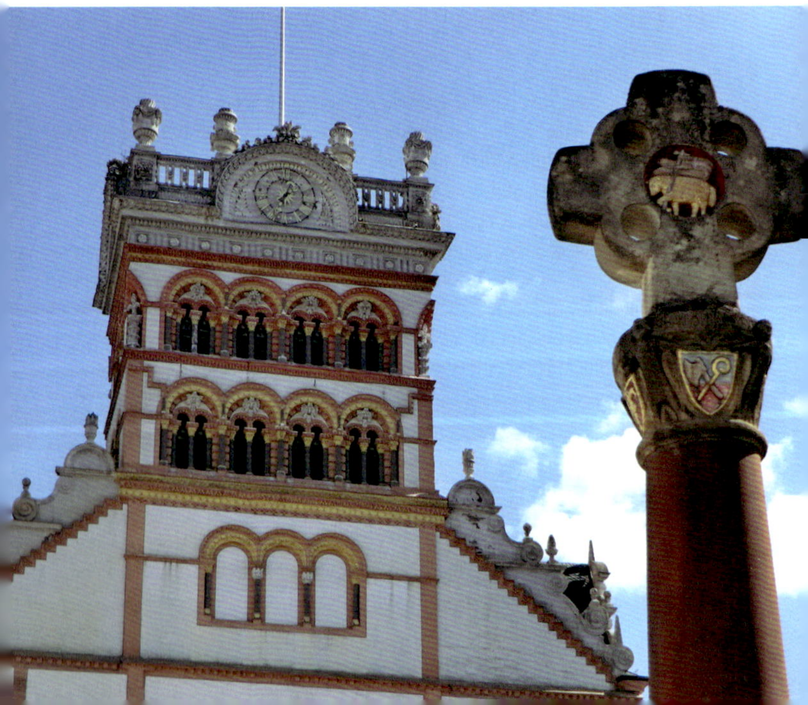

✝ Heiligkreuz-Kapelle

Die Kapelle soll von der Mutter Konstantins des Großen, der heiligen Helena, im 4. Jh. gegründet worden sein. Mitte des 11. Jh. wurde durch Dompropst Arnulf die romanische Kapelle mit einem kreuzförmigen Grundriss mit gleich langen Armen sowie einem achteckigen Turm auf der Vierung erbaut. Sie ist somit eine der ältesten Kirchen in Deutschland in der reinen Kreuzform. Im Laufe der Jahrhunderte erfolgten Um- und Anbauten, sodass die reine Kreuzform verloren ging. Erst 1960-62 wurde die benachbarte, gleichnamige Pfarrkirche durch den Kölner Architekten Gottfried Böhm erbaut.

✝ Benediktinerabtei St. Matthias

Die Geschichte von St. Matthias reicht bis in die Spätantike zurück, als hier auf dem südlichen Gräberfeld nach archäologischem Befund auch zahlreiche Christen bestattet wurden. Unter ihnen waren auch die ersten Bischöfe von Trier, Valerius und Eucharius. Nach dem Letzteren war die erste Kirche benannt. Die bekannteste Grabanlage ist die Gruft der Albana, einer reichen Römerin. Bereits ab dem 5. Jh. siedelten sich hier Kleriker und Mönche an, ab 978 ist in den Quellen von Benediktinern die Rede. Eine neue Bedeutung erlangte die Euchariuskirche, als bei ihrem Neubau im 12. Jh. die Reliquien des Apostels Matthias gefunden wurden, die nach alter Tradition St. Helena, die Mutter von Kaiser Konstantin dem Großen, von ihrer Pilgerreise ins Heilige Land nach Trier gebracht hat. Im Beisein des Papstes Eugen III. wurde die neue Kirche, nun St. Matthias genannt, feierlich eingeweiht. Bald setzte ein Pilgerstrom ein, der bis heute anhält. Die romanische Kirche mit dem Apostelgrab wurde im Laufe der Zeit durch Portalvorbauten und Turmbekrönungen immer wieder leicht verändert. Sie wurde infolge der Französischen Revolution 1802 nach der Auflösung des Benediktinerordens Pfarrkirche, nach 1922 aber wieder Refugium der zurückgekehrten Benediktiner, die seitdem die zahlreichen Pilger betreuen.

Index

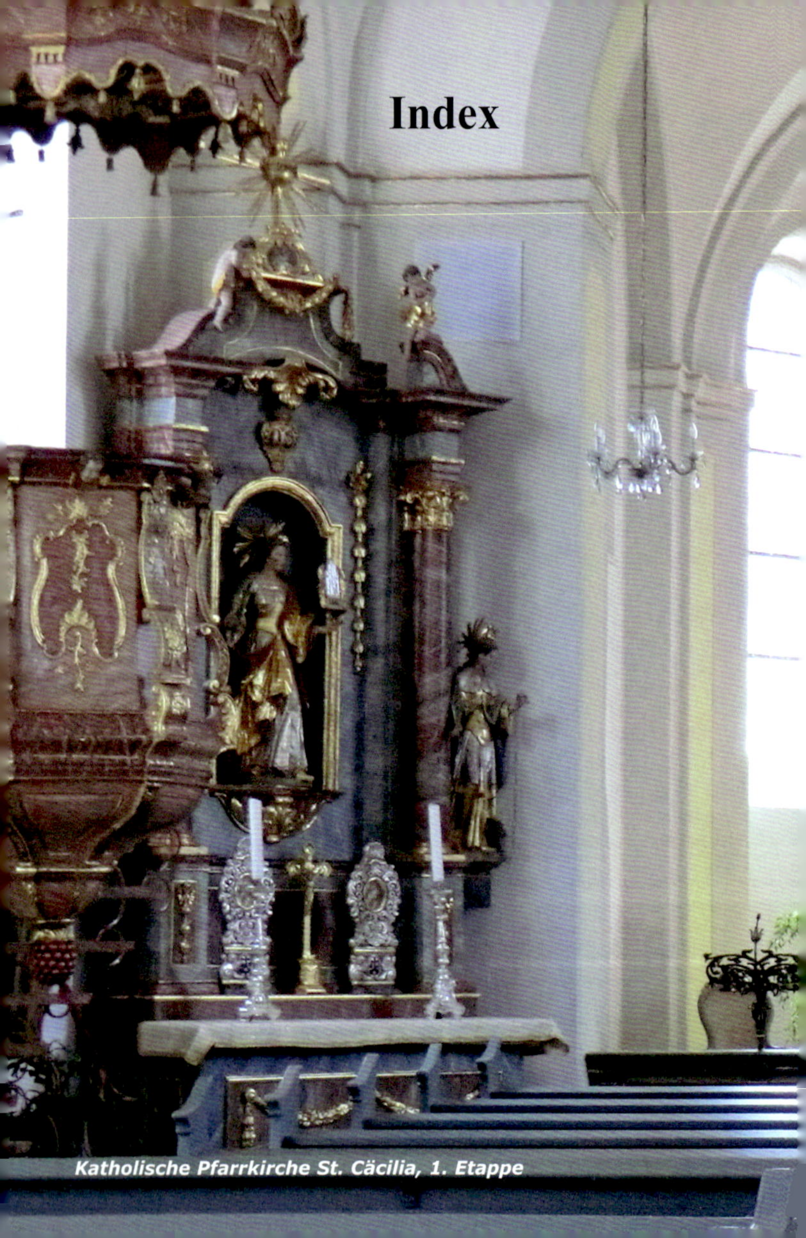

Katholische Pfarrkirche St. Cäcilia, 1. Etappe

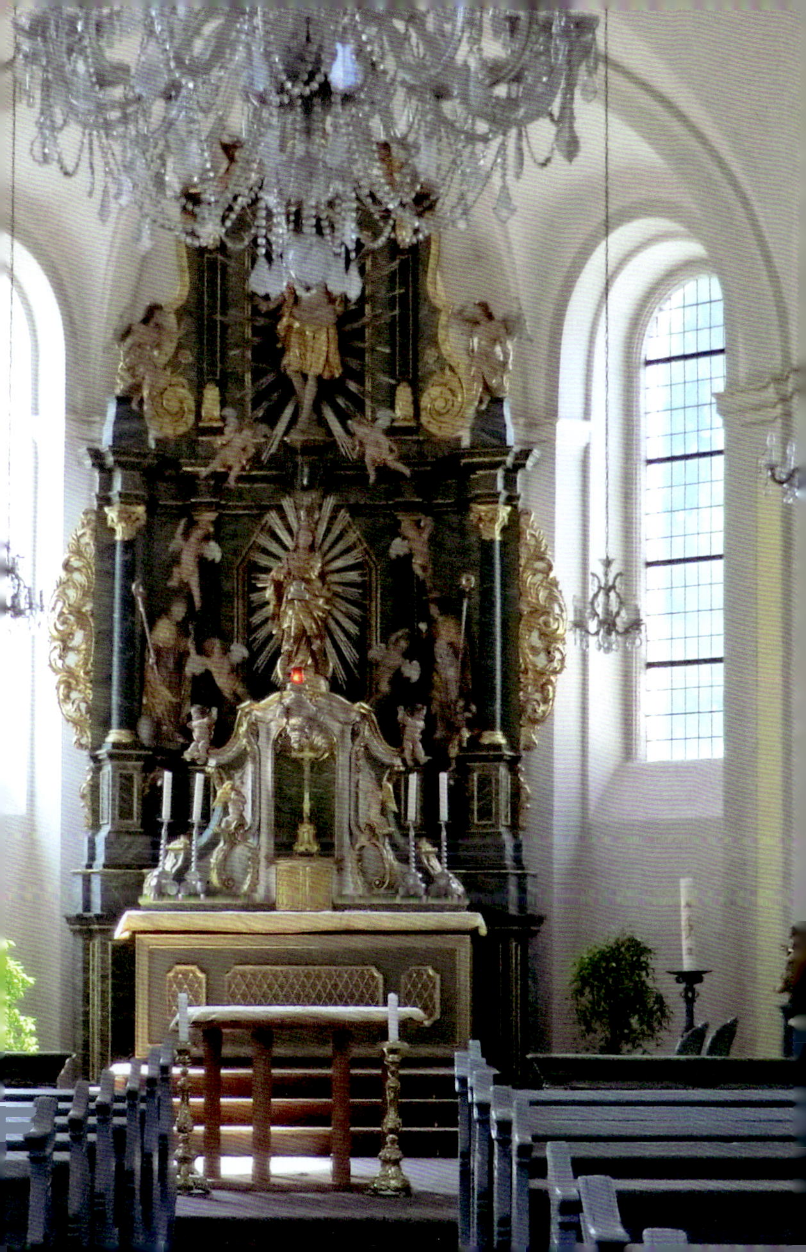

K

L

V

W/Z

Z

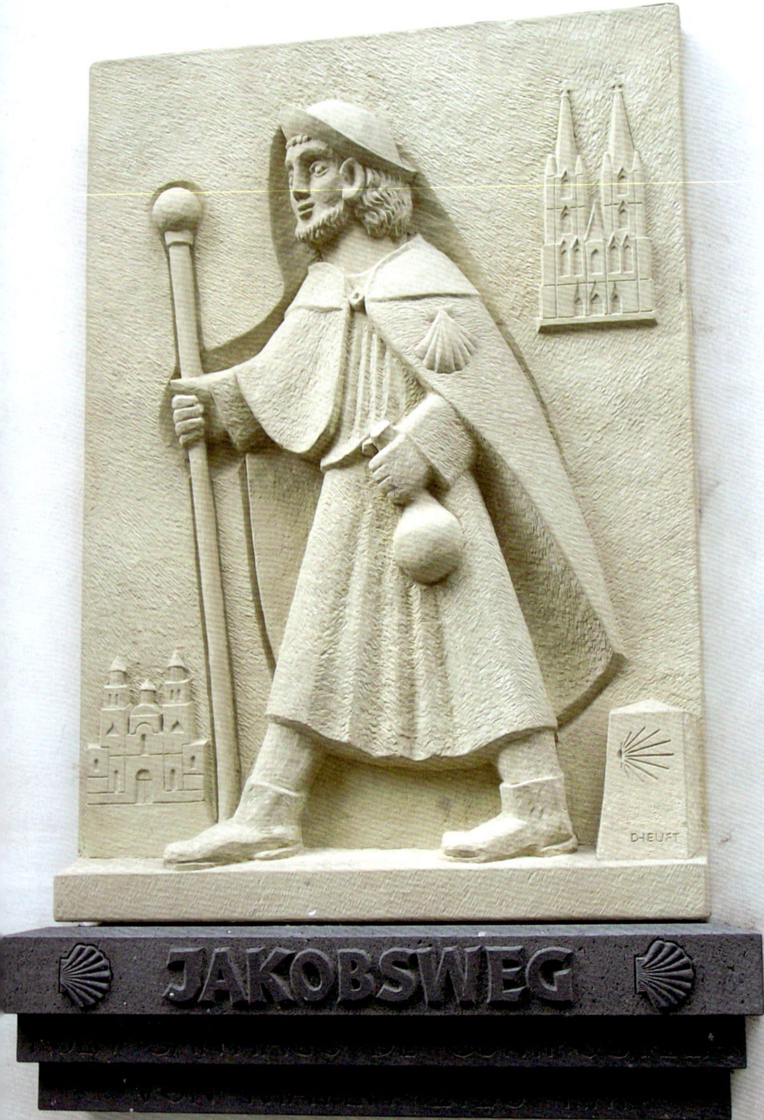

Mayen, Jakobusrelief an der St.-Clemens-Kirche, 2. Etappe